高等院校国家技能型紧缺人才培养工程规划教材

物流管理专业



# 国际货运代理实务

（第4版）

杨鹏强 编著

電子工業出版社
Publishing House of Electronics Industry
北京 · BEIJING

**图书在版编目（CIP）数据**

国际货运代理实务 / 杨鹏强编著．—4 版．—北京：电子工业出版社，2021.1

ISBN 978-7-121-40407-8

Ⅰ．①国… Ⅱ．①杨… Ⅲ．①国际货运－货运代理－高等职业教育－教材 Ⅳ．①F511.41

中国版本图书馆 CIP 数据核字（2021）第 007676 号

责任编辑：刘淑敏　　　　　特约编辑：田学清
印　　刷：北京天宇星印刷厂
装　　订：北京天宇星印刷厂
出版发行：电子工业出版社
　　　　　北京市海淀区万寿路 173 信箱　　　邮编：100036
开　　本：787×1092　1/16　印张：16　字数：340 千字
版　　次：2008 年 3 月第 1 版
　　　　　2021 年 1 月第 4 版
印　　次：2023 年 2 月第 4 次印刷
定　　价：55.00 元

凡所购买电子工业出版社图书有缺损问题，请向购买书店调换。若书店售缺，请与本社发行部联系，联系及邮购电话：（010）88254888，88258888。

质量投诉请发邮件至 zlts@phei.com.cn，盗版侵权举报请发邮件至 dbqq@phei.com.cn。

本书咨询联系方式：（010）88254199，sjb@phei.com.cn。

# 前　言

《国际货运代理实务》一书从 2005 年构思到现在第 4 版已经整整 15 年，一直有赖专业老师、同学们和行业人士的认可和批评指正。老师和同学们一致认为前面 3 版内容齐全，紧扣实践能力考核和考证要求，通俗易懂，题材丰富，可操作性强。另外，内容的深度和广度符合学习需求，结构完整，取材得当，反映了行业发展的趋势，具有一定的前瞻性，尤其第 3 版插入二维码让学生自行下载，通过资源库弥补了由削减篇幅、节约教材成本造成的图片、视频和影像缺乏的不足。同时，老师和同学们也提出了更高的要求，希望增加和更新实际操作题和案例，通过习题深入理解专业知识；用案例和分析点呈现重要知识，使章节衔接更紧密；增加内容细节，特别是保险、航空运输和集装箱运输部分；排版上适当减少文字，增加图片。

《国际货运代理实务》第 3 版自 2016 年出版以来，国际货运代理行业风起云涌。马士基公司积极介入和控股国际货运代理企业，2019 年 2 月收购报关行 Vandegrift；同月软银领投、顺丰速运参投了美国物流服务平台 Flexport。全链条的端对端全球供应链正在形成，国际的 Flexport 和国内的“运去哪”“运个货”“满帮”等航运、国际货运代理领域互联网初创公司在货物与运输工具的匹配上下足了功夫，通过供应链软件和物联网、大数据、区块链将国际贸易、国际货运、国际货运代理等环节全部串在一起，提高了全程线上线下的可视性，努力解决每项业务的需求和痛点，以更好地控制货物。线上包括供应链金融及货物保险、物流生态协同和生态护城河构建等增值服务；线下实时追踪货物动态定位，优化航线、缩短航期，改革了过去国际货运代理、航运、空运等难以切入的 B2B 物流市场。随着中国“一带一路”倡议的提出和跨境电商的蓬勃兴起，国际海运货运代理的发展潜力被进一步激发。大规模应用互联网技术将成为国际货运代理行业的主要趋势之一，更容易形成标准操作模式。例如，产业互联网环境下的智慧物流、5G 供应链场景、物流单证的区块链应用、绿色港口、自动化港区、海外港口、关检合一、绿色航运、冷链物流、多式联运、无车承运、无机承运等跨界知识的迁移不断冲击着国际货运代理从业人员的头脑，展现出了未来物流领域的蓝海机会。

在此，笔者要感谢刚刚荣休的电子工业出版社刘露明副社长多年来的督促和鞭策，感谢广东南华工商职业学院物流管理专业和港口与航运管理专业负责人高美荷老师、骨干教师林青老师带领 2017 级同学对本书提出的客观和中肯的改进意见，感谢广州盖链货运代理有限公司创始人谢胜国先生、厦门建发民生有限责任公司供应链运营经理徐永文先生、华南中远海运集装箱运输有限公司佛山分公司资深业务关淦来先生联合推动国际物流供应链服务业知识体系更上一层楼，感谢广州链达通供应链有限公司创始人张明洲先生提供的国际货运代理资料。另外，南华校友物流行业协会也积极推动了物流供应链知识的更新和本书的出版，借此一并表示感谢。

在第 4 版中，笔者修改了所有的章节，对各项细节再三斟酌，水平有限难免有疏漏，敬请广大读者批评指正。若有意见和建议，可发送到邮箱 rmstudioph@163.com，在此表示衷心的感谢。

杨鹏强

2020 年于广州大学城

历年考试试题

# 作者简介

**杨鹏强** 物流管理学教授，CIFA 国际货运代理培训师，广东省"南粤优秀教师"，中国物流学会特约研究员，广东省高等职业教育管理类专业教学指导委员会委员，广东省采购专家和综合评标专家，广州商业总会和广州科技与信息管理局评审专家。1993 年毕业于厦门大学经济学院，1998 年毕业于菲律宾菲亚第大学研究生院管理工程专业。1999 年作为唯一的菲华学者受邀参加在中国台北召开的"新世纪华人前瞻论坛"。2002 年受国务院侨务办公室邀请回国，是厦门市和广州市认定享有优惠资格的留学回国工作人员。2003 年到广东南华工商职业学院任教，现任广东南华工商职业学院外语外贸学院常务副院长兼现代物流研究中心主任。

# 目　　录

# 第 1 章 跨境供应链中的货运代理

关键术语

跨境供应链；国际货运代理；运输方式；航线；基本港；非基本港；国际货运代理流程

**学习目标**

- 了解国际货运代理与跨境供应链的关系。
- 了解国际货运代理行业管理。
- 熟悉托运人、承运人的含义与责任。
- 掌握国际货运代理的含义与分类。
- 掌握国际货物运输方式的分类。
- 掌握国际货运代理的流程。

中华人民共和国国家标准——《物流术语》（GB/T 18354—2006）对供应链（Supply Chain）是这样定义的："生产及流通过程中，为了将产品或服务交付给最终用户，由上游与下游企业共同建立的需求链状网。"跨境供应链是连接国际供给侧与需求侧的网链状通道。随着电子商务的兴起，客户可以在全球任一角落订购货物，货物供给方面临着如何在较短的时间内以较低的成本把货物送至客户的问题，于是国际货运代理应运而生，成了整个网链状组织中连接运力提供方和舱位需求方不可或缺的重要环节。

## 1.1 跨境供应链概述

### 1.1.1 跨境供应链的定义及分类

#### 1. 跨境供应链

1985 年，美国人迈克尔 · 波特在其所著《竞争优势》一书中提出了价值链的概念，并帮助管理阶层发展了竞争策略。供应链管理是在成本较低且能满足客户需要的基础上，对供应侧与需求侧之间渠道的整体管理，即对供应链涉及的全部活动进行计划、组织、协调与控制，如从采购、物料管理、生产、配送、营销到消费者的整个供应链的物流、信息流、资金流。所有供应者、服务提供者、消费者都是供应链的一环，如供货商、制造商、中间商、零售商等。

跨境供应链乃至全球供应链是指基于供应链管理在国与国之间乃至全球配置有效资源，把研发、设计、生产、组装、营销、品牌运营等环节分散在全球不同的国家或地区，以最低的成本达到最大产出的效果。

### 2．供应链与物流

物流是指供应链范围内企业之间的物资（原材料、中间库存、最终产品等）和相关信息的有效转移活动（不包括企业内部的生产活动）。物流管理（Logistics Management）是指企业以合适的物流成本和令客户满意的服务水平，对正向及反向的物流过程及相关信息进行的计划、组织、协调与控制。现代企业的物流管理已经把采购与分销两个领域统一在一起，形成了物流供应链，而供应链管理就是物流管理的延伸和扩展。从宏观角度看，物流可以理解为所有为最终消费者提供商品和服务的活动网络，它是供应链的实体流动部分。供应链没有否定物流，它是物流发展的更高阶段。

物流系统（Logistics System）是由两个或两个以上的物流功能单元构成的，以完成物流服务为目的的有机集合体。系统内的物流活动十分广泛，一般分为两类：实物流动和物流信息活动。实物流动包含交通运输、仓储库存、产品包装、装卸搬运、分拨配送；物流信息活动包含存货控制、订单处理、顾客服务、需求预测、采购分销、工厂和仓库选址、返回产品处理、售后服务、残次品处理等。

物流外包（Logistics Outsourcing）即物流服务的社会化，是指企业为了获得比单纯利用内部资源更多的竞争优势，将其部分或全部物流业务交由合作企业完成。物流外包突出表现为第三方物流与配送中心的发展。第三方物流（Third-Party Logistics，3PL）是指独立于供需双方为客户提供专项或全面的物流系统设计或系统运营的物流服务模式，第三方是相对“第一方”供给侧和“第二方”需求侧而言的。为了降低产品的储存成本和管理成本，提高运营效率和增强国际竞争力，现代企业有必要把非核心业务外包给第三方物流企业，以使自身运作更具弹性，同时可以将更多的精力和物力投入到自身的专业生产，满足更多的销售要求。

课程资源 1：
自动分拣与条形码应用

物流信息（Logistics Information）是指物流活动中各个环节生成的信息，一般随着从生产到消费的物流活动的产生而产生，与物流过程中的运输、储存、装卸、包装等各种功能有机结合在一起，是整个物流活动顺利进行所不可缺少的重要组成部分。物流信息系统（Logistics Information System，LIS）是由人员与计算机硬件和软件、网络通信设备及其他办公设备组成的用于物流活动的人机交互系统，其主要功能是进行物流信息的收集、存储、传输、加工整理、维护和输出，为物流管理者及其他组织管理人员提供战略、战术及运作决策的支持，以获得组织的战略优势，提高物流运作的效率与效益。运用于物流各环节中的物流信息技术（Logistics Information Technology）按物流的功能和特点可分为计算机技术、网络技术、信息分类编码技术、条形码技术、射频识别技术、电子数据交换技术、全球定位系统（GPS）技术、地理信息系统（GIS）技术等。

### 1.1.2　国际货运代理在供应链中的作用

#### 1. 国际货运代理的含义

货运代理（Freight Forwarder）是托运人与承运人之间的中间人、经纪人和运输组织者。早期货运代理的规模小，仅以托运人或收货人的代理人身份联系承托双方，安排运输，代办保险、进出口手续和货物装卸、仓储等业务，以赚取佣金。随着国际贸易和国际运输的发展，全球经济一体化的深入，货运代理的经营范围不断扩大，由最初的代理业务发展到集拼货物、无船承运、多式联运和现代物流业务。现在，运输代理已成为货运代理的一部分。

根据国际货运代理协会联合会（International Federation of Freight Forwarders Associations，FIATA）的定义，国际货运代理是和客户缔结货运代理服务合同的人，他们提供各类与货物运输、集中托运、仓储、管理、包装与分拨等相关的服务，以及相关的辅助和咨询服务，包括但不仅限于货物报关、保险及与货物相关的财务收付和单据流转等服务。国际货运代理企业是国际货运代理行业的主体。

《物流术语》将国际货运代理（International Freight Forwarding Agent）定义为“接受进出口货物收货人、发货人的委托，以委托人或自己的名义，为委托人办理国际货物运输及相关业务，并收取劳务报酬的经济组织”。

**相关链接**

在国家标准《国际货运代理作业规范》中，国际货运代理企业是指在中国境内依法注册并经主管部门备案[①]（企业备案和业务备案）的从事国际货运代理、物流业务的企业及其分支机构。国际货运代理企业可以作为进出口货物收货人、发货人和其他委托方的代理人或独立经营人从事国际货运代理业务。

① 目前采用备案制的是内资企业，外资企业仍须商务主管部门审查批准。

国际货运代理企业作为代理人从事国际货运代理业务是指接受进出口货物收货人、发货人和其他委托方或其代理人的委托，以委托人的名义或以自己的名义办理有关业务，提供增值服务，收取代理费、佣金或其他增值服务报酬的行为。

国际货运代理企业作为独立经营人从事国际货运代理业务是指接受进出口货物收货人、发货人和其他委托方或其代理人的委托，承办货物运输、签发运输单证、履行运输合同、提供增值服务，并收取运费及服务报酬的行为。

国际货运代理企业也可按照《对外贸易经营者备案登记办法》到中华人民共和国商务部（以下简称商务部）或商务部委托的机构办理外贸经营者备案登记手续，从事货物或技术进出口业务。

2. 国际货运代理的分类

**1）按委托人的性质分类**

（1）进出口货物收货人、发货人的代理人。进出口货物收货人、发货人的代理人是指接受进出口货物收货人、发货人的委托，为了委托人的利益办理国际货物运输及相关业务，并收取相应报酬的国际货运代理，即狭义上的货运代理。其业务范围不包括无船承运人和多式联运经营人从事的业务，具体如下。

① 其负责对外揽货业务，签订货运代理合同；提供海、陆、空国际多式联运服务；提供物流服务。

② 其负责订舱、配载、报关、报检；签发全程提单；为客户提供仓储、货物中转、铁路运输、国内集装箱短途运输服务；为客户提供铁路接货、使用码头集装箱服务；代客户处理进出口货物的残损、短溢、理赔等业务；代办保险和动植物检验检疫，安排货物熏蒸等。

③ 其负责代算运费，缮制运费单证，代收或代付运费、码头及陆路有关费用。

（2）承运人的代理人。承运人的代理人是指接受承运人的委托，为了委托人的利益办理国际货物运输及相关业务，并收取相应报酬的国际货运代理。在水路运输中，承运人的代理人是指接受船舶所有人、船舶经营人或承租人的委托，在授权范围内代表委托人（被代理人）办理与在港船舶有关的业务、提供有关的服务或办理与在港船舶有关的其他法律行为的代理业务并收取相应报酬的国际货运代理，即船务代理（Shipping Agent，简称船代）。把船代称为船舶代理或认为船代从属于船舶代理都是不合理的。船代按代理的航次不同，可分为航次代理（Agency on Trip Basis）和长期代理（Agency on Long-Term Basis）。船代的具体业务如下。

① 其负责办理船舶进出港口和水域的申报手续，安排引水、泊位，办理进出口货物的申报手续，安排装卸、理货、衡量、熏蒸及货物与货舱检验。

② 其负责组织货载、洽订舱位等。

③ 其负责办理船舶检验、熏舱、洗舱、扫舱及燃料、淡水、伙食、物料供应等业务。

④ 其负责安排旅客上下船、参观游览。

⑤ 其负责提供船舶租赁、买卖、交接服务，代签租船和买卖船舶的合同。

⑥ 其负责代签提单及运输契约，代签船舶滞期协议。

⑦ 其负责代收运费、代收或代付款项，负责船舶速遣费与滞期费的计算与结算。

⑧ 其负责联系海上救助和海事处理。

⑨ 其负责安排船员就医，安排车、船接送。

⑩ 其负责提供业务咨询服务。

**2）按代理的业务内容分类**

（1）船舶代理。船舶代理是指接受船舶所有人、经营人或承租人的委托，为了委托人的利益办理国际运输船舶买卖、租赁、交接、拆船及相关业务，并收取相应报酬的国际货运代理。船舶代理按委托人的不同还可分为船舶所有人代理和承租人代理等。

（2）咨询代理。咨询代理是指提供国际货运代理业务咨询服务的国际货运代理。

（3）报关报检代理。报关报检代理是指接受进出口货物收货人、发货人和其他委托方或其代理人的委托，以委托人的名义或以自己的名义办理报关报检业务，并收取相应报酬的国际货运代理。

**企业实践**

在我国国际物流活动中，进出口企业倾向于委托国际货运代理企业报关，因为除报关之外，国际货运代理企业还负责办理其他物流相关业务，真正体现了报关是国际物流中不可分割的一环。有人把美国的海关代理商视为我国的报关行，其实并不妥当，因为在包含美国在内的一些国家，把报关完的货物送到客户所要求的地方是海关代理商的主要业务之一，所以这些国家的海关代理商相当于我国的国际货运代理企业。

### 3．国际货运代理在跨境供应链中的作用

在跨境供应链中，国际货运代理通晓国际贸易环节，精通国际运输业务，熟悉有关法律、法规，业务关系广泛，信息获取准确、及时，与进出口货物收货人和发货人、承运人、仓库、堆场、货运站、码头、港口代理、机场、保险公司、报关行、快递公司、拖车行、控箱公司、熏蒸公司、银行等相关企业及海关、外汇管理局、港务局等有关政府部门存在密切的业务关系，是连接相关企业和有关政府部门的重要桥梁，在跨境供应链活动中起着组织协调、提供专业服务、沟通控制、咨询顾问、降低成本、资金融通等作用。国际货运代理在跨境供应链中的作用如图 1-1 所示。

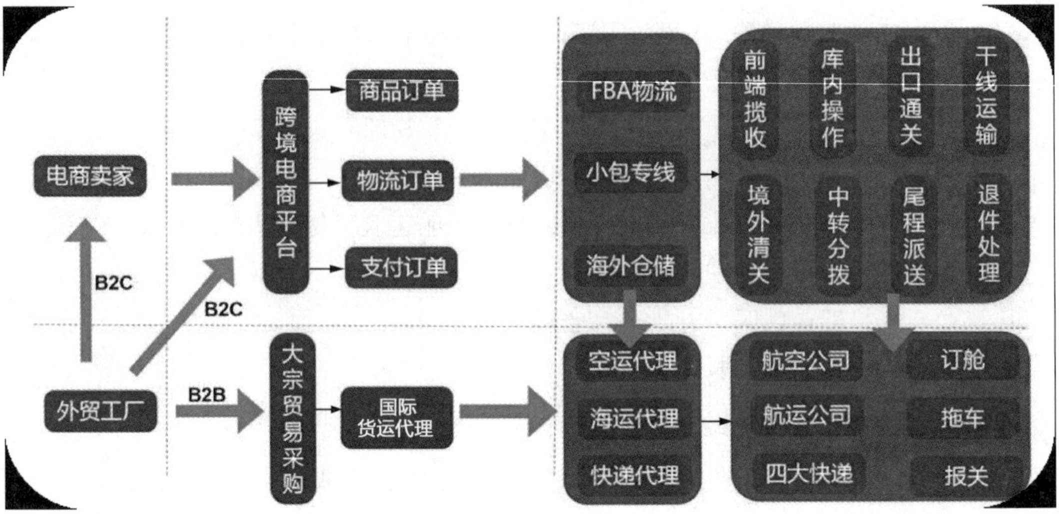


图 1-1　国际货运代理在跨境供应链中的作用

### 1.1.3　国际货运代理的行业管理

#### 1. 主管部门

我国国际货运代理行业的主管部门是商务部。商务部对国际货运代理行业进行监督管理，制定国际货运与现代物流发展战略，建立国际货运代理与现代物流公共信息服务体系，鼓励国际货运代理企业开拓国际市场。商务部建立了国际货运代理企业信息管理系统，对国际货运代理企业的基本信息、备案情况、责任保险投保情况、多式联运提单编号登记等实施监管。

#### 2. 行业中介组织

国际货运代理行业组织是一种行业自律组织、非政府组织。世界上最具行业代表性的国际货运代理行业组织是国际货运代理协会联合会，中国国际货运代理协会（China International Freight Forwarders Association，CIFA）则是全国性的行业组织，地方还有其分支机构。依据《国际货运代理企业备案（暂行）办法》，商务部委托中国国际货运代理协会组织实施国际货运代理企业业务备案工作。

中国国际货运代理协会是经国务院批准的、在中华人民共和国民政部登记注册的社团法人。它架起了政府与企业沟通的桥梁；反映了企业的意愿和要求；保护了会员的合法权益和行业利益；制定了行业自律准则，维护了货运代理行业正常的经营秩序；促进了国际贸易和国际货运代理行业的发展。中国国际货运代理协会是国际货运代理协会联合会的国家级会员，与世界各国、各地区同行建立了广泛的联系，促进了货运代理行业国际间的合作与交流。

## 1.2　托运人与承运人

### 1.2.1　托运人

#### 1. 托运人的含义

托运人[①]是货物运输服务和国际货运代理服务的买家或使用者。《统一提单的若干法律规定的国际公约》（简称《海牙规则》）和《修改统一提单若干法律规定的国际公约议定书》（简称《维斯比规则》）没有给出托运人的明确定义。《联合国海上货物运输公约》（简称《汉堡规则》）首次将海上货物运输中的托运人定义为与承运人订立海上货物运输合同的人（简称契约托运人）或将货物实际交付给承运人的人（简称实际托运人）。参照这一定义，《中华人民共和国海商法》（简称《海商法》）第四十二条第三项规定，托运人是指本人或者委托他人以本人名义或者委托他人为本人与承运人订立海上货物运输合同的人；本人或者委托他人以本人名义或者委托他人为本人将货物交给与海上货物运输合同有关的承运人的人。《汉堡规则》以“或”字分离契约托运人和实际托运人，因此《汉堡规则》所指的托运人只能是契约托运人和实际托运人中的一种；而《海商法》则是以分号将契约托运人和实际托运人并列，故契约托运人和实际托运人均可以成为《海商法》所指的托运人。鉴于《海商法》没有强制规定实际托运人作为托运人时必须在提单中载明，因此实际托运人能否作为托运人，不以其名称是否出现在提单上为法定条件。

契约托运人通过与承运人签订货物运输合同来实现货物的物权转移，当有国际货运代理企业介入时，则其需要与国际货运代理企业签订委托代理运输合同；当契约托运人是收货人时，则发货人为实际托运人。

#### 2. 托运人协会

托运人协会的作用在于维护托运人在海、陆、空货物运输方面的合法权益，保障托运人能在公平对等的情况下，与班轮公会、运价协议组织、船公司、港口码头、货运代理、船代等运输环节涉及的单位进行对话，与船公司、航空公司等货运服务经营者商议运费，争取取消不合理收费项目或降低项目收费，降低贸易成本，增强国际竞争力。托运人协会通过鼓励运输供应商改进服务，帮助托运人提高运输效率与物流供应链绩效。托运人协会可以通过制定衡量承运人和国际货运代理的服务质量的关键业绩指标，帮助托运人选择更好的国际货运代理企业。

---

① 托运人也称发货人、配货人，中国香港称其为付货人。

托运人协会通过与海关、检验检疫、税务、外汇等管理部门保持密切联系，力求解决托运人的难题。托运人协会通过鼓励和说服运输政策制定者发展和开放有竞争力的运输市场，可以促进货运代理、承运人持续改进和提高效率。托运人协会还可为托运人提供最新的市场信息。

通过全球托运人论坛（Global Shippers Forum，GSF），世界各地的托运人协会可以协调共同的利益及与各种承运人组织进行谈判。世界主要的托运人协会有以下几个。

（1）中国对外贸易经济合作企业协会（China Shippers' Association），简称中国外经贸企业协会。

（2）中国香港付货人委员会（The Hong Kong Shippers' Council）。

（3）欧洲托运人理事会（European Shippers' Council）。

### 3．托运人的义务与责任

（1）托运人托运货物时应当妥善包装，并向承运人保证货物装船时所提供的货物品名、标志、包数或件数、重量或体积的正确性；因包装不良或上述资料不正确使承运人的利益受到损害的，托运人应当负赔偿责任。

（2）托运人应当及时向港口、海关、检验检疫和其他主管机关办理货物运输所需要的各项手续，并将已办理各项手续的单证送交承运人；因有关单证送交不及时、不完备或不正确使承运人的利益受到损害的，托运人应当负赔偿责任。

（3）托运人托运危险货物应当依照有关危险货物运输的规定，妥善包装，粘贴危险货物标志和标签，并将其正式名称和性质及应当采取的预防措施书面通知承运人；《海商法》第六十八条指出，托运人未通知或通知有误的，承运人可以在任何时间、任何地点根据情况将货物卸下、销毁或使之不能为害，而不负赔偿责任。托运人对承运人因运输此类货物所受到的损害，应当负赔偿责任。承运人知道危险货物的性质并已同意装运的，仍然可以在该货物对于船舶、人员或其他货物构成实际危险时，将货物卸下、销毁或使之不能为害，而不负赔偿责任。但是，本规定不影响共同海损的分摊。

（4）托运人应当按照约定向承运人支付运费。托运人与承运人可以约定运费由收货人支付，但是此项约定应当在运输单证中载明。

（5）托运人对承运人、实际承运人所遭受的损失或船舶所遭受的损坏，不负赔偿责任，但由托运人或托运人的受雇人、代理人的过失造成的损失或损坏除外。托运人的受雇人、代理人对承运人、实际承运人所遭受的损失或船舶所遭受的损坏，不负赔偿责任，但由托运人的受雇人、代理人的过失造成的损失或损坏除外。

（6）托运人在集装箱运输中应承担的责任与传统海运的托运人的责任不完全相同。拼箱货托运人的责任与传统海运的托运人的责任相同。整箱货托运人不同于传统海运的托运人的责任，整箱货托运人的责任具体如下：托运人应保证所报货运资料的正确和完整；承运人有权核对箱内所装货物，因核对而发生的费用由托运人承担；海关或其他权力机关开箱检查产生的费用和由此发生的货损、货差由托运人承担；由集装箱所装货物不满，或者垫衬不良、积载不当，或者装了不适于集装箱运输的货物引起的货损、货差，应由托运人负责；由使用托运人自有的不适航的集装箱引起的货损事故应由托运人负责；托运人在使用承运人的集装箱及设备期间给第三者带来财产或生命损害时，应负赔偿责任。

### 1.2.2　承运人

#### 1．承运人的含义与分类

**1）承运人的含义**

承运人（Carrier）是指承担运输旅客或货物的人、企业、公司或其他商业组织，如航空公司、班轮公司、铁路公司等。《物流术语》所称的承运人是指本人或委托他人以本人名义与托运人订立货物运输合同的人。我国《海商法》规定，承运人是指本人或委托他人以本人名义与托运人订立海上货物运输合同的人；实际承运人是指接受承运人委托，从事货物运输或者部分运输的人，包括接受转委托从事此项运输的其他人。

**2）承运人的分类**

按是否为公众服务，承运人可分为自营承运人、合同承运人和公共承运人。自营承运人为本企业运送旅客或货物；合同承运人为特定的需求方运送旅客或货物；公共承运人则面向公众运送旅客或货物。后两者都收取运费。

公共承运人按是否掌握运输工具又可分为如下两类。

（1）有运输工具公共承运人。按运输工具，有运输工具公共承运人分为有车、有机、有船公共承运人，其中有船公共承运人（Vessel Operating Common Carrier，VOCC）也称船舶承运人或远洋公共承运人（Ocean Common Carrier，OCC）、班轮公司。有运输工具公共承运人通常也是多式联运中的实际承运人，其掌握运输工具并参与集装箱运输，通常拥有大量集装箱。

（2）无运输工具公共承运人。按运输工具，无运输工具公共承运人分为无车、无机、无船公共承运人。无运输工具公共承运人是指不拥有货运车辆、飞机、远洋运输船舶，但以承运人的身份发布自己的运价，接受托运人的委托，签发自己的提运单或其他运输单证，收取运费，并通过与有车、有机、有船公共承运人签订运输合同，承担承运人责任，完成货物运输经营活动的经营者。其是无运输工具承运业务的经营主体。

无船公共承运人（Non-Vessel Operating Common Carrier，NVOCC）专门经营集装箱货运的揽货、装拆箱、内陆运输及中转站或内陆站业务，其可以拥有除船以外的实际运输工具，也可不拥有。对真正货主来说，他是缔约承运人；而对实际承运人来说，他又是托运人。通常，无船公共承运人应受所在国法律的制约，在政府有关部门登记。

《中华人民共和国国际海运条例》给无船承运业务下的定义："无船承运业务经营者以承运人身份接受托运人的货载，签发自己的提单或者其他运输单证，向托运人收取运费，通过国际船舶运输经营者完成国际海上货物运输，承担承运人责任的国际海上运输经营活动。"《中华人民共和国国际海运条例实施细则》给无船承运业务下的定义："无船承运业务包括为完成该项业务围绕其所承运的货物开展的下列活动：① 以承运人身份与托运人订立国际货物运输合同；② 以承运人身份接收货物、交付货物；③ 签发提单或者其他运输单证；④ 收取运费及其他服务报酬；⑤ 向国际船舶运输经营者或者其他运输方式经营者为所承运的货物订舱和办理托运；⑥ 支付运费或者其他运输费用；⑦ 集装箱拆箱、集拼箱业务；⑧ 其他相关的业务。无船承运业务经营者包括中国无船承运业务经营者和外国无船承运业务经营者。其中，中国无船承运业务经营者是指依照《中华人民共和国国际海运条例》和本实施细则规定取得无船承运业务经营资格的中国企业法人；外国无船承运业务经营者是指依照外国法律设立并依照《中华人民共和国国际海运条例》和本实施细则的相关规定取得经营进出中国港口货物无船承运业务资格的外国企业。"无船营运公共承运人按业务情况又可以分为主装无船承运人（Master NVOCC）、交运货物的无船承运人（Tendering NVOCC）、签约无船承运人（Contract NVOCC）等。国际货运代理企业也可被认为是共用舱位承运人（Vessel Sharing Carriers）。

### 相关链接

表 1-1 列出的是截至 2019 年 9 月 14 日，全球 20 大集装箱班轮公司的基本情况。

**表 1-1　全球 20 大集装箱班轮公司的基本情况**

| 公　司 | 总运力/TEU | 自有船舶 | | 租赁船舶 | | 订造船舶 | |
|---|---|---|---|---|---|---|---|
| | | 艘　数 | 运力/TEU | 艘　数 | 运力/TEU | 艘　数 | 运力/TEU |
| 马士基 | 4 183 279 | 316 | 2 352 769 | 396 | 1 830 510 | 13 | 28 640 |
| 地中海航运 | 2 622 720 | 181 | 1 057 874 | 377 | 2 564 846 | 12 | 214 108 |
| 中远集团 | 2 970 742 | 176 | 1 564 273 | 306 | 1 406 469 | 3 | 5250 |
| 达飞 | 2 706 348 | 127 | 1 007 460 | 385 | 1 698 888 | 27 | 403 562 |
| 赫伯罗特 | 1 684 563 | 112 | 1 052 321 | 122 | 632 242 | | |
| 海洋网联船务 | 1 582 848 | 74 | 541 934 | 146 | 1 040 914 | | |
| 长荣 | 1 304 956 | 113 | 573 414 | 93 | 731 542 | 68 | 566 544 |

续表

| 公 司 | 总运力/TEU | 自有船舶 | | 租赁船舶 | | 订造船舶 | |
|---|---|---|---|---|---|---|---|
| | | 艘 数 | 运力/TEU | 艘 数 | 运力/TEU | 艘 数 | 运力/TEU |
| 阳明海运 | 640 963 | 41 | 187 835 | 57 | 453 128 | 24 | 198 100 |
| 现代商船 | 394 790 | 14 | 129 439 | 50 | 265 351 | 20 | 396 000 |
| 太平船务 | 386 892 | 70 | 160 498 | 49 | 226 394 | | |
| 以星 | 290 511 | 4 | 17 742 | 59 | 272 769 | | |
| 万海航运 | 268 141 | 68 | 163 124 | 28 | 105 017 | 20 | 48 744 |
| 中谷物流 | 158 824 | 35 | 92 776 | 77 | 66 048 | 4 | 7648 |
| 伊朗国航 | 154 130 | 46 | 96 098 | 4 | 58 032 | | |
| 高丽海运 | 152 483 | 28 | 60 460 | 38 | 92 023 | 5 | 12 500 |
| 安通控股 | 144 406 | 60 | 111 909 | 57 | 32 497 | 18 | 22 344 |
| 海丰国际 | 120 470 | 60 | 80 075 | 23 | 40 395 | 9 | 22 500 |
| 新加坡快运 | 114 036 | 22 | 29 984 | 56 | 84 052 | 2 | 5564 |
| 德翔航运 | 78 833 | 7 | 12 459 | 28 | 66 374 | 7 | 12 304 |
| SM 商船 | 73 882 | 11 | 55 690 | 6 | 18 192 | | |

### 2. 承运人协会

海运方面的承运人协会比较成熟，鉴于海运在国际货物运输中的重要地位，考虑到船舶投资的高成本和利润回收的长期性，以及海运运价易受多种因素的影响（包括政治局势、燃油供应、天气情况等），因此船公司建立了统一的组织以协调稳定运价，防止运价的频繁、剧烈震荡。起初的运价协调组织主要是班轮公会，是由两家以上在同一航线上经营班轮运输的船公司为维护共同利益，避免相互间的竞争，建立统一的运价和统一的制度所组成的国际航运组织。班轮公会为维持其优势地位，对非公会的船公司进行排挤，如使用战斗船、降低运价以揽货，迫使非会员船公司退出航线。班轮公会对货主则采取延期回扣和双重费率制度。凡是与班轮公会签订合同的货主，可享受优惠费率；如货主下一期仍使用班轮公会的船载货，则可获得延期回扣。总之，班轮公会采取这些手段的目的是控制货载、获取高额利润。早期大多数班轮公会由欧洲一些很富裕且有势力的家族所建立，在班轮行业发展的过程中，班轮公会享受着沿留下来的特权，他们左右了政府政策、国家法律，甚至国际公约的制定。欧盟从 2008 年 10 月 18 日起撤销了班轮公会的反垄断豁免权，美国联邦海事委员会（FMC）于 2008 年 10 月 19 日与美国反垄断现代委员会（AMC）讨论了现行的航运法是否有必要给予班轮公会反垄断豁免权的问题。FMC 在给 AMC 的一份建议中提到，FMC 认为反垄断豁免权没有必要存在，集体定价只能使航运价格高昂，最终转嫁给货主来承担，AMC 给予正面回应，至此具有 120 多年历史的远东班轮公会（FEFC）宣告解体。自 20 世纪 80 年代以来，海运服务出现多样化态势，个性化服务需求增强，随着班轮公会垄断特权式微，取而代之的是比较松散的运价协议组织，其采用灵活机制，允许成员自行选择是否采用参考运价，比较活跃的有 THE 联盟、2M 联盟和海洋联盟。

陆运方面的承运人协会主要有国际铁路联盟（UIC），其于 1922 年 10 月在法国首都巴黎成立，当时有 29 个国家 51 个铁路机构参加。其宗旨是推动国际铁路运输的发展，促进国际合作，改进铁路技术装备和运营方法，开展有关问题的科学研究，实现铁路建筑物、设备的技术标准的统一。UIC 在很长一段时期内是欧洲（西欧主导的）非政府铁路组织，后来加入了一些欧洲之外的国家，到 2018 年已经有 200 多个成员。虽然其国际性有限，但欧洲铁路的先进性使它的技术标准在国际上有很大影响力。

### 3. 承运人的义务与责任

承运人有 3 项基本义务：使船舶适航、货物管控、交付货物。承运人的责任是指承运人按照法律规定或运输合同的约定对货物的灭失、损害或迟延交付所造成损失承担的违约责任，这种责任通常是以赔偿形式出现的，所以有时也称为承运人的赔偿责任。承运人对承运货物的责任尽管因不同的运输方式和不同的法律、法规而有所不同，但大体都包含责任期间、责任基础、责任限额 3 个方面。

#### 1）责任期间

责任期间是指承运人履行义务和承担责任的期间。承运人对承运货物的责任期间除了《海牙规则》认定的从起运港吊钩下开始装货时起至目的港卸货时止，大部分法律、法规认定责任期间是从承运人在起运地接收货物时起至目的地交付货物时止，货物处于承运人掌管之下的全部期间。《海商法》认为承运人对非集装箱装运货物的责任期间是指从货物装上船时起至卸下船时止，货物处于承运人掌管之下的全部期间；承运人对集装箱装运货物的责任期间则是指从装货港接收货物时起至目的港交付货物时止的全部期间。在承运人的责任期间，货物发生灭失或损坏，除另有规定外，承运人应当负赔偿责任。承运人应当妥善、谨慎地装载、搬移、积载、运输、保管、照料和卸载所运货物。

海运承运人在船舶开航前和开航时，应当谨慎处理，使船舶处于适航状态，妥善配备船员、装备船舶和配备供应品，并使货舱、冷藏舱、冷气舱和其他载货处所适于并能安全收受、载运和保管货物。承运人应当按照约定的、习惯的或地理上的航线将货物运往卸货港。船舶在海上为救助或企图救助人命或财产而发生的绕航或其他合理绕航是合法的。

#### 2）责任基础

承运人对承运货物的责任基础是指承运人对责任期间内发生的托运人损失负责任的原

则，也称为责任范围。目前，国际上各运输公约或法律的规定不一，但大致分为过失责任制和严格责任制。

（1）过失责任制。过失责任制是指按承运人对货损、货差是否有过失而决定其是否负责的原则。过失责任制按程度又可分为完全过失责任制和不完全过失责任制。前者是指只要承运人对货损、货差有过失就应承担责任；后者却有一部分除外，即基本前提是承运人应承担责任，但对某些过失，法律仍允许承运人免责。

（2）严格责任制。严格责任制是指除不可抗力等有限的免责事由外，无论有无过失，承运人对货损、货差均应负责任。由于采用严格责任制的国际公约或国内法也列举了大量的免责事项，从而使严格责任制与不完全过失责任制已无太大差别。

目前，海运领域中的《海牙规则》《维斯比规则》，航空领域中的《华沙公约》采用不完全过失责任制，承运人对于航行/驾驶过失免责；海运领域中的《汉堡规则》《鹿特丹规则》、航空领域中的《海牙议定书》和《联合国国际货物多式联运公约》采用完全过失责任制；而铁路、公路领域中的《国际铁路货物运送公约》《国际公路货物运输合同公约》《国际铁路货物联运协定》和航空领域中的《蒙特利尔公约》均采用严格责任制。

《海商法》规定："货物未能在明确约定的时间内，在约定的卸货港交付的，为迟延交付。除依照本章规定承运人不负赔偿责任的情形外，由于承运人的过失，致使货物因迟延交付而灭失或者损坏的，承运人应当负赔偿责任。除依照本章规定承运人不负赔偿责任的情形外，由于承运人的过失，致使货物因迟延交付而遭受经济损失的，即使货物没有灭失或者损坏，承运人仍然应当负赔偿责任。"

在责任期间货物发生的灭失或者损坏是由下列原因之一造成的，承运人不负赔偿责任。

① 船长、船员、引航员或承运人的其他受雇人在驾驶船舶或管理船舶中的过失。

② 火灾，但是由承运人本人的过失所造成的除外。

③ 天灾，海上或其他可航水域的危险或者意外事故。

④ 战争或者武装冲突。

⑤ 政府或者主管部门的行为、检疫限制或司法扣押。

⑥ 罢工、停工或者劳动受到限制。

⑦ 在海上救助或者企图救助人命或财产。

⑧ 托运人、货物所有人或者他们的代理人的行为。

⑨ 货物的自然特性或者固有缺陷。

⑩ 货物包装不良或者标志欠缺、不清。

⑪ 经谨慎处理仍未发现的船舶潜在缺陷。

⑫ 非由承运人或者承运人的受雇人、代理人的过失造成的其他原因。

承运人依照以上规定免除赔偿责任，但除第 2 项规定的原因外，承运人应当负举证责任。

因运输活动物的固有的特殊风险造成活动物灭失或损害的，承运人不负赔偿责任。但是，承运人应当证明业已履行托运人关于运输活动物的特别要求，并证明根据实际情况，灭失或损害是由此种固有的特殊风险造成的。

承运人在舱面上装载货物应当同托运人达成协议，或者符合航运惯例，或者符合有关法律、行政法规的规定。承运人依照以上规定将货物装载在舱面上，对由此种装载的特殊风险造成的货物灭失或损坏，不负赔偿责任。货物的灭失、损坏或迟延交付是由承运人或者承运人的受雇人、代理人的不能免除赔偿责任的原因和其他原因共同造成的，承运人仅在其不能免除赔偿责任的范围内负赔偿责任；但是，承运人对由其他原因造成的灭失、损坏或迟延交付应当负举证责任。

**3）责任限额**

责任限额又称赔偿责任限额。承运人对承运货物的责任限额是指承运人对责任期间内发生的托运人损失应承担的最高赔偿额。

（1）有关货损、货差的责任限额。目前，各国际货物运输公约所规定的责任限额，除数值不尽相同外，计量的币值也有很大的不同。

我国《海商法》规定，货物灭失的赔偿额，按照货物的实际价值计算；货物损坏的赔偿额，按照货物受损前后实际价值的差额或者货物的修复费用计算。货物的实际价值，按照货物装船时的价值加保险费加运费减去因货物灭失或损坏而少付或免付的有关费用来计算。

承运人对货物的灭失或者损坏的赔偿限额。按照货物件数或者其他货运单位数计算，每件或者每个其他货运单位为 666.67 个 SDR，或者按照货物毛重计算，每千克为 2 个 SDR，以两者中赔偿限额较高的为准。SDR 是由国际货币基金组织所定义的特别提款权，其价值应以双方达成和解协议之时或法院判决之时的兑换率计算。但是，托运人在货物装运前已经申报其性质和价值，并在提单中载明的，或者承运人与托运人已经另行约定高于本条规定的赔偿限额的除外。货物用集装箱、托盘或者类似装运器具集装的，提单中载明装在此类装运器具中的货物件数或者其他货运单位数，视为前款所指的货物件数或其他货运单位数；未载明的，每一装运器具视为一件或者一个单位。装运器具不属于承运人所有或者非由承运人提供的，装运器具本身应当视为一件或者一个单位。

（2）有关迟延交付的责任限额。迟延交付是指货物未在明确议定的时间内交付或在无此协议时，未能按照具体情况在对一个勤奋的承运人所能合理要求的时间内交付。

我国《海商法》规定，承运人对货物因迟延交付造成经济损失的赔偿限额，为所迟延交付的货物的运费数额。《汉堡规则》《联合国国际多式联运公约》则规定无论有无议定交付期限，承运人对于迟延交付造成的损失均予赔偿。《汉堡规则》《联合国国际多式联运公约》规定，对于迟延交付造成损失的责任限额，相当于对迟延交付的货物应付运费的 2.5 倍，但不得超过整个合同运费额，而且在同时伴随货物的灭失、损坏时，责任限额不能超过货物全部灭失的赔偿责任限额。

## 1.3　国际货物运输方式

### 1.3.1　国际货物运输方式的含义及分类

国际货物运输方式是指在不同国家和地区之间运输货物的方法和形式。

#### 1．按运输通道划分

按运输通道，国际货物运输方式可分为水路运输、陆路运输、航空运输。

**1）水路运输**

水路运输（Waterway Transportation）是指使用船舶（或其他水运工具），在江、河、湖、海等水域运送货物的一种运输方式。水路运输按经营方式可以分为班轮运输和租船运输，按水域不同可分为外海运输和内河运输。外海运输又可以根据离陆地的远近分为沿海运输、近海运输、远洋运输。内河运输是水路运输的重要组成部分，它是连接内陆腹地与沿海地区的纽带，在运输和集散进出口货物中起着重要的作用。

水路运输被广泛采用，是因为它与其他运输方式相比，主要有下列明显的优点。

（1）通过能力强。水路运输可以利用四通八达的天然航道，它不像火车、汽车一样受轨道和道路的限制，故其通过能力很强。

（2）运量大。水路运输船舶的运输能力远远大于铁路运输车辆。例如，一艘万吨船舶的载重量一般相当于 250～300 个车皮的载重量。

（3）运费低。按照规模经济的观点，水路运输因为运量大、航程远，分摊到每货运吨的运输成本就少，因此运价相对低廉。

水路运输虽有上述优点，但也存在不足之处。例如，水路运输受气候和自然条件的影响较大，航期不易确定，而且风险较大。此外，水路运输的速度也相对较慢。目前，国际贸易总运量中的 2/3 以上及我国进出口货运总量的 90%都是通过水路运输实现的。

**2）陆路运输**

陆路运输（Land Transportation）包括铁路运输与道路运输。

（1）铁路运输（Railway Transportation）是指使用铁路设施、设备运送货物的一种运输方式。在国际货物运输方式中，铁路运输是仅次于水路运输的主要运输方式，水路运输的进出口货物也大多靠铁路运输进行集散。铁路运输有许多优点：一般不受气候条件的影响，可保障全年的正常运输；运量较大、速度较快；有高度的连续性；运输成本较低；运转过程中可能遭受的风险也较小；办理铁路运输手续比水路运输简单，而且发货人和收货人可以在就近的始发站（装运站）和目的站办理托运和提货手续。

（2）道路运输（Road Transportation）是指使用公路设施、设备运送货物的一种运输方式。在国际货物运输中，它是不可或缺的一个重要组成部分，具有机动灵活、简捷方便、应急性强、投资少、收效快、适应集装箱货运方式发展的优点，但也具有载量小、运行中震动大易造成货损事故、费用成本高等缺点。它可以直接运输对外贸易货物，但更重要的是可以直接将货物运达运输终端，集散在港口、机场和火车站的进出口货物。

**3）航空运输**

航空运输（Air Transportation）是指使用飞机或其他飞行器运送货物的一种运输方式。它按经营方式可以分为班机运输和包机运输；按货物种类可分为普通货物运输、特种货物运输和等级货物运输；按客户要求的时限可分为普通航班运输和急件运输。航空运输是一种现代化的运输方式，它与水路运输、铁路运输相比，具有运输速度快，货运质量高，不受地面条件限制，安全准确，手续简便，节省包装、保险、利息、储存费用等优点，也具有运量小、运价高等缺点。因此，它适宜运送急需物资、鲜活商品、精密仪器和贵重物品。

### 2．按成组化运输工具划分

成组化运输是指借助一定的办法把分散的单件货物组合在一起，使其成为一个标准化、规格化的大的运输单位，适合于机械化、自动化操作，便于大量编组运输，可以加速货物周转，提高运输效率，减少货损、货差，节省人力物力，降低运输成本的一种运输方式。

按成组化运输工具，国际货物运输方式可分为垫板运输、托盘运输、集装箱运输、管道运输。

**1）垫板运输**

垫板运输是指把几件货物捆扎堆装在一块垫板上组成一个运输单位以方便运输。

**2）托盘运输**

托盘运输是指将货物以一定数量组合码放在托盘上，连盘带货一起装入运输工具以运送货物的运输方式。它是由垫板运输发展而来的，这两者在水路运输中已经很少单独使用了。

**3）集装箱运输**

集装箱运输是以集装箱为运输单位进行货物运输的一种现代化的先进的运输方式。在集装箱运输中，集装箱可以从一种运输工具上直接方便地换装到另一种运输工具上，而无须接触或移动箱内所装货物。集装箱运输一般由一个承运人负责全程运输。

**4）管道运输**

管道运输是指利用由大型钢管、泵站和加压设备或磁浮装置等组成的运输系统完成物料、货物输送工作的一种运输方式。同以上几种运输方式不同的是，管道运输的运输对象主要是大宗液体或气体货物，如石油、天然气等。

### 1.3.2　运输路线

运输路线是货物运输行经的路线。陆路运输因为道路网和铁路网的发达使两点之间的路线有非常多的可选择性，而水路运输和航空运输由于政府对路线的管制加上自然条件的限制，可选择的余地较小。

#### 1．海运航线

**1）海运航线的含义**

船舶在两个或多个港口之间进行货物运输的路线称为海运航线。航线中停靠的港口分为基本港和非基本港。基本港是指港口设备好、货运量大、班轮按期停靠的港口。航行在基本港之间的船舶，业内将其称为大船、主船或母船。非基本港又称支线港或偏港、僻港、小港，是指班轮不常停靠的港口。运往非基本港的货物通常会加收附加费。在支线航道上行驶的船舶一般为小船或称支线船和喂给船。

**2）我国外贸主要海运航线**

（1）近洋航线：中国—朝鲜航线；中国—日本航线；中国—越南航线；中国内地—中国香港航线；中国—独联体远东航线；中国—菲律宾航线；中国—新加坡、马来西亚航线；中国—加里曼丹航线；中国—泰国航线；中国—印度尼西亚航线；中国—孟加拉湾航线；中国—斯里兰卡航线；中国—波斯湾航线；中国—澳大利亚、新西兰航线。中国和巴基斯坦合作的瓜达尔港的建设成功为中国—波斯湾航线增添了重要的战略港口。

（2）远洋航线：中国—红海航线；中国—东非航线；中国—西非航线；中国—地中海航线；中国—西欧航线；中国—北欧、波罗的海航线；中国—北美航线；中国—中南美航线。

#### 2．陆运路线

**1）国际铁路货运线**

（1）西伯利亚铁路。

（2）欧洲铁路网。

（3）北美横贯东西铁路线。

（4）西亚—欧洲铁路线。

**2）我国通往邻国及地区的铁路线**

（1）滨洲线——自哈尔滨起向西北至满洲里，全长约 942 千米。

（2）滨绥线——自哈尔滨起向东经绥芬河站与俄罗斯格罗杰科沃铁路相连，哈尔滨站至香坊站为单线铁路，香坊站至绥芬河站为复线铁路，因为有部分的单线的缘故，上行线与下行线长度略有差异，上行线约 495 千米，下行线约 494.6 千米。。

（3）集二线——从集宁向西北到二连浩特，全长约 336 千米。

（4）沈丹线——从沈阳到丹东，越过鸭绿江与朝鲜铁路相连，全长约 261 千米。

（5）长图线——西起吉林长春，东至图们，横过图们江与朝鲜铁路相连，全长约 530 千米。

（6）梅集线——自梅河口至集安，越过鸭绿江直通朝鲜满浦车站，全长约 252 千米。

（7）湘桂线——从湖南衡阳起，经广西柳州、南宁到达终点站凭祥，全长约 1013 千米。

（8）昆河线——从云南昆明经碧色寨到河口，全长约 465 千米。

（9）北疆线——从新疆乌鲁木齐向西到达终点站阿拉山口，全长约 460 千米。

**3）我国对外贸易道路运输及口岸**

（1）对独联体国家的道路运输口岸。

（2）对朝鲜的道路运输口岸。

（3）对巴基斯坦的道路运输口岸。

（4）对印度、尼泊尔、不丹的道路运输口岸。

（5）对越南的道路运输口岸。

（6）对缅甸的道路运输口岸。

（7）对中国香港、中国澳门的道路运输口岸。

### 3. 空运航线

使用一种航空器在两个以上的地点之间从事运输的交通路线称为空运航线。飞机必须按照规定的航线飞行，航线不仅决定了飞机飞行的具体方向、经停地点，还规定了航路的宽度和飞行的高度，以维护空中交通秩序，保证飞行安全。

空运航线按飞机飞行的路线分为国内航线和国际航线。飞机飞行的线路起讫点、经停点均在国内的称为国内航线；飞机飞行的线路跨越本国国境，通达其他国家的航线称为国际航线。

**1）世界上较繁忙的航空线**

（1）西欧—北美的北大西洋航空线。

（2）西欧—中东—亚洲东部地区的航空线。

（3）亚洲东部地区—北美的北太平洋航空线。

此外，还有北美—南美，西欧—南美，西欧—非洲，西欧—东南亚—澳大利亚、新加坡，远东—澳大利亚、新加坡，北美—澳大利亚、新加坡等重要国际航空线。

**2）航区惯例**

与其他运输方式不同，国际航空货物运输中与运费的有关各项规章制度及运费水平都是由国际航空运输协会（简称国际航协）统一协调、制定的。在充分考虑了世界上不同国家、地区的社会经济、贸易发展水平后，国际航协将全球分成 3 个区域，即航协区（IAIA Traffic Conference Areas），每个航协区又分成几个亚区。航协区的划分主要从航空运输业务的角度考虑，依据的是不同地区不同的经济、社会及商业条件，因此和我们熟悉的世界行政区划有所不同。

（1）一区（TC1）包括北美、中美、南美、格陵兰、百慕大和夏威夷群岛。

（2）二区（TC2）包括整个欧洲大陆（包括俄罗斯的欧洲部分）及毗邻岛屿，冰岛、亚速尔群岛，非洲大陆和毗邻岛屿，亚洲的伊朗及伊朗以西地区。本区也是和我们所熟知的世界行政区划差异最大的一个区，它主要有 3 个亚区。① 非洲区：含非洲大多数国家及地区，但非洲北部的摩洛哥、阿尔及利亚、突尼斯、埃及和苏丹不包括在内。② 欧洲区：包括欧洲国家和摩洛哥、阿尔及利亚、突尼斯 3 个非洲国家及土耳其（既包括欧洲部分，也包括亚洲部分）、俄罗斯（仅包括其欧洲部分）。③ 中东区：包括巴林、塞浦路斯、埃及、伊朗、伊拉克、以色列、约旦、科威特、黎巴嫩、阿曼、卡塔尔、沙特阿拉伯、苏丹、叙利亚、阿拉伯联合酋长国、也门等。

（3）三区（TC3）包括整个亚洲大陆及毗邻岛屿（已包括在二区的部分除外），澳大利亚、新西兰及毗邻岛屿，太平洋岛屿（已包括在一区的部分除外）。它主要有 4 个亚区。南亚次大陆区包括阿富汗、印度、巴基斯坦、斯里兰卡等南亚国家。东南亚区包括中国（含港、澳、台）、东南亚诸国、蒙古、俄罗斯（亚洲部分）、土库曼斯坦等独联体国家、密克罗尼西亚等群岛地区。西南太平洋洲区包括澳大利亚、新西兰、所罗门群岛等。日本、朝鲜区仅包括日本和朝鲜。

**3）时区和区时**

地球的自转使经度不同的地区时刻不同，当飞机跨越经度时，就产生时刻上的不统一，因此时差换算对于安排航班、更好地进行航空运输尤为重要。

## 1.4　国际货运代理流程

图 1-2 概括了国际货运代理的全流程。委托人的委托是从揽货接单开始的，如果委托人是货物的收货人或发货人，则国际货运代理企业就是货主的代理人；如果委托人是承运人，则国际货运代理企业就是承运人的代理人。

揽货部门是找市场、接业务的部门。大型的国际货运代理企业往往把揽货员接下的单全部交由商务人员处理，以利于企业业务的规范化管理；中小型企业的商务人员只处理熟客和重要客户的业务及较棘手的合同、法律问题，揽货员的客户由揽货员自行管理。签完委托代理合同后，订舱、报关报检等具体的流程操作由操作部来进行，每个环节必须有单证为依据，单证部的工作和操作部的工作密不可分，有的企业把这两个部门合为一个部门。

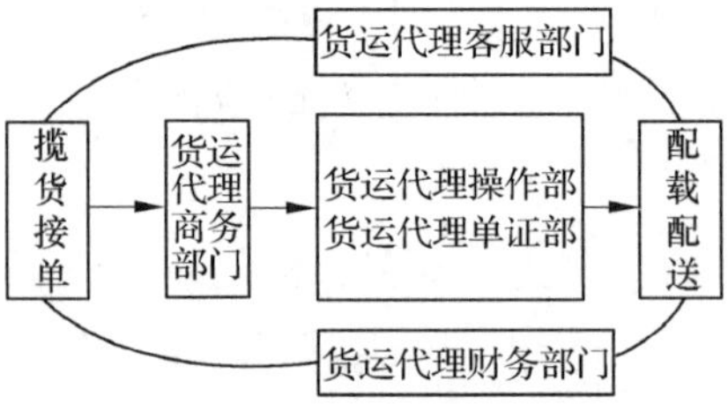


图 1-2　国际货运代理的全流程

配载配送是技术性较强的工作，虽然它们是操作的一环，但也是货物运输特别是远程运输的开始和结束，是货损、货差和迟延交付较为集中的环节。为了做得更好，许多企业专门设立了一个独立的部门来处理，以确保货运安全。货运代理客服部门是全流程的服务质量评估和保障部门，是面向客户代表企业形象的部门，主要负责处理客户投诉、查询，以及市场调研和服务质量考核。货运代理财务部门负责每个环节的成本控制、核算，包含款项的回收，是国际货运代理企业盈利的保证。以下就不同运输方式的代理业务流程做简要的介绍。

### 1．国际货物水路运输代理业务流程

**1）出口流程**

市场销售（询价和报价等）—委托运输（客户接受报价并上传货运资料等）—审核资料—订舱—做箱（门到门：收到船公司回传的装货单后与客户确认做箱时间、地点—传装货单与派箱纸给拖车行打提箱单—安排人员到码头提箱—提箱后传司机资料、箱号、封条号、装货单给客户—提箱后到客户指定的地方装货—客户装箱后还重箱回码头—认真核对码头收箱后给的重箱纸—把重箱纸交给客户—通知客户传正确装箱资料；内装：收到船公司回传的装货单后与客户确认送货时间、地点—客户送货入仓—把入仓单交给客户—要求客户补提单资料）—报关报检（整理客户资料、报关资料传给报关行）—配船—同客户核对确认提单—传确认后的提单资料给船公司—出正本提单—财务对账（待船公司核对账单后付款给船公司，开客户发票）—正本提单、发票的发放（客户需结清费用）—航班跟踪—信息服务。

**2）进口流程**

接受委托—卸货地订舱—接运工作—报关报检—监管转运—费用结算—提取货物。

### 2．国际货物铁路运输代理业务流程

**1）出口流程**

市场销售—委托运输—审核资料—制运单（整车：向铁路提出计划—批准计划—受理；

零担：直接受理）—配车—报关报检—请拨空车—货物进站—装车（监装及施封）—取重车发运—费用结算—口岸交接（审核、换装、签署交接文件）—班列跟踪—信息服务。

**2）进口流程**

接受委托—口岸接运—报关报检—分拨分运—费用结算—提取货物。

### 3. 国际货物道路运输代理业务流程

**1）出口流程**

市场销售—委托运输—审核资料—制运单（若为整车，到客户指定地点装货；若为零担，则入仓—配车）—报关报检—重车发运—费用结算—班车跟踪—信息服务。

**2）进口流程**

接受委托—报关报检—分拨分运—费用结算—提取货物。

### 4. 国际货物航空运输代理业务流程

**1）出口流程**

市场销售—委托运输（客户填托运书传给空运代理等）—审核单证—预配舱—预订舱—接受单证—制单—接货—标签—配舱—出口报关—出仓单—提板箱—装板箱—签单—交接发运—费用结算—航班跟踪—信息服务。

**2）进口流程**

代理预报—交接单货—理货仓储—理单与到货通知—制单与报关—收费与发货—送货与转运。

## 本章小结

本章对跨境供应链做了介绍，国际货运代理是跨境供应链不可或缺的一环。本章突出了从事国际货运代理行业相关业务应具备的基础知识，从国际货运代理的含义与分类开始，说明了国际货运代理的作用与行业管理，接着描述了托运人、承运人的含义与责任及相应的行业协会，并重点介绍了国际货物运输方式和国际货运代理业务流程。

## 思考题

### 1. 选择题

（1）下列属于跨境供应链风险的是（　　）。

A．企业资信、汇率的变化使跨境供应链经营者面临更多的信用及金融风险

B．语言文化的差异会增加供应链经营的复杂性

C．不同国家之间政治经济环境的差异，可能使企业跨国开展业务遭遇风险

D．跨境供应链所面对的市场变化多、不稳定

E．运输距离的加长延长了运输时间，并增加了货物中途转运装卸的次数，使跨境供应链中货物灭失及短缺的风险增大

（2）根据供应链的运作方式，可以将供应链类型归结为（　　）。

A．拉式供应链　　B．平衡供应链　　C．销售导向供应链　　D．推式供应链

E．反应性供应链

（3）一件毛重 200 千克，实际价值（提单上未注明）为 900 SDR（特别提款权，每 1 SDR 等于 0.888 671 克的纯金）的货物在运输过程中落海全部灭失，承运人对此负赔偿责任。根据我国《海商法》的规定，承运人的赔偿限额为（　　）。

A．400 SDR　　B．666.67 SDR　　C．800 SDR　　D．900 SDR

（4）依据我国《海商法》的规定，承运人对（　　）造成的货损不负责任。

A．船舶不适航　　B．管货过失

C．航行过失　　D．货物固有缺陷

（5）从沈阳通过铁路运往俄罗斯的货物，在最短运距情况下需经过我国的国境站（　　）。

A．满洲里　　B．丹东　　C．阿拉山口　　D．二连浩特

## 2．判断题

（1）国际货运代理作为运输经营人时无权收取运费。（　　）

（2）国际货运代理作为无船公共承运人时不是运输合同当事人。（　　）

（3）根据我国《海商法》的规定，承运人对集装箱装运货物的责任期间是指从货物装上船时起至卸下船时止，货物处于承运人掌管之下的全部期间。（　　）

（4）无船承运人除可以从货主那里获得代理服务报酬外，因其客观上也为班轮公司提供了货载，所以还可以从班轮公司那里获得佣金。（　　）

（5）在航空运输中，如果承运人证明受害人自己的过失是造成损失的原因或原因之一，则法院可以按照法律规定，免除或减轻承运人的责任。（　　）

## 3．简答题

（1）简述国际货运代理的分类及相应的经营范围。

（2）简述国际货运代理在跨境供应链中的作用。

（3）简述托运人在国际货物运输中的责任。

（4）简述无船承运人的经营活动资质。

（5）图示国际货运代理的全流程。

### 4. 案例分析

南京某货主出口一批价值 10000 美元，共 10 箱的丝织品，通过 B 航空公司的代理人 A 办理航空运输，从北京出口至法国巴黎。货物交付后，代理人 A 于 2009 年 1 月 1 日出具了航空货运单一份，该货运单注明：第一承运人是 B 航空公司，第二承运人是 C 航空公司，货物共 10 箱，重 260 千克。货物未注明价值，B 航空公司将货物由南京运抵北京，1 月 3 日准备按约将货物转交 C 航空公司时，发现货物灭失。B 航空公司于当日通过代理人 A 通知了货主货物已灭失，货主向代理人 A 提出书面索赔要求，要求代理人全额赔偿损失。

试分析：

（1）代理人 A 是否承担责任？为什么？

（2）B 航空公司是否承担责任？为什么？

（3）货主获得的赔偿金额应为多少？

## 实训

### 1. 实训目的

模拟国际货运代理流程，充分理解托运人、货运代理和承运人的作用。

### 2. 实训要求

每个班分成 5 个学习小组，分别扮演托运人、货运代理、承运人、海关等角色，以在课堂上模拟不同运输方式下的国际货运代理流程。

### 3. 实训操作规范

要求学生认真查阅下列网站及资料，撰写小组讨论稿。

（1）中国合作贸易企业协会网站 http://www.ccoop.org.cn。

（2）中国国际货运代理协会网站 http://www.cifa.org.cn。

（3）《国际货物运输代理概论》，全国国际货运代理行业从业人员岗位专业证书考试指导教材，2010 年 4 月第 1 版，中国国际货运代理协会编，由中国商务出版社出版。

### 4. 实训硬件设备准备

有条件的学校可以在模拟实景室进行实操，没有条件的学校在课堂以台上演绎、老师点评的方式进行。

# 第 2 章

# 国际货运代理营销

**关键术语**

国际货运代理市场营销；品牌决策；揽货；托运；直接客户；间接客户；接单；指定货

**学 习 目 标**

- 熟悉国际货运代理企业的揽货程序。
- 掌握国际货运代理市场营销的理论依据。
- 掌握国际货运代理服务产品的特征。
- 掌握国际货运代理企业开发新客户的方式和特点。

国际货运代理的生存与发展取决于对货物的承揽业务。只有有了货物的承运权，国际货运代理业务才能开始。

## 2.1 国际货运代理市场营销

### 2.1.1 国际货运代理市场营销概述

市场营销本身包含两重意义：一是指一门研究企业如何以市场为导向，以实现潜在交换为目的，寻求最优化途径、策略和方法以占领市场的学科；二是指一种社会性实践活动，使企业和个人可以交换产品，换取价值，从而满足双方的需要和欲望。按照美国市场营销协会（American Marketing Association）的定义，市场营销既是一种行为、一套制度，又是创造、传播、传递和交换对消费者、代理商、合作伙伴和全社会有价值的物品的过程。

美国市场营销学家菲利普·科特勒（Philip Kotler）认为市场营销是个人和群体通过创造、提供并同他人交换有价值的产品，以满足各自的需要和欲望的一种社会活动和管理过程。这些核心概念形成一个循环关系：需要—欲望—需求—产品或服务—市场—营销—执行—交换与交易—价值与满足—新的需要。

（1）需要。需要是指人感觉缺少某种东西的一种状态，人的需要包括基本生存的需要、社会需要、追求知识和自我实现的需要等。

（2）欲望。欲望是指满足需要的一种心理状态。由于每个人的文化背景及性格不同，欲望的表现形式也是不同的。它与需要不同的是，需要是与生俱来的，生产者和营销者难以参与；欲望则是生产者和营销者可以参与创造的。

（3）需求。需求是指人们有能力并且愿意购买自己需要的产品的要求。人的欲望是无穷无尽的，但拥有的资源是有限的，因此只能根据自己有限的资源权衡轻重，选择最重要的产品以得到最大的满足。

（4）产品或服务。产品是人满足其需要和欲望的工具。产品的概念不局限于具体的实体物品，任何能够满足需要的东西都可以称为产品。产品可以分为有形产品和无形产品，有形产品通常表现为货物，无形产品通常表现为服务，工程通常是两者的结合。

（5）市场。市场是商品交换关系的总和。市场是与商品经济相联系的经济范畴，是商品经济发展的产物。市场必须具备 3 个要素：可供交换的商品、愿意购买商品的人、购买商品的能力。在现代市场活动中，关系和网络成为市场交易实现的重要条件。

（6）营销。从市场的概念又可以引申出营销的概念，这是整体循环关系的重要一环。

（7）执行。执行是指交易双方对市场营销任务的具体落实，即指派专人负责在规定的时间完成交易任务。卖家把营销目标分成若干定额，合理地分配给各个行销地区和各个营销总监，由其落实；买家根据采购预算通过卖家的营销渠道、广告宣传、人员推销等途径获取产品的信息并同卖家接触实现交换。

（8）交换与交易。交换是指提供某物作为报酬，从他人那里换取想要的物品或服务的行为。交换是市场营销的核心概念。交换是交易的基础，交易是交换的度量单位，专指交换双方之间的价值交换。

（9）价值与满足。面对市场上的多种产品，买家会估计并排列各同类产品的价值，然后购买对他而言价值最高的产品。能否交易成功在很大程度上取决于买家的价值观，只有买家认为得到的产品效用大于或等于付出的代价，才可能实现交易。客户需求得到满足的程度越高表示产品的质量越好。产品的价值实现后，客户的旧的需要得到了满足，即产生新的需要，开启另一循环。

国际货运代理市场营销是指关于货运解决方案、货物舱位和附加货运代理服务的概念、定价、促销和分销的策划与实践过程，即为实现国际货运代理企业的盈利目标而进行的交换过程。国际货运代理行业的市场营销理论研究的是国际货运代理企业如何寻求最优的途径、策略与方法以满足货主对国际货运代理服务产品的需求。

### 2.1.2 国际货运代理市场营销管理过程

国际货运代理市场营销管理过程是指国际货运代理企业识别、分析、选择和发掘市场营销机会，以实现其任务和目标的管理过程。这个过程包括以下 4 个步骤。

#### 1．发现、分析和评估国际货运代理市场机会

市场机会就是市场上还未满足的需要，但并不是所有未满足的需要都能成为企业的市场机会。只有符合企业的营销目标和资源条件，市场机会才能成为企业的机会。因此，营销人员不但要善于发展市场机会，还要善于分析、评估市场机会，看它是否适合于本企业、是否有利可图。

市场机会的分析有赖于对营销环境（包括宏观环境和微观环境）进行科学细致的市场调研。为了更好地进行市场营销调研，企业应建立市场营销分析系统，专门收集、整理、分析和评估有关营销信息，为企业的营销决策提供科学依据。

#### 2．研究和选择国际货运代理目标市场

经过分析和评估，选定了符合企业营销目标和资源条件的市场机会后，还要对市场容量和市场结构做进一步的分析，以便缩小选择范围，选出本企业准备为之服务的目标市场。这具体包括 4 个步骤：测量和预测市场需求；进行市场细分；在市场细分的基础上选择目标市场；进行市场定位。

企业根据自己的营销目标和资源条件选择一定的目标市场进行经营，这种经营方式称为目标市场营销。

市场定位是指在目标客户心目中为自己的企业和产品确定一定的位置，形成一定的特色，树立区别于竞争者的企业形象和产品形象。

#### 3．确定国际货运代理市场营销组合

市场营销组合就是企业的综合营销方案，即企业针对目标市场的需要，对自己可控制的各种营销因素，如产品、运价、分销、促销手段等的优化组合和综合利用，使之协调配合，以取得最好的经济效益和社会效益。

国际货运代理企业的经营受多种因素的影响，在诸多因素中，有些是企业可以控制的，有些是企业无法控制的。企业可以控制的因素很多，通常可归纳为产品（Product）、运价（Price）、地点（Place）、促销（Promotion）、权力（Power）和公共关系（Public Relations），简称 6P。

20 世纪 80 年代后期，由于国际市场竞争日趋激烈，许多国家和地区政府的干预加强，贸易保护主义盛行。在此形势下，科特勒提出了一种新的市场营销观念——大市场营销观念。其基本含义是企业在进行营销活动时，不仅要顺从和适应市场环境，而且要影响它。

对此，企业市场营销从“4P”（产品、运价、地点、促销）发展到“6P”，即增加了权力和公共关系。此观念认为，企业在全球经济一体化的国际市场营销中，不应消极被动地服从外部环境和市场需求，而应借助政治力量、外交手段、公共关系等，积极主动地改变外部环境和市场需求，以使其产品进入目标市场。

服务行业由于其产品及提供过程的特殊性，其营销组合因素在有形产品营销组合，即4P 的基础上又增加了人员（People）、过程（Process）、有形展示（Physical Evidence）。这 3 个因素对服务企业来说是可以控制的，同时对企业有效地保证和提高服务质量具有重要影响。

企业在市场营销过程中还要受各种微观和宏观环境因素的影响与制约，如微观环境中的供应者、企业竞争者、营销中介、社会公众等，宏观环境中的经济、自然、政治、法律、社会文化、科技等，这些都是企业不可控的因素。营销组合因素的多层次性使营销组合具有可控性、复合性、动态性和整体性的特点，体现了市场营销观念中的整合营销思想。

#### 4．管理市场营销活动

国际货运代理市场营销管理过程的最后一个环节是管理市场营销活动。管理市场营销活动又分为 4 个过程（PDCA）。

（1）制订市场营销计划（Plan）。

（2）市场营销计划的实施过程（Do）。

（3）市场营销的检查过程（Check）

（4）市场营销的纠偏过程（Action）。

以上 4 个步骤是国际货运代理市场营销管理的全过程。国际货运代理企业的一切活动都应以满足目标客户的需要为中心，围绕这一中心确定市场营销组合，组织市场营销活动，同时通过市场调研、制订市场营销计划、实施市场营销计划及进行市场营销控制对市场营销活动进行管理，最终达到盈利的目的。

## 2.2　国际货运代理服务产品分析

### 2.2.1　国际货运代理服务产品的含义和分类

#### 1．国际货运代理服务产品的含义

国际货运代理服务产品是典型的服务产品，是指为委托人提供的国际货运解决方案、国际货运舱位及相关货运代理服务，具体包括以下服务内容。

（1）揽货、订舱（含租船、包机、包板、包舱）、托运、配载、仓储（含海关保税、监管）。

（2）代办港区业务，货物的监装、监卸，集装箱拼装、拆箱，集装箱修理及箱务管理，集装箱分拨、配送、中转及集疏港运输等相关短途运输服务。

（3）报关、报检、报验、保险。

（4）换单、缮制签发有关单证；运费、杂费的收付及结算。

（5）国际展品、私人物品及过境货物的运输代理。

（6）各种运输方式的货物运输、国际铁路联运、国际多式联运、集运（含集装箱拼箱）。

课程资源 2：
产地证

（7）国际快递，不含私人信函。

（8）物流服务及包装、装卸、咨询等有偿服务及其他收取报酬的服务。

其中，短途运输服务主要有拖车服务，缮制签发货运单证、商务单证，如产地证（Certificate of Origin，CO）、普惠证（GSP Form A）的申请和缮制等。

课程资源 3：
普惠证

国际货运代理企业提供的服务还包括定期对运输相关指令和变更做出反应，提供容易使用、先进的货运信息技术，为客户印制标签和扫描货物包装上的条形码以产生库存、收货清单，有实力的国际货运代理企业甚至可以提供直接上货架（Retail-Ready）的货运方案等。

### 2．国际货运代理服务产品的分类

#### 1）按航线来分类

按航线来分类，国际货运代理服务产品包括美加线、欧洲及地中海航线[①]、澳线、新西兰线、东南亚线、日本—韩国线、中东线、波斯湾线、红海线、加勒比海线、中南美线、非洲线等的国际货运代理服务产品，有的更细分为南亚线、西非线、南非线、澳东线、澳西线等的国际货运代理服务产品。

#### 2）按运输方式来分类

按运输方式来分类，国际货运代理服务产品包括国际海运、国际陆运、国际空运、国际管道运输、国际快递、国际多式联运等。国际陆运进一步细分为国际铁路运输、国际道路运输等。

#### 3）按服务环节来分类

按服务环节来分类，国际货运代理服务产品包括咨询、揽货、订舱、托运、仓储、包装、拖车、中转、配送、船务、监装、监卸、出港、报关、报检、熏蒸、保险、保税、理赔、海商、海事处理、

课程资源 4：
熏蒸证书

① 业内将欧洲及地中海航线简称为欧地线。

单证处理、代算运费、代收代付款项等。

**4）按服务对象来分类**

按服务对象来分类，国际货运代理服务产品包括国际货运解决方案，国际贸易货物、展品、私人物品及过境货物运输代理等。

许多国际货运代理企业并不是简单地提供一类服务，而是提供综合性物流服务，包括对整个供应链系统的协调管理，其通过先进的信息交换系统来实现货运资源的整合，集跨区域、网络化、信息化、智能化于一体。

### 2.2.2　产品组合决策

#### 1．产品组合、产品大类和产品项目的含义

国际货运代理企业的产品组合（Product Assortment）是由若干产品大类（Product Line）组成的，每个产品大类又包含若干产品亚类、产品项目。

**1）产品组合**

产品组合又叫作产品的各色品种集合，是指某家国际货运代理企业所提供的全部产品大类、产品项目的组合。

**2）产品大类**

产品大类是指一组密切相关的产品。这些产品都能满足某种需要，或者必须在一起使用，或者销售给相同的客户群，或者属于一定的价格区间。

**3）产品项目**

产品项目是指在某种产品大类中不同装货地、卸货地、截单时间、截货时间、离到港时间、价格、客服、运输工具等的产品。

#### 2．产品组合的宽度、长度、深度和关联性

**1）产品组合的宽度**

产品组合的宽度是指一家国际货运代理企业有多少产品大类。从理论上讲，每家国际货运代理企业可以经营全球所有以航线划分的服务产品大类，但实际上因为每家国际货运代理企业受限于所掌握的货源和它同承运人的关系，其只能在某些航线上有特别的价格优势和服务优势。一般来说，国际货运代理企业的揽货网络越广，它所能涵盖的航线范围越大。

**2）产品组合的长度**

产品组合的长度是指国际货运代理企业中包含的产品项目的总数。产品组合的长度往往体现了航班的密度，即在单位时间内国际货运代理企业能提供服务产品的频率。

**3）产品组合的深度**

产品组合的深度是指在国际货运代理企业的每个产品项目中，企业所能提供的相关货运代理服务产品的多少。例如，国际货运代理企业在承揽货物的时候会问客户需不需要提供报关、拖车服务，有的委托人会自理报关和（或）自理拖车。

**4）产品组合的关联性**

产品组合的关联性是指国际货运代理企业的各个产品大类在货源、承运人等方面的相关程度。例如，有的国际货运代理企业会把中国内地的货源地分成华北、华中和华南地区，按运输方式分成国际海运部、国际空运部和国际快递部等，就是将国际货运代理服务产品相关程度较高的聚集到同一部门。

产品组合的这 4 个方面决定了企业该如何制定其产品战略。可供企业选择的扩大业务范围的方法如下。

（1）企业可以增加新的产品大类，以增加其产品组合的宽度。

（2）企业可以增加现有产品大类中的产品项目，以增加其现有产品组合的长度。

（3）企业可以提供更多的附加服务，以增加产品组合的深度。

（4）企业可加强其产品的相关程度。

### 2.2.3 品牌决策

#### 1. 品牌的含义和构成

**1）品牌的含义**

美国市场营销协会认为品牌（Brand）是指打算用来识别一个（或一群）卖主的货物或劳务的名称、术语、记号、符号、设计，或者其组合，并打算用来区别一个（或一群）卖主和竞争者。

**2）品牌的构成**

品牌是包含许多名词的总名词，它包括品牌名称（Brand Name）、品牌标志（Brand Mark）、商标（Trade Mark）等。品牌名称是指品牌中可以用言语称呼的部分；而品牌标志是指品牌中可以被认出，但不能用言语称呼的部分。国际货运代理企业在国家知识产权局商标局注册登记自己的品牌，就享有该品牌的专用权，其他任何企业不得仿效使用。因此，商标实质上是一个法律名词，是指受法律保护的一个品牌或一个品牌的一部分。国际货运代理企业设计自己的品牌、推广自己的品牌，并向政府有关部门登记注册的业务活动叫品牌业务。

图 2-1 是新邦物流服务有限公司的注册商标，右上角的“®”表示已注册。“XINBANG 新邦物流”为品牌名称；图形部分就是品牌标志。

图 2-1　新邦物流服务有限公司的注册商标

### 2．国际货运代理企业的品牌决策

品牌业务虽然增加了企业的成本费用，但是可以吸引更多忠诚的客户；良好的品牌有助于树立良好的企业形象；注册商标使企业的特色服务得到法律的保护，以免别人模仿、抄袭。国际货运代理企业决定使用品牌的决策就是品牌化决策（Brands of Decision-making）；进一步的决策是品牌使用者决策（Brand-Sponsor Decision），即决定使用自己的品牌还是借用承运人的品牌，许多国际货运代理企业往往标榜自己是某世界级承运人的一级代理，而有远见的国际货运代理企业会使用自己的品牌；最后是品牌质量决策（Brand Quality Decision），国际货运代理企业提供的服务质量水平往往会同成本联系在一起，品牌质量决策一般包括如下 3 种。

（1）优质量决策：增加人员培训费用以提高人员素质，增加设备投资，提高品牌质量水平，以提高投资收益率和市场占有率。

（2）一般质量决策：除发现有突出的缺点和市场机会外，不提高服务质量水平也不降低服务质量水平，维持原有水平。

（3）低质量决策：为了在竞争中取得价格优势，降低服务质量水平。

有长期发展眼光的国际货运代理企业多使用第一种决策。良好的国际货运代理企业品牌是揽货员对外揽货的强力支持，但也有不良揽货员利用本企业声誉揽到货后，不给本企业而暗自给其他企业以获取额外的揽货佣金，这种情况称为“飞单”。所有国际货运代理企业均严禁飞单，但在企业授意之下把本企业做不了或不愿做的散货或整箱外配给别的国际货运代理企业是允许的。例如，华联通国际运输代理有限公司的散货业务大多外配给拼箱公司①。

① 拼箱公司是指有散货拼箱业务的国际货运代理公司。

# 2.3 揽货与托运

国际货运代理企业的一切市场营销活动都以增加货源为目标，揽货成绩直接关系到企业的兴衰存亡，其重要性不言而喻。

## 2.3.1 揽货与托运的含义及业务部门设置

### 1. 揽货与托运的含义

**1）揽货的含义**

揽货[①]，顾名思义就是招揽货源，是指国际货运代理企业通过一定的营销手段争取货物的承运权，以期获得经营效益的行为，也称为揽载。在大部分情况下，揽货是指国际货运代理企业的一项职能，有时也指因社会分工的需要独立形成的行业，如航空货运承揽业[②]。

**2）托运的含义**

在国际货运代理行业中，托运是指托运人或其代理人委托承运人或其代理人运送货物的行为。

揽货以国际货运代理企业为主动方，而托运以委托人（托运人或其代理人）为主动方，这两个环节都以国际货运代理企业接单为终结。承运人为了使运输工具的载重量或舱位得到充分利用，力争做到“满舱满载”，除自己揽货外，还委托其代理人揽货，甚至主动与国际货运代理企业建立关系，签订协议，留给其一定数量的舱位，争取更多的货源。国际货运代理企业有时为了获得较低的运价或稳定的舱位，主动与承运人合作，双方签订合作协议。

### 2. 业务部门设置

为迎合行业习惯，揽货员通常被称为业务人员或业务代表，而其所在部门则为业务部。国际货运代理企业其他部门都是为业务部服务的。当然，业务部的具体名称会因企业不同而不同。例如，中远国际货运有限公司设置了市场部，并把特别运输组织方式的业务分离出来分别设置了多式联运部和拼箱部；而华运国际物流集团设置了业务部，并把具有相同特征的业务集中为另外 3 个部门，即整箱市场部、拼箱市场部、海外部。有的国际货运代理企业根据在全国各地的业务网络分布设立分公司，如以华南、华中、华北地区来分区并设立分公司；有的以各省市名称冠名分公司。而城市内各区则以营业部划分揽货业务。分

① 《国际货运代理基础知识》中提出的“人员推销又称‘揽货’”的观点代表了不少学者的意见，但业界的“揽货”概念显然涵盖的范围更广。在此以国际货运代理行业的揽货概念作为定义。

② 航空货运承揽业，其营业性质为承运人承揽货物后以航空货运方式将进出口货物运至国内外，但仍需以货车作为往返机场的运输工具，故也是汽车运输的一种。

公司甚至营业部是独立核算的，部门之间是平等的，收入是分开的，相互存在竞争。业务代表由部门经理管理，部门经理由分公司经理管理，分公司经理由区域总监管理，集团公司总经理负责全面的工作，管理几个区域总监。

### 2.3.2　国际货运代理企业的揽货程序

国际货运代理企业的揽货程序一般包括以下 6 个步骤。

#### 1．开发新客户

开发新客户就是寻找货源。货源的目标很广，有同行、外贸工厂、国际贸易公司等，任何能提供货源的委托人都是揽货目标。外贸工厂、国际贸易公司本身是货主，业界称为直接客户，简称直客；而同行则是间接客户，如 A 货运代理将揽得的货物转交给同行 B 货运代理，则 B 是 A 的间接客户。拥有较多的同行客户是因为国际货运代理企业在某运输线路有较大的价格优势。寻找新客户是揽货程序的开始，也是决定揽货成败的关键。

**企业实践**

广州捷达货运代理有限公司在内地和中国香港间的陆路运输线路上有一定的价格优势，拥有 200 多家同行客户和少量直接客户。公司业务人员的日常工作主要是跟单、回复询价。新客户主要来自老客户的引荐，这就大大降低了揽货成本。

#### 2．接触前的准备

**1）与客户初次沟通**

通过一定的方式（电话、邮件、微博、微信、QQ、MSN 等）和有意向的客户交流，了解其货运要求后，马上进一步电话联络客户。在联络过程中要学会找到关键负责人，以提高交易成功的概率，可以这样提问：“请问谁在负责进出口货运？”

**2）进一步了解客户要求**

了解客户要求是很重要的一个环节，向关键负责人介绍公司服务流程，并商谈出运要求，不要把时间浪费在无关人员身上，应具体询问如下细节。

（1）货物的目的地或来源地、发货时间。

（2）货物性质，如数量、品名、价值、包装，是否为危险品（注意危险品级别）或特种货物，监管证件要求及特殊保管要求。

（3）运输方式，如水路运输、陆路运输和航空运输等。

（4）时限要求，特别是国际速递，要问清楚。

（5）操作质量要求，如货差率、货损率、接货及时性、包装等。

（6）财务要求，如付款方式、保险、发票、代收款等。

当客户问到一些揽货员不明白的具体操作问题，要根据对方语气来判断客户的耐性。对耐性较好的客户，可以请他稍等；对耐性较差的客户，可以向他说明稍后回复他，记得请客户留下电话、姓名等联系要素。揽货员应在放下电话后马上请教相关部门人员或资深揽货员，以在尽可能短的时间内回复。如果客户没有时间在电话中讨论以上细节，揽货员可把这些内容留到见面时详谈。

**3）客户询价与揽货员报价**

揽货员要准确报价，要随时了解市场行情，对于自己没有的价格要善于向同行询价。报价按对象可分为直客报价、同行报价①、网络报价。报价按环节可分为分项报价与全包价（有的称多式联运报价）。分项报价对各环节，如海运、空运、驳船、拖车、报关、报检、仓储、保险等分别计费；全包价分整箱价和散货价。报价按公司价格管理层次可分为底价（或称成本价）、对外标准报价、合同客户报价。各种服务的底价管理由业务主管负责，有的公司专设市场价格员负责，另外特殊价格或同行报价需要由这些人员来决定，普通揽货员无权决定。报价内容包括运杂费、船期或航班、运价走势等。揽货员报价必须慎重，同时需要灵活应对，看情况报价，注意客户的出价并存档。合适的报价是从竞争对手中争取客户的重要手段之一。揽货员在应付客户的询价时应对市场价、公司底价、报价方式及佣金支付方式有清楚的了解。大部分公司都会给揽货员一个报价的范围，第一次报价要留有余地，可以是试探性的，为面谈做好铺垫。

**4）营销环境调查**

正式约见客户前，揽货员要做许多功课。准备工作如下：收集客户的资料，如公司的营业状况、需要及货运委托特性等，并建立档案；收集竞争对手特别是客户以前的国际货运代理的信息并建立竞争者档案，制订访问计划。揽货员必须学会准确预测市场的未来动向，可以和同行、同事交换情报及讨论市场趋势，也可以和老客户讨论未来的发展方向，这样才能做出切合客户需要的方案，发掘合作的商机。

### 3．电话预约

初步了解后，揽货员应试探性地预约有合作意向的客户，如对方同意，应立即确定见面时间、地点。约定的时间应该在双方都方便的基础上，尽量以客户为尊，见面必须准时。如对方同意见面，但没有确定具体时间，应保持联系尽快拜访。

---

① 同行报价：货运代理 B 向其同行货运代理 A 报的运价。

**特别提示**

打电话是为了安排一次约会，而不是完成这次交易，不要在电话中传递太多的信息，应该保留一些关键问题，等见面时再进行详细的交流。

### 4．业务洽谈

业务洽谈是整个揽货程序的核心环节，直接关系到揽货的成败。因此，每位揽货员都应高度重视洽谈的技巧和艺术性。与直接客户和与同行洽谈的技巧是有很大区别的，揽货员应根据客户的具体情况具体分析，灵活应对。

首先，揽货员在同客户的洽谈中要善于营造谈话的氛围，及时调整自己，注意得体的称呼、穿着，保持合适的交谈距离。其次，揽货员要善于倾听，注意对方的肢体语言，如表情、姿势，适时给予回应。通过洽谈了解客户关心的问题是得到客户信息的重要途径。再次，揽货员要善于把握关键点，如优惠的运价、通关能力、良好的服务与信用等。最后，揽货员要懂得适时告辞，不要浪费时间在不必要的谈话上。不易应付的客户实际上并不热衷与你合作，但也不要轻言放弃，一次面谈并不能说明一切，每隔一段时间就应找机会和客户进行电话沟通或登门拜访。这有助于客户在将来需要的时候能第一时间想到你。客户主动表示有兴趣的例子是极其罕见的，揽货员通常需要向准客户提出交易，才有望成功。如果在揽货过程中，揽货员没有抓住客户意愿，错过交易机会，那么所做的一切工作便白费了。

### 5．签订合约

国际货运代理企业接单是指接受客户委托，签订国际货运代理服务协议书。接单是揽货的目的，也意味着国际货运代理操作的开始。国际货运代理服务协议书也是一份客户服务方案计划书，包括航线要求、时限要求、运价要求、通关要求、拖车要求等。国际货运代理服务协议书的格式多种多样，大部分以一份货物托运单（海运用 Shipping Instruction，S/I[①]；空运用 Shipper's Letter of Instruction，SLI）来代替，比较正式的则应签订委托运输代理合同。

委托代理关系建立在委托人和受托人互相了解、信任的基础之上，双方能否达成协议很大程度上取决于委托人拟委托事项的内容、委托的条件，以及受托人对待委托事项的态度和办理委托事项的能力。实践中，揽货员应与客户反复接触，不断跟进[②]，经过一番询价、

① S/I：Shipping Instruction 或 Shiper's Instruction，也可用来指买方发给卖方的装运、包装指示。这里指货物托运单、托运书或货物运输委托书（Entrusting Order For Cargo Transport）、出口货运代理委托书（Entrusting Order For Export Goods），简称委托书。

② 跟进是常用的一个词，指一项业务没有完结前，必须随时跟踪核对每个环节是否与之前预计的一致，如果不一致应该如何纠正。这里指客户还没有与己方签约，要不断接触，有时也称为客户跟踪或业务跟踪。

发盘、还盘之后，商定主要条款。为了明确双方权利和义务，合同内容常常体现为一定的形式。整个过程可归结为以下几个阶段。

（1）提出委托、代理意向。

（2）调查、了解对方资信状况。

（3）表达签订合同的愿望。

（4）审核、评估对方的合同条件。

（5）回复对方当事人。

（6）签订合同。

与其他合同的签订一样，委托代理合同的签订也要经过要约和承诺两个基本阶段。

委托人提出的委托事项和条件即委托人提出的“要约”，一经受托人书面确认，则意味着“承诺”，双方之间的契约即成立。因此，委托书应由委托人签字盖章，使之成为有效的法律文件。委托人可直接与货运代理签订长期或临时委托代理合同。长期委托的委托期可以是 1 年、2 年或 3 年，如终止委托代理合同，须根据合同规定提前一定期限以书面形式通知货运代理。临时委托以合同注明的委托事项和有效期为准。双方义务履行完毕，有关费用均已结清，委托即视为终止。凡是委托人已委托某货运代理企业为国内某港口货运代理的，委托人应通知有关单位，对同一委托事项或在同一时期不得另行委托其他单位。双方委托代理关系建立，货运代理即表示接受委托，开始提供货物的进出口代理服务。货运代理在港口办理进出口货物的代理业务时，委托人必须提供有关单证资料，作为货运代理办理业务的依据。与客户签订合约是整个揽货程序中的重要环节。

### 6．售后服务

揽货员填好货物托运单后，接着填写工作流程单（Job Order）[①]详细记录客户的要求，然后传递给后续部门，即把客户的托运单转为内部工作单。揽货的售后服务是从接受客户委托开始直至在目的地将货物交付给收货人并完成所有委托事项为止，所有国际货物运输相关服务的总称。它是揽货的后勤工作，也是国际货物运输代理企业履行服务合同、提供国际货运代理服务产品的重要内容之一。签订合约只表明客户开始接受服务，而售后服务质量决定了客户的满意度。售后服务质量的高低直接影响客户与本企业未来的合作，直接关系到客户对本企业的支持程度。随后的章节将详细介绍售后服务的每个环节。

① 工作流程单有时也称为业务联系单、业务流程卡等，是国际货运代理企业把客户的托运单转化为内部作业要求的一种方法，在管理上也可认为是内部揽货。

### 2.3.3　国际货运代理企业开发新客户的方式和特点

**示　例**

小王是广州市某船务有限公司的新员工。人力资源部把他分配到业务部，经理没有派他跟踪老客户的托运单，而是派他去开发新客户，于是小王每天埋头打电话开发新客户。在入职培训中，经理鼓励大家要有信心，但现实中并没有那么容易。小王平均每天打 60 个电话，态度较好的客户只有一两个，多数人毫不客气地吼道："不需要！不需要！我们已经有很好的合作伙伴了，你不要再来骚扰我们了！"有的甚至连听也不听就直接挂电话。

小王为了开发新客户经常采用传真或邮件给潜在客户发推广信件，好不容易得到的回应却是专程来责骂的。小王觉得很委屈，心理压力很大。一开始遇到这种情况时，小王深受打击，心里非常难受，好几天都不想打电话，甚至想放弃。经过几天的思考，小王觉得还是要继续干下去。与老业务员聊天后发现原来他们也是这样过来的，在他们的指导和鼓励下，小王学会了给自己心理暗示，每天同自己说几遍："别人也是这样挺过来的，既然他们可以，那么我也可以。"小王的心理承受能力慢慢增强了，经过一段时间的磨炼，他基本消除了心理障碍。小王每天继续打电话找新客户，即使有客户直接挂电话或说话难听，他也不放在心上，只是放下电话深呼吸两下就又继续打电话给下一个客户。一段时间后，小王终于开发出了自己的客户群。

国际货运代理企业在开发新客户过程中主要使用了人员揽货、广告宣传、销售促进、公关关系 4 种方式，这 4 种方式各有其特点。

#### 1. 人员揽货

人员揽货是指国际货运代理企业利用揽货员推销服务产品，是国际货运代理企业与客户建立业务联系、取得客户信任的有效方式之一。其特点是揽货员可以同客户直接接触，可以根据客户的态度及时调整营销策略，准确了解客户的真实需求。人员揽货有利于揽货员与客户培养感情、增进友谊，便于企业与客户建立长期稳定的业务联系。

**1）货源信息的收集**

在信息时代，每个揽货员都应该学会在浩瀚的信息中查寻有用的货源资料。货源资料包括客户名称、联系电话、地址、客户简介等。如果有公司网页、电子邮箱、部门负责人联络方式等，那就更有帮助了。

（1）电话簿。电话簿因其常用黄纸印制，因此俗称黄页。对揽货员来说，有用的是目标货源区的黄页。

（2）互联网。揽货员可充分利用互联网，查找合适的货源企业，特别是一些专业网页，如香港付货人委员会网、中国外经贸企业网、中国企业网、中华大黄页网等，其中目标货源区的企业网最为重要。

（3）商场。揽货员可从各大商场、百货公司收集资料。一般情况下，包装盒上生产厂家的地址、网址、联络电话是最新、最可靠的。这些资料加强了揽货员对产品形状、体积、重量等方面的直接认识，对揽货员的算箱①、船务人员的配载有很大的帮助。

（4）海报、报纸、电视等各种媒体。外贸工厂和外贸企业一般不会刊登需要国际货运代理的广告，揽货员要善于从公开的信息中找到有用的资料，许多看似无关的资料在有经验的揽货员眼里可能是十分有用的。例如，一则急聘销售人员的广告可能在传递该外贸企业处于高速增长期或销售旺季或产品推广期的信息，国际货运代理企业可以从中意识到该企业有更多的货物运往世界各地，以往的国际货运服务可能已经满足不了该企业的要求。

（5）各种会展。展销会、交易会或博览会等各种会展往往万商云集，这些会展不仅是外销员的战场，也同样是揽货员的战场，因为交易的双方就是国际货运代理企业的直接委托人。会展上散发的大量的宣传资料是货物信息的载体，是揽货员研究货物运输方式、判断货物销售季节的分析资料。如果潜在客户在场，揽货员要及时为其推介自己公司的国际货运代理服务。

（6）社会关系网、业务关系网。社会关系网是揽货员重要的货源信息来源，揽货员可以多参加一些社会交际活动，如同学会、同乡会、某某协会等，在这些聚会上可以认识许多合作伙伴。

相关业务单位，如报关行、拖车行、码头公司、仓储公司、海关、税务局、外汇管理局等单位的客户同样也可能成为国际货运代理企业的客户。

**2）营销手段**

（1）电话及传真。电话及传真是常用的通信手段，这是揽货员能够得到对方即时反应的方式。

（2）网络。网络营销是成本较低、效果较显著的营销手段。网络营销是以企业实际经营为背景，以网络营销实践应用为基础，从而达到一定营销目的的营销活动，即使潜在客户通过互联网，找到某网站、App、视频，查看运输服务的信息，通过电话、电子邮件、微信、微博、QQ 等方式联系到承运人，将潜在客户变成有效客户的过程。网络营销又分为网络推广和电子商务，网络推广是指利用互联网进行宣传推广，电子商务是指利用简单、快捷、低成本的电子通信方式，使买卖双方无须见面即可进行各种商贸活动。货运代理服务

① 算箱是指揽货员根据委托人的货物数量来计算所需要的集装箱类型、大小，或者根据集装箱类型、大小来计算所能装载货物的数量（重量及体积）。

的网络化使货运代理服务供给侧和需求侧能在网上进行快捷配对，货运代理电商是供应链电商的重要组成部分。

电子邮件是试探性或较正式的网络接触，QQ、ICQ、微信则是揽货员较喜欢的接触方式，也是了解委托人即时需求的快捷方式。

（3）上门推销。上门推销是较有效的方式之一，但是许多企业不喜欢不速之客。电话预约可以降低当面被拒绝的可能性。不少揽货员会利用为老客户服务的便利顺路拜访邻近的业务相似的企业，留下自己的联络方式，为以后的进一步接触打下基础。

### 2. 广告宣传

国际货运代理企业可以通过网络、杂志、报纸、电视、广告牌或各种载体向目标客户传递企业的商标、服务产品、企业文化等信息。广告宣传可以使客户和公众对国际货运代理企业及其服务产品有一定认识，同时也能提高企业的知名度，加快揽货速度，是企业品牌策略的一部分。广告宣传的优点是可以在揽货员到达前或到达不了的地方宣传企业和服务产品，传递服务信息。

### 3. 销售促进

销售促进是指为了正面吸引有需求的客户而采取的各种促销措施，包括有奖销售、点数赠送或优惠折扣、路线折扣或货类折扣、推广会等。其特点是可以有效吸引客户、在短期内效果显著。

### 4. 公共关系

公共关系是指国际货运代理企业为了使公众理解企业的经营方针，使经营策略符合公众利益，有计划地加强与公众的联系、建立和谐关系、树立企业信誉的一系列活动。其不以直接的短期促销效果为目标，而是通过公共关系的宣传报道使潜在客户对企业及服务产品产生好感，进而在社会上树立良好的企业形象。

广告宣传、销售促进、公共关系是吸引客户上门的重要手段。正是由于国际货运代理企业树立了良好的企业形象，许多客户慕名而来，由此产生了指定货（Nomination Shipment）[①]。

① 指定货是指在国际贸易中以 F 组贸易术语成交的货物，货物运输由买方负责，买方负责签订运输合同和寻找国际货运代理，买方通知卖方已经指定的国际货运代理服务方，请卖方把货物交给其指定的国际货运代理企业。本书在第 5 章会详谈指定货的跟进。

## 2.4　揽货注意事项和技巧

### 2.4.1　揽货注意事项

#### 1．充分了解合作伙伴和目的国的货运法律

国际货运代理企业离不开承运人、仓库、堆场、货运站、码头、机场、车站、保险公司、报关行、拖车行、控箱公司等关系企业的协作，因此揽货员对以上各关系企业的操作程序要了然于胸，同时也要熟悉目的国的货运法律，以解答客户的各种问题。例如，美国国内对道路的限重很严格，各州的法律规定均有所不同（15～17 吨不等），故揽收五金、瓷砖、石制品等较重的货物时要特别小心。通常小柜①不可超出 17 吨，否则会被处罚 2000～3000 美元。

揽货员对合作伙伴的适时价格也要充分了解，以便向客户报出合适的价格。例如，各码头的费用均不同，普通车与转关车的价格也不一样，船公司的海运费和航空公司的空运费也在随时变动。在海运方面，揽货员要掌握发货港到各大洲及客户常用港口的运杂费、各主要船公司的船期；在空运方面，揽货员要掌握发货航空港到各大洲及客户常用航空港的运杂费、各主要航空公司的航班时刻；在陆运方面，揽货员要掌握各大城市的公里数和拖箱费及港口装箱费；另外，揽货员对于所有的运输方式、报关费、报检费、文件费、修箱费、洗箱费、租箱费、仓租费等都必须有所了解。国际货运代理企业的揽货员应常备一份运杂费清单。

#### 2．建立服务优势，掌握报价技巧，协助商务人员签约

确定所在地区较优惠的服务价格是国际货运代理企业迈向成功的基石。例如，有的国际货运代理企业能在中南美线和欧地线提供优惠价格，而有的则能在马来西亚航线提供优惠价格。国际货运代理企业在优势服务产品方面拥有较多的同行客户，从而能降低揽货成本和操作成本。每位揽货员要了解本公司优势服务产品的价格结构及特点，学会用优先权或优惠价格来吸引新客户、稳定老客户，灵活应用揽货佣金②。

**特别提示**

初入行业的揽货员往往根据承运人给定的底价拟订报价单，客户若要求更低的价格，他再找承运人商谈更低的价格，这种做法是错误的。不要一开始就报最低价格，揽货员

① 小柜指 20 英尺（1 英尺=0.304 8 米）集装箱。

② 揽货佣金是承运人和国际货运代理企业为吸引客户而回馈给客户（国际货运负责人个人或其公司）的利益。

要以该线路的行情价及竞争对手的报价做基础参照，再根据客户的货量来决定是全盘抛出还是留有余地，另外，揽货员要留意旺季运价上调和爆舱①，注意承运人要求的最低运量。

**1）运价优势**

运价的差距取决于揽货量和客户关系。国际货运代理企业同承运人的合作协议往往规定了揽货量与运价的对应关系，揽货量较多时国际货运代理企业能获取优惠运价。其他同行或货主有时会利用承运人审核不严格的漏洞，假用签约货运代理作为提单托运人，获取该优惠运价，该行为被称为套约。

随着国际货运代理行业竞争的加剧，承运人的运价承诺已经不能满足客户的要求，许多国际货运代理企业谋求以优化运输组合的方式来取得某线路的运价优势，在中转点、货运站、拖车等环节上争取最低的价格。

**2）时间优势**

除运价优势外，时间优势也是值得揽货员向客户介绍的核心竞争力。

**3）服务质量优势**

服务质量优势对有特殊服务要求的货物（危险品、贵重货物、活动植物等）尤其重要。对某类货物运输的服务质量优势可以赢得客户，如由于过往运输过较多的化工品或危险品，企业处理这些货物时得心应手、效率较高，这样客户会比较放心。

**4）地区优势**

国际货运代理企业往往在创业所在地或企业总部所在地有良好的客户关系网和业务网，因此从这些地区发出的货物运输效率高、费用低，从而形成了地区优势。

### 3．资料收集及时齐全，准确传递给操作员

揽货员要了解客户的全部关键要求，对常规的服务要求一定要问清楚，如是否代理报关、报检、保险、拖车、仓储等；要及时将货运代理单证收集齐全，特别要注意报关、报检中的监管证件是否提前准备好了，同时要认真核实单证资料的准确性，以免产生改单的额外费用；要向操作员传递客户的有关资料。例如，华运国际物流集团揽货员将客户所提供的资料填写在规定的业务流程卡上传递给操作员，内容包括起运港、目的港、船名、截关日、箱型、箱量、价格及其他服务要求等。

### 4．建立客户档案，协助客户服务人员做好客户关系管理

建立客户档案并非仅是客户服务人员（以下简称客服人员）的事，一些中小型企业甚

---

① 承运人运输工具的舱位旺季时往往在截货日之前就订满了，此时不再承揽更多的货物，否则会把舱位撑爆，故称为爆舱。

至不设客户服务部，而是直接由业务部来管理客户关系。客户档案有助于揽货员在第一时间内对客户的要求做出响应，以最快、最好的服务满足客户。因此，揽货员要建立客户档案，协助客服人员管理好客户关系。

**5．做好业务报告，协助财务人员收回服务款**

国际货运代理企业通常要求业务部定期提交业务报告给企业管理层，让企业管理层及时了解客户的动向，指导开拓市场。业务报告中应包含业务量和应收服务款项的统计，清楚、正确地列出每票业务所有服务项目及费用和客户支付情况，分列出已付账款（开了发票给客户）和应收账款。当月应收账款应由财务人员同相关单位（特别是境外合作单位）开来的发票及订舱单核对。财务人员做好清单后，交由主管人员并通知相关揽货员及其客户本月应收金额的具体情况。揽货员要通知财务部开发票、核对发票，协助财务人员及时收回服务款。

### 2.4.2 揽货员应具备的素质

**1．较高的心理素质**

揽货员要面对的问题很多，如果心理承受能力不够强，那么很快就会失去信心。

良好的心理素质是经过不断磨炼得来的。业界有一个“1%原则”的说法，即在揽到一个客户的货物之前被 99 个客户拒绝是不可避免的。揽货员应在不断的失败中仍然自信坚强，在失败中不断地吸取经验教训，百折不挠地向目标努力。大部分客户是揽货员主动出击得来的，在开发客户过程中经常会被拒绝，一次、两次、三次甚至上百次，揽货员不能灰心、不能胆怯，要大胆地介绍企业的业务范围和企业的服务产品优势。

揽到货的后续工作也会遇到很多问题：出货厂家的问题、操作的问题、承运人的问题、货场的问题、拖车的问题、报关的问题等。当揽货员接到几票货的时候，这些问题甚至会同时显现出来，这时揽货员要冷静面对，受到委屈要及时调整好自己的心情，绝对不能把情绪带给下一个客户。

每个客户每天的问题都会不一样，揽货员要学会应变。国际货物运输往往时间长、距离远，只要其中一个环节出错，客户就会紧张，害怕不能按时交货。这时，他们的心情会特别烦躁，可能打电话来责备，揽货员是首当其冲的。揽货员只有处理好这些问题才能让客户放心。

**2．爱岗敬业，具备良好的服务意识**

揽货员具备的敬业精神可归纳为五心：信心、耐心、恒心、诚心、爱心。揽货员个人的素质代表了企业的素质。国际货运代理行业属于服务行业，揽货员要有服务客户的素质，服务态度要好，一切以客户为中心，全心全意为客户服务。

（1）揽货员要时刻充满信心，对自己有信心，对所属企业的服务产品有信心，给客户留下正面的印象，在衣着、精神状态和言行举止上都要体现出来。

（2）揽货员在工作中即使判断出某些客户只是来询价的而无意提供货源，但还是要耐心地回答他们的问题，解答他们的疑问。如果客户是来投诉的，揽货员要控制自己的情绪，耐心等对方发泄完，如果是自己的责任要保证改进，如果是其他同事的责任也要有礼貌地转达客户的批评或转接给负责的同事。

（3）揽货员要持之以恒地关心客户。如果想获得一个客户，就要不断地和潜在客户联络。有的企业要求揽货员每个月都要联络大客户，即使没有合作，相互交流也有助于今后的合作。对于已经移交给操作员或客服人员的老客户，揽货员也要经常关心，对客户货物的跟踪要有始有终。

（4）揽货员要和客户真诚地交流，让客户知道企业服务的限度，说明不足的地方要如何努力才能做到，不要承诺做不到的事情。尊重客户的要求，但并不是满足客户所有的要求。

（5）揽货员要凭着一颗爱心热情对待客户，为客户分担困难和忧愁，这样才可能揽到业务。对潜在的业务伙伴，揽货员要热情和认真地跟踪。这里的跟踪是要保持不断的联系和不断的交流，不用刻意追求接单与否，而是先交朋友。热情贴心、刻苦勤勉的揽货员更容易得到客户的认可。

**相关链接**

服务“十尺”定律：无论何时，与客户距离在十尺之内就应堆起笑容，看着对方的眼睛，准备亲切问好，让客户觉得你真的很高兴与其见面。建立亲密与和谐的关系十分重要，因为每个人都喜欢跟他们觉得有好感及有认同感的人交易。

### 3．善于沟通，判断准确

揽货员要善于研究客户心理，学习社会心理学；同时要具有能说会道的口才，掌握与人沟通的技巧。要成为出色的揽货员，还要注意自己的形象，保持仪容端庄，穿着要搭配合理，给人舒服的感觉。

揽货员要开发的客户很多，是否每个客户都是准客户呢？当然不是，只是其中一小部分才是真正会合作的客户，所以要学会取舍。揽货员的时间有限，要把较多的时间花在有可能合作的客户身上，要学会筛选。

注意观察客户的肢体语言，如果客户倾身专心听你讲，或者突然向你要一个较低的价格，就表示他在考虑与你合作。此时，不要错失良机，也不要操之过急，你可以说：“我们约个时间详谈”或“这个价格需要同经理商量，我们再约”。如果客户忙于其他事没有停下来的迹象或他双腿抖动显得有点不耐烦，就表示他没有与你合作的想法。

4．树立专业人士的形象

揽货员对本企业所提供的国际货运代理的服务范围、质量、过程、后勤服务等必须熟悉，对本企业的历史、规模、组织、人事、财务及营业政策等也必须熟悉，以便解答客户可能询问的问题。

每个揽货员必须努力掌握必要的相关专业知识，如国际货运代理知识、国际贸易知识、货运代理英语知识、国际贸易地理知识等，以满足各方面的需要，为企业带来更多的商机，提高企业的效益。例如，揽货员可以帮助客户理解单证，甚至帮助客户做单据。因为并不是所有的外贸人员都了解单证，他们能卖出产品给外国客户，但未必了解外贸必需的单据。这时，揽货员就是外贸人员的老师，要给他们解释需要什么单据。

## 本章小结

本章介绍了国际货运代理市场营销的理论依据、国际货运代理服务产品特征。国际货运代理企业揽货程序包含开发新客户、接触前的准备、电话预约、业务洽谈、签订合约、售后服务 6 个步骤，实际上可以简化为找客户、报价、填托运单、填工作流程单 4 个具体环节。

## 推荐阅读

1．国际货运代理协会联合会网站 http://fiata.com/home.html。

2．中华人民共和国商务部网站 http://www.mofcom.gov.cn。

3．中远海运国际货运有限公司网站 http://www.cosfre.com。

4．华运国际物流有限公司网站 http://www.cntrans.cn。

## 思考题

1．选择题

（1）班轮公司可以向（　　）支付揽货佣金。

A．无船承运人　　B．货运代理人　　C．托运人　　D．出口商

（2）服务营销组合因素在有形产品营销组合的基础上又增加了（　　）。

A．分销渠道　　B．人员　　C．过程　　D．有形展示

（3）关于市场营销的概念，以下表述正确的有（ ）。

A．市场营销是一个管理过程　　B．市场营销就是推销

C．市场营销的核心是交换　　D．市场营销的目的是实现双赢

（4）市场营销观念是一种以客户需求和欲望为导向的经营哲学，市场营销观念的核心

内容包括（　　）。

A．以市场为中心　　B．以客户的需求为导向

C．以整体营销为手段　　D．以营利为目的

（5）从市场营销的观念来看，国际货运代理企业的发展方向必然由提供单纯的运输服务向提供（　　）服务转变。

A．仓储　　B．流通加工　　C．多式联运　　D．现代物流

2．判断题

（1）国际货运代理市场营销的核心是销售。（　　）

（2）国际货运代理市场营销就是推销或销售。（　　）

（3）指定货是国际货物买卖中由卖方负责安排运输，指定国际货运代理服务方的货物。（　　）

（4）货运分销渠道根据渠道是否有中间商和中间环节的多少，可分为直接渠道和间接渠道。货运企业一般无法全部采用直接渠道，而是采用直接渠道与间接渠道结合的方式。（　　）

（5）检验货运服务质量的最终标准是客户满意度。（　　）

3．简答题

（1）简述国际货运代理市场营销的含义和分类。

（2）简述国际货运代理企业市场营销过程。

（3）简述国际货运代理服务产品的含义和分类。

（4）揽货员揽货通常经过哪些程序？揽货时应注意哪些事项？

（5）请结合国际货运代理企业的实际，说明在确定促销组合时应考虑哪些因素。

# 第 3 章

# 国际货运代理商务

关键术语

直接代理；间接代理；委托代理合同；作业风险；提单责任险

**学 习 目 标**

- 熟悉国际货运代理行业相关法律规范。
- 掌握委托代理合同的含义。
- 掌握我国国际货运代理业的管理规定。

国际货运代理企业常常把重要客户、同行客户交给专门的商务人员处理，同时较烦琐的法律问题也由专门的商务人员来处理。国际货运代理商务、国际货运代理操作、国际货运代理客户服务的工作人员，可以分属于不同的部门，也可以是同一部门的不同人员。国际货运代理商务人员必须熟悉国际货运代理行业的相关法律规范，这样才能更好地为客户服务，维护公司的利益。

## 3.1 国际货运代理行业法规

### 3.1.1 国际货运代理概述

#### 1. 代理的法律概念与特征

从法律角度来讲，代理是指代理人在代理权限内，为了被代理人的利益，以被代理人或代理人自己的名义向第三人实施意思表示或接受来自第三人的意思表示，由此产生的法律后果由被代理人承受的一种民事法律行为。民事法律行为是指自然人、法人或其他社会组织设立、变更、终止民事权利义务关系的合法行为。这种行为以当事人的意思表示为基本要素，以在当事人之间设立、变更、终止民事权利义务关系为目的，以合乎法律规范为本质特征。我国法律规定的代理行为具有以下 4 个基本特征：由代理人进行或接受意思表示；以被代理人名义或为了被代理人利益进行或接受意思表示；代理人进行或接受意思表示的目的在于设立、变更、终止民事权利义务关系；代理人进行或接受意思表示对被代理人产生效力。

### 2. 取得代理权的途径

根据现行有关法律、法规，代理人可以通过以下 3 种途径取得对被代理人事务的代理权，与被代理人形成代理法律关系。

**1）被代理人委托**

被代理人委托是指被代理人与代理人协商一致，签订委托代理合同，被代理人根据委托代理合同约定授予代理人代理权，委托代理人处理合同约定的委托事务，国际货运代理企业接受委托人委托即属于这种情况。国际货运委托代理合同是指国际货运代理企业接受进出口货物收货人、发货人、承运人或其代理人的委托，以委托人的名义或以自己的名义办理国际货物运输业务及其相关业务，并收取服务报酬的合同。

对于委托人、受托人的权利和义务都有明确的规定。这种法律关系一般是指签订委托代理合同后形成的关系，即当事人双方约定一方委托另一方处理事务，另一方同意为其处理事务的协议。委托他人处理自己事务的人称委托人，接受委托的人称受托人。从代理的角度来看，委托他人代为处理自己事务的人称被代理人；接受委托人的委托，代其处理事务的人称为代理人。

**2）法律规定**

法律规定是指法律根据被代理人与代理人之间一定的身份关系，规定代理人享有对代理事务的代理权。

**3）有关部门指定**

有关部门指定是指人民法院或其他有关单位，依照法律规定从与被代理人存在一定身份关系且拥有法定代理权的人中，指定一人作为被代理人的具体代理人，要求其依法行使代理权，代为处理被代理人的事务。

### 3. 国际货运代理的法律地位

国际货运代理的法律地位是指国际货运代理企业开展业务活动时在与他人发生的法律关系中所处的地位。国际货运代理企业的地位决定了其在相应法律关系中享有的权利，以及承担的义务和责任。国际货运代理企业的法律地位本质上取决于其开展业务活动的方式、与客户之间的合同约定，以及相关法律、法规、规章的强制性规定。

国际货运代理企业既可以作为托运人或承运人的代理人，又可以作为独立经营人开展业务活动，其在业务活动中的角色不同将导致其法律地位不同，所承担的法律责任也不同。

当国际货运代理企业作为代理人时，代理双方的纠纷通常适用《中华人民共和国民法典》的有关规定；国际货运代理企业作为独立经营人从事国际货运代理业务时，则适用《中华人民共和国民法典》《中华人民共和国海商法》《中华人民共和国海事诉讼特别程序法》等法律的有关规定。

#### 4. 国际货运代理两种法律地位的区别

由于国际上没有专门的有关国际货运代理法律地位及其责任的统一公约，国际货运代理不同的法律地位要根据具体业务来区分，根据所属国的法律来认定。

**1）业务活动使用的名义和产生的后果**

（1）直接代理。直接代理是指代理人在代理权限范围内，以被代理人的名义与第三人进行法律行为，该行为的后果直接由被代理人承担的代理。

国际货运代理企业以发货人的名义托运货物、支付费用及其他相关费用，或者以收货人的名义提取货物、支付运费及其他相关费用，或者以承运人的名义承揽货物、收取运费及其他相关费用，而由承运人完成部分或全部运输工作的，通常被视为发货人、收货人、承运人的代理人。

（2）间接代理。间接代理是指代理人根据被代理人的委托，为了被代理人的利益，在代理权限范围内以自己的名义向第三人进行法律行为，该行为的后果先由代理人承担，再由代理人转移给被代理人承担的代理。这种代理按照被代理人的披露程度和代理行为后果的承担方式可以进一步分为行纪代理、隐名代理和半隐名代理 3 种。

国际货运代理企业以自己的名义（独立经营人身份）托运货物、提取货物、支付运费及其他相关费用，或者以自己的名义承揽货物、收取运费及其他相关费用，并且通过自己的雇员或运输工具完成部分或全部运输工作的，通常被视为当事人，分别享受发货人、收货人、承运人的权利，同时承担发货人、收货人、承运人的义务和责任。

**2）签发运输单据的方式**

除国际货运代理企业与委托人另有约定外，一般情况下，以收货人或发货人的代理人的名义在运输单据上签字，或者以承运人代理人的名义签发运输单据的国际货运代理企业将分别被视为发货人、收货人、承运人的代理人，享有代理人的权利，承担代理人的义务和责任。而以道路运输经营人的身份签发道路运单，以铁路运输经营人的身份签发铁路托运单，以航空运输缔约经营人的身份签发航空运单，以无船营运公共承运人的身份签发海运提单和以多式联运经营人的身份签发国际多式联运提单的国际货运代理企业则被视为当事人，享受承运人的权利，承担承运人的义务和责任。

**3）收入取得的方式**

从委托人处取得代理费或佣金的国际货运代理企业被视为发货人、收货人、承运人的代理人；从发货人或收货人支付的运费和实际承运人要求支付的运费差价中获得利润的国际货运代理企业被视为缔约承运人（当事人）。区分的关键是合同的规定，委托代理合同条款一定要写明，委托人要求国际货运代理企业从事的一切活动均属于代理性质，收取的费用是代理费用或佣金。如果合同中不明确区分代垫费用和代理费用或佣金，用包干费用加以笼统概括，且合同其他条款没有明确国际货运代理企业仅作为代理人从事有关业务活动，则国际货运代理企业很可能会被视为承运人（当事人），即仅享受代理人的权利，却要承担承运人的义务和责任。

**4）合同约定的内容**

我国法律部门在当事人签订的合同名称与合同约定的权利和义务内容不一致的情况下，通常按合同约定的权利和义务内容来确定合同的性质及当事人的法律地位。在有关合同约定国际货运代理企业接受客户的委托，代为安排货物的国际运输事宜，仅对自己的过错给客户造成的损失承担责任的情况下，国际货运代理企业将被视为代理人；在有关合同约定国际货运代理企业接受客户的委托，负责货物的国际运输事宜，并对货物的损坏、灭失、迟延交付承担责任的情况下，国际货运代理企业将被视为承运人（当事人）。

**5）行业惯例与交易习惯**

国际货运代理企业在开展业务活动中，常常根据收货人、发货人的委托，以自己的名义向承运人租船、订舱，或者以自己的名义接受收货人、发货人的租船、订舱要求，确认货物出运的时间、航次、航班。当货主不能按约定的时间、地点、数量提供拟出运的货物、支付运费，或者承运人不能按时运输货物，甚至甩货①时，有些国家习惯上要求由国际货运代理企业先承担当事人的责任，赔偿对方当事人的损失，然后向责任方追偿。此外，司法机关在确定国际货运代理企业的法律地位时，往往还要考虑当地国际货运代理企业与客户的交易习惯，并结合其他情况综合判定国际货运代理企业的法律地位。

总之，目前我国及国际上其他国家均无统一的判定国际货运代理企业法律地位的强制性标准。国际货运代理企业在具体业务活动中的法律地位取决于可适用的法律、法规规定，取决于业务活动的具体事实，需要根据有关法律、法规规定，结合当事人之间的合同、协议、往来文电、运输单据、收支凭证及其他有关情况，综合各种相关因素来确定。

### 5．国际货运代理协会联合会关于国际货运代理立法的建议

为了缩小国际货运代理在各国法律上存在的差异，国际货运代理协会联合会制定了《FIATA 国际货运代理业示范规则》，该条例将货运代理分为代理人和独立经营人。当货运代理仅作为货主或承运人的代理人时，只要其在提供货运代理服务时恪尽职守，自身没有

① 甩货是指承运人违反先前的承运时间约定，优先安排他人的货物走某一班次或航次，而把先前承运的货物拉下，如果是整个集装箱也称甩柜，在空运中也称拉货。

过错，其对货物损失及第三方的过错就不承担责任。当货运代理作为独立经营人时，如果直接使用自己的运输工具进行运输（履约承运人），就要承担当事人责任，而且如果其签发了自己的运输单证，就表示他已明示或默示承担承运人责任（契约承运人）。货运代理作为独立经营人，如果雇用第三方来完成运输合同或其他服务，则货运代理要对其雇用的第三方的行为和疏忽承担责任，如同该行为是其自己履行的一样。独立经营人的权利和义务应依据适用于该运输或服务的有关法律，以及明确约定的附加条件来确定；如果没有约定，应受该种运输或服务通常附加条件的约束。

### 3.1.2 国际货运代理业务涉及的国际公约及国际惯例

按照"国际法优于国内法"的一般原则，我国缔结和参加的有关国际公约和协定，除我国声明保留的条款以外，在不损害我国主权和公共利益的前提下，对我国有约束力。国际货运代理企业在其业务范围内，与有关方面签订的各种协议必然会涉及某些国际公约或国际惯例。因此，国际货运代理企业对这些国际公约或国际惯例有关的责任期间、责任基础、责任限额、免责条款、索赔程序、诉讼时效及管辖权等内容要熟悉掌握。

#### 1. 国际货运代理业务涉及的国际公约

在水路运输中，《海牙规则》《维斯比规则》《汉堡规则》是各国海运界熟悉和普遍采用的国际公约。铁路运输多采用《国际铁路货物联运协定》（简称《国际货协》）、《国际铁路货物运送公约》（简称《国际货约》）和《国际铁路联盟条例》。公路运输多采用《国际公路货物运输合同公约》。在航空运输中，《海牙议定书》《华沙公约》《蒙特利尔公约》是各国的重要参考法规。有关国际多式联运，各国普遍参考《联合国国际货物多式联运公约》。另外，《联合国国际货物销售合同公约》《1991 年联合国贸易和发展会议/国际商会多式联运单证规则》也是值得参考的国际公约。熟悉这些公约，了解和掌握国际货运代理的法律责任、义务和权利是做好国际货运代理的前提和保证。

#### 2. 国际货运代理业务涉及的国际惯例

国际惯例是指在国际商业往来中经过长期实践形成，并由非政府性国际组织编纂成文的行为规范。例如，《FIATA 国际货运代理业示范规则》是由国际货运代理协会联合会制定的有关国际货运代理方面的国际惯例。国际惯例具有广泛的国际影响，对确定国际货运代理的法律地位有重要作用。

**1）与海事审判相关的国际惯例**

《国际贸易术语解释通则》（最新版本 INCOTERMS® 2020）与《跟单信用证统一惯例》

（UCP600）由国际商会（ICC）编纂。在海上货物运输合同货损、货差纠纷案件中，《国际贸易术语解释通则》是确定责任大小和风险承担等的重要定案依据。UCP600 表述的是信用证业务当事人之间的法律关系。该国际惯例也是审理海上货物运输合同纠纷案件、提单纠纷案件和海事欺诈案件的重要定案依据。除此以外，国际商会还编纂了有关统一托收业务的《托收统一规则》（URC522）。

**2）与海上运输和保险相关的国际惯例**

由国际商会编纂的 1974 年《清洁提单问题》（CBL1974）、《1973 年多式联运单证统一规则》等国际惯例均是与海上运输和保险相关的国际惯例。另外，与海上运输与保险相关的国际惯例还包括国际海事委员会（IMC）制定的《约克—安特卫普规则》及英国伦敦保险协会（ILU）制定的《伦敦保险协会货物保险条款》及《国际船舶保险条款》等。这些国际惯例分别对共同海损理算及货物和船舶保险等方面的问题做出了规定，是典型的海事国际惯例。此外，相关国际惯例还有《1990 年国际海事委员会海运单统一规则》《1990 年国际海事委员会电子提单规则》等。

**3）与租船合同相关的国际惯例**

国际标准合同（Uniform Contract Forms）是海事国际惯例的重要形式之一。这方面的国际惯例既有非政府组织制定的，又有某种贸易或航运协会制定的。海事审判中经常碰到的两种租船合同格式是由波罗的海国际航运公会（BIMCO）制定的《航次租船合同（金康格式）》《定期租船合同（巴尔的摩格式）》。此外，租船合同格式还有《定期租船合同（土产格式）》、《澳大利亚谷物租船合同》、《威尔士煤炭租船合同》、《油船航次租船合同》（由美国船舶经纪人和代理人协会制定）和《租船与航运用语》等。国际上的许多航运公司经常将上述合同条款并入提单，由此产生的管辖权纠纷十分常见。另外，英国航运总会和波罗的海航运分会联合编纂的 2013 年重新修订的《租船合同装卸时间定义》也是确定滞期费和速遣费的重要海事国际惯例。

### 3.1.3　与我国国际货运代理行业相关的法律法规

#### 1．全国人民代表大会及其常务委员会制定的法律

法律是由全国人民代表大会（简称全国人大）及其常务委员会依法制定的，效力仅次于《中华人民共和国宪法》的规范性法律文件。在我国尚未制定专门的国际货运代理法律的情况下，当国际货运代理企业被视为代理人或独立经营人时，通常适用《中华人民共和国民法典》的有关规定。更进一步讲，《中华人民共和国海商法》《中华人民共和国民用航空法》《中华人民共和国海事诉讼特别程序法》《中华人民共和国民事诉讼法》《中华人民共和国仲裁法》《中华人民共和国海关法》《中华人民共和国进出境动植物检疫法》《中华人

民共和国进出口商品检验法》《中华人民共和国票据法》《中华人民共和国企业所得税法》《中华人民共和国外商投资法》《中华人民共和国行政处罚法》《中华人民共和国行政复议法》《中华人民共和国对外贸易法》《中华人民共和国个人所得税法》《中华人民共和国公司法》都是国际货运代理业务可能涉及的法律。

### 2. 国务院及其各部委颁布的行政法规、规章

行政法规是由国家最高行政机关——国务院依据宪法和法律制定、颁布或批准颁布的规范性文件，其效力低于法律，却高于规章和地方法规，如《中华人民共和国国际海运条例》《国际货物运输代理业管理规定实施细则》《水路货物运输合同实施细则》《公路货物运输合同实施细则》《铁路货物运输合同实施细则》《航空货物运输合同实施细则》《仓库保管合同实施细则》等。行政规章是由国务院直属部门制定、颁布或批准颁布的规范性文件，其效力低于行政法规，如《中华人民共和国国际海运条例实施细则》《船舶引航管理规定》等。

## 3.2 国际货运代理的通用交易条件

作为一项国家标准，《国际货运代理通用交易条件》中涉及国际货运代理合同的主要通用交易条件如下。以下以公司来代表国际货运代理企业。

### 3.2.1 公司的法律地位

与公司订立任何交易或业务的客户，应向公司明确保证：其作为货主或货主的代理人，完全接受或代表货主完全接受本标准。当客户为货主的代理人时，客户与货主对公司承担连带责任，即公司有权对客户和货主共同或分别行使公司权利。

公司提供的服务均是以代理人的身份进行的，但下列情况除外。在下列情况下，公司为当事人。

（1）公司自身或其雇员对货物进行实际运输、搬运或储存，并且货物处于公司的实际掌管或控制之下时，公司为当事人。

（2）在货物运输前，货主书面要求公司提供承担全程或部分运输任务的承运人的相关资料（名称、费率等），公司在收到该书面要求后 28 天内没有提供的，公司为当事人。

（3）公司以书面形式明确表示同意作为当事人。

（4）法院判决或仲裁庭裁定公司为当事人。

在不影响前款规定的情形下，还存在下列情况。

（1）公司按照固定费率对所有性质的服务收取费用，但这并不决定或证明公司是代理人或当事人。

（2）公司提供自有的或租用的设备，但这并不决定或证明公司在运输、处理或储存货

物过程中是当事人或代理人。

（3）如公司取得的提单或其他的单证能证明运输合同是由公司以外的其他人与货主或客户订立的，则公司为代理人。

（4）公司提供报关、税收、许可证、领事文件、原产地证明、检验、公证或其他类似服务时，公司为代理人并非当事人。

客户应保证，对其与公司签订的协议及公司为其签发的各种单证内容，在签订或接受时已经采取各种充分、有效的方式对相关内容有了充分的了解。客户应保证其对公司的指示是合法的、有效的和可行的。客户应保证其提供给公司有关货物的说明是充分、准确的。客户应保证货物的包装和标识符合运输要求。客户应满足公司针对货物性质和运输线路的特殊情况对包装和标识提出的特殊要求。

除非双方有特别的书面约定，客户应保证货物不属于法律、法规、国际公约等具有约束力的文件中所规定的危险品，也不属于其他可能造成危险的货物。在双方事前没有特别书面约定的情况下，由上述具有危险性的货物给公司造成的一切支出、损失、损害（无论其产生方式）、罚款、索赔等，客户应负赔偿责任；公司或者其他控制货物的人可以在不通知客户的前提下有权认定货物为具有危险性的货物，并有权决定销毁或者以其他方式处置该货物，由此产生的风险和支出由客户承担。

在公司将货物交付给收货人之前，除非客户退还公司已签发的全套运输单证并承诺负责赔偿由于要求修改运输合同而给公司带来的一切损失，否则客户不可以要求公司中止运输、返还货物、变更到达地或将货物交付给其他收货人或解除合同。

公司的一般性规定如下。

（1）除非另有相反书面约定，公司有权就下列事项自己或代表客户签订合同，无须通知客户。

① 选择货物运输的承运人、方式和路线。

② 选择货物是装集装箱还是装载在甲板上。

③ 对货物进行储存、装卸、拆包、转运或以其他方式处理货物。

④ 根据客户指示或公司认为必须做出的其他安排。

（2）尽管某种作为或不作为背离或偏离客户的指示，当公司认为该种作为或不作为符合客户的利益时，公司有权选择进行，但不因此给公司增加额外的责任。公司在任何时候都应遵守有关部门的指示或命令，公司对货物的责任终止于其按照前述指示或命令进行交付或对货物进行其他方式处理之时。

（3）公司依客户授权行事。公司无须将公司行事的详情通知客户，除非客户有明确的书面要求。

（4）无论何时，如果公司认为其履行义务受到或可能受到妨碍、风险、延迟或不利等，而且公司无法以合理的方式避免，则公司可以向客户发出书面通知，终止履行义务。公司可以在其认为安全方便的任何地方，将货物的全部或部分交给客户掌管，至此，公司对货物或部分货物的责任终止。客户应当根据要求，支付公司为货物运输、交付、储存到上述地点的额外支出和相关费用。

（5）如果客户没有在公司通知的时间和地点接收货物，则公司有权将货物的全部或部分储存起来，全部风险和费用由客户承担，至此，公司对货物或部分货物的责任终止。

（6）在下列情况下，公司有权利（但没有义务）销售或处置全部或部分货物，一切风险和费用由客户承担。

① 公司单方面认为全部货物无法按照指示交付时，提前 21 天向客户发出书面通知。

② 货物已经腐烂变质，或即将腐烂变质，或已经造成，或将要造成他人或财产损失时，公司有权处理货物。

③ 除非事先明确以书面形式约定货物离抵日期，否则公司对货物离抵日期不负责任。

公司作为代理人时的特殊约定如下。

（1）当公司作为代理人时，公司有权代表客户以客户或自己的名义与第三人订立合同，该合同直接约束客户与第三人。

（2）除非公司在履行国际货运代理职责时由于自身疏忽给客户造成损失，否则公司无须承担赔偿责任。

（3）公司作为代理人时，对第三人的行为和疏忽所造成的损失不承担责任，包括但不限于承运人、仓库保管员、港口装卸公司、铁路局、卡车公司等，除非公司在选择、指示及监督第三人时未恪尽职守。

公司作为当事人时的特殊约定如下。

（1）公司在使用自己的运输工具进行运输或在签订协议和以承运人身份签发运输单证时，应承担当事人责任。

（2）公司在作为多式联运经营人时，责任期间自接收货物时起至交付货物时止。公司责任的判定应依据网状责任制原则，具体适用调整该运输区段运输方式的法律、法规。

（3）如果客户接受了公司以外的其他人签发的运输单证，并且在合理的时间内没有主张公司承担当事人责任，则公司不再承担当事人责任。

（4）公司作为当事人，将对其所雇用的第三人在完成运输合同或其他服务时的行为和疏忽承担责任。

（5）以上有关公司作为当事人的特别约定，并不排除公司依照法律和本标准享有免责条款及限制责任条款的权利。

### 3.2.2　公司的权利与责任

#### 1．集装箱运输的特殊规定

如果集装箱不是由公司装箱或封箱的，公司对于下列箱内货物损失的情况不承担任何责任。

（1）装箱或封箱的方式不适造成箱内货物损失的。

（2）货物不适合用集装箱运输的，除非公司明确要求货物以集装箱运输。

（3）集装箱不适货或有其他缺陷的，除非集装箱是由公司或代表公司的人提供的。对于即使集装箱是由公司提供的、但客户没有对货物的特殊性予以说明而导致的集装箱不适货，公司也不承担责任。

客户应保证公司不因以上的情况遭受损失。如有损失，应予以赔偿。如果客户要求公司提供集装箱，除非有相反的明确要求，否则公司没有义务提供特殊类型或特殊质量的集装箱。

#### 2．费用

公司有权选择以价值或重量或体积来计收费用。公司可应客户的要求提供有关费用计算方法的详细情况。

客户应按期以现金或其他约定的方式向公司及时、足额支付各种费用，不得以任何理由扣减或延付。

当公司按指示向客户以外的第三人收取费用时，如果收取遇到困难，客户应立即无条件支付该笔费用。公司有权对拖欠款项按照每天不低于 4‰的利率收取滞纳金，自应付之日起，到实际支付款项时止。

公司报价一经客户接受即生效。如遇外汇、运费、保险等国家政策和市场费率发生重大变化时，公司可与客户协商修改报价或收费。

在客户未付清公司费用的情况下，公司或其代理人有权对收到的货物和单证行使留置权。如客户在得到货物或单证留置通知 28 天内仍不付款，或当货物为易腐烂物品时，公司向客户发出书面通知后在合理时间内仍没有收到款项，公司有权对货物和单证进行处置，以补偿欠款和处置费用。

#### 3．有关责任保证、免责和责任限制

在公司按照客户指示行事时，如因客户违反义务，或客户提供的资料或其指示不准确、不详尽或模糊不清，或客户与货主的疏忽而产生的一切损失（包括但不限于任何机构所征收的任何性质的所有税款、罚款及开支），客户应保证公司免受追索并向公司做出赔偿，使公司免受损失。

公司向客户发出的任何意见和资料，只对客户负责。如任何其他人依赖此文件而给公司造成的一切索赔、责任，客户有义务保证公司免受追索并赔偿因此而给公司造成的损失。

客户承诺，根据法律和本标准对公司适用的任何除外的责任、责任限制等规定，同样适用于公司的雇员、代理人、分代理人等。对于超越本标准规定的公司所需承担责任的一切索赔、费用，客户应向公司做出赔偿并使公司免受损失。针对公司提出的任何有关共同海损性质的索赔，客户应向公司做出赔偿以使公司免受损失。

在公司同意接受危险品运输后，公司单方面认为该危险品对其他货物、人员生命或健康构成危险时，或者由于某些法律规定的限制，载运或卸下该货物可能使公司自身或他人财产被扣留时，公司可以不经通知将货物销毁或以其他方式处理，一切费用由客户或货主承担，公司不负任何责任。

由客户、货主及其雇员、代理人、代表人直接或间接造成的运输开始前、运输过程中或运输完成后的损失、污染、玷污、延误或滞期，或公司或他人的财产（包括但不限于集装箱）、船舶的损失，客户均应负责赔偿。

除非另有规定，否则公司对下列原因带来的任何损失不承担任何责任。

（1）客户或其代理的行为或疏忽。

（2）遵循客户的指示。

（3）货物包装或标识不良。

（4）客户或其代表对货物所进行的搬运、装卸、积载。

（5）货物固有的缺陷。

（6）罢工、动乱、禁运等。

（7）公司通过谨慎处理仍不可以避免的其他原因。

除法律、法规和本标准另有规定外，在任何情况下，无论由于过失、过错还是其他原因，公司都需承担如下赔偿责任，以较低者为准。

货物灭失、损坏、错运、错交或因此产生索赔的货物的价值，货物的价值包括货物在公司开始掌管时的价值加保险费（如果已付）和运费；货物灭失、损坏、错运、错交或因此产生索赔的货物，以其毛重量每千克 2 个特别提款权（SDR）计算。

因货物延迟引起的索赔，如根据本标准无法免责，则赔偿限额为公司对延迟货物所收取的运费。按货物价值赔付时应减去因货物灭失或损坏而少付或免付的有关费用。公司接收货物时客户有价值声明或双方另有明确约定的，客户可向公司索取更高的赔偿，但应不超过货物声明价值或约定价值。

# 3.3 我国国际货运代理企业管理规定

## 3.3.1 国际货运代理企业的设立条件与备案登记

### 1. 国际货运代理企业的设立条件

**1）国际货运代理企业设立的一般条件**

在我国境内设立的国际货运代理企业应当依法取得我国企业法人资格。设立国际货运代理企业，应当具备下列条件。

（1）有固定的营业场所。

（2）符合注册资本最低限额要求。

（3）企业名称要含有表明行业特点的“货运代理”、“运输服务”、“仓储”、“配送”、“集运”、“物流”、“供应链管理”或“服务贸易”等相关字样。

（4）有与其从事的国际货运代理业务相适应的专业人员。

申请设立国际货运代理企业，应当报送下列文件。

（1）申请书。

（2）企业章程草案。

（3）负责人和主要业务人员的姓名、职务和身份证明的文件。

（4）有关资信证明和营业设施情况的文件。

（5）国务院对外贸易经济合作主管部门规定的其他文件。

申请设立外商投资国际货运代理企业须提供如下文件。

（1）申请书和项目可行性研究报告。

（2）设立外商投资国际货运代理企业的合同、章程，外商独资设立国际货运代理企业仅需提供章程。

（3）董事会成员名单及各方董事委派书。

（4）投资者所在国或地区的注册登记证明文件及资信证明文件。

（5）工商部门出具的企业名称预先核准通知书。

**2）注册资本最低限额要求**

（1）经营海上国际货运代理业务的，注册资本最低限额为 500 万元人民币。

（2）经营航空国际货运代理业务的，注册资本最低限额为 300 万元人民币。

（3）经营陆路国际货运代理业务或国际快递业务的，注册资本最低限额为 200 万元人民币。

经营两项以上业务的，注册资本最低限额为其中最高一项的限额。

国际货运代理企业可依法设立子公司或不具有法人资格的分支机构，每设立一个不具有法人资格的分支机构应当增加注册资本 50 万元人民币。外商投资国际货运代理企业正式开业满 1 年且注册资本全部到位后（内资企业资金必须一次性到位），可申请在国内其他地方设立分公司。

**3）主管部门对外商投资国际货运代理企业设立的其他要求**

设立外商投资国际货运代理企业应按国家现行的有关外商投资企业的法律、法规所规定的程序，向省级商务主管部门呈报规定的文件。省级商务主管部门自收到全部申报文件 30 日内，做出同意设立或不同意设立的决定。经审查批准的，省级商务主管部门应颁发外商投资企业批准证书；不予批准的，省级商务主管部门应以书面形式说明理由。超过省级商务主管部门审批权限的，省级商务主管部门应在对申报文件进行初审后，自收到全部申报文件之日起 15 日内上报商务部。商务部应自收到全部申报文件 60 日内，做出同意设立或不同意设立的决定。经审查批准的，商务部应颁发外商投资企业批准证书；不予批准的，商务部应以书面形式说明理由。

申请设立分公司的外商投资国际货运代理企业，应向总公司所在地省级商务主管部门提出申请，由总公司所在地省级商务主管部门在征得拟设立分公司所在地省级商务主管部门同意后批准。根据《外商投资国际货物运输代理企业管理办法》及其他外商投资法律、法规，超过省级商务主管部门审批权限的，省级商务主管部门应在初审后将全部申报文件及拟设立分公司所在地商务主管部门的同意意见函上报商务部，由商务部负责审批。外商投资国际货运代理企业设立分公司须提供以下文件。

（1）申请书。

（2）董事会决议。

（3）如增资，需提交有关增资的董事会决议及对合营合同、章程的修改协议，外商独资国际货运代理企业仅需提交对章程的修改协议。

（4）企业验资报告。

### 2．国际货运代理企业的备案登记

**1）企业备案和年度业务备案登记的机构**

依法注册登记的国际货运代理企业及其分支机构成立后应到商务部或其授权的地方商务主管部门办理企业备案登记手续，并到商务部委托的中国国际货运代理协会和各地方国际货运代理协会办理年度业务备案登记手续。外商投资国际货运代理企业依法获得外商投资企业批准证书后，应办理工商登记注册手续，并到商务部委托的中国国际货运代理协会和各地方国际货运代理协会办理年度业务备案登记手续。国际货运代理企业备案工作实行全国联网和属地化管理。商务部委托各省、自治区、直辖市和计划单列市商务主管部门（以下简称“备案机关”）负责办理本地区国际货运代理企业备案登记手续。商务部委托中国国际货运代理协会和地方国际货运代理协会（以下简称“备案机构”）负责办理国际货运代理企业年度业务备案登记手续。

**2）企业备案登记的程序**

国际货运代理企业在依法取得工商行政管理部门颁发的营业执照后 30 个工作日内，应向所在地的备案机关办理企业备案登记手续。国际货运代理企业备案登记的程序如下。

（1）领取国际货运代理企业备案证（以下简称备案证），国际货运代理企业可以通过商务部政府网站下载，或者到所在地备案机关领取。

（2）填写备案证，保证填写内容完整、准确和真实，由法定代表人签字、盖章。

（3）向备案机关提交如下备案材料。

① 按以上要求填写的备案证。

② 营业执照复印件。

③ 组织机构代码证书复印件。

④ 从业人员资格证书。

⑤ 责任保险合同复印件。

⑥ 提单复印件（如签发）。

⑦ 国际货运代理货运单和航空货运分运单复印件（如签发）。

备案机关应自收到企业提交的全部材料之日起 5 个工作日内办理完企业备案登记手续，并在备案证上加盖备案印章。国际货运代理企业应完成企业备案登记手续，并到海关、检验检疫、外汇管理、税务等部门办理开展国际货运代理业务所需的相关手续。国际货运代理企业应凭有效或经年度复核的备案证办理工商年检手续。国际货运代理企业备案信息发生变更时应在 30 日内办理备案证的变更备案手续，逾期未办理的，其备案证自动失效。国际货运代理企业已在工商部门办理注销手续或被吊销营业执照的，自营业执照注销或被吊销之日起，备案证自动失效。备案机关应将国际货运代理企业备案证失效情况及时通报海关、检验检疫、外汇管理、税务等部门。

**3）企业年度业务备案登记的程序**

国际货运代理企业应当自企业设立第二年起在每年 2 月底之前根据中国国际货运代理协会制定的《企业业务备案实施办法》办理年度业务备案登记手续。国际货运代理企业业务备案登记的程序如下。

（1）领取国际货运代理企业业务备案表（以下简称业务备案表）。国际货运代理企业可以通过商务部政府网站或中国国际货运代理协会网站下载业务备案表。

（2）填写业务备案表，保证填写内容完整、准确和真实，并由法定代表人签字、盖章。

（3）国际货运代理企业应提交如下备案材料。

① 按以上要求填写的业务备案表。

② 备案证复印件或外商投资企业批准证书。

③ 营业执照复印件。

④ 组织机构代码证书复印件。

⑤ 从业人员资格证书。

⑥ 责任保险合同复印件。

⑦ 提单复印件（如签发）。

⑧ 国际货运代理货运单和航空货运分运单复印件（如签发）。

备案机构应自收到企业提交的全部材料之日起 5 个工作日内办理完年度业务备案登记手续。

备案机关和备案机构应当为备案企业保守商业秘密。

### 3. 国际货运代理提单的备案登记

国际货运代理企业签发的国际货运代理提单实行备案登记制度。外商投资的国际货运代理企业签发的国际货运代理提单如在中国境内始发或以中国为目的地，也必须备案登记。

《中华人民共和国国际海运条例》第七条规定：经营无船承运业务，应当向国务院交通主管部门办理提单登记，并交纳保证金。在中国境内经营无船承运业务，应当在中国境内依法设立企业法人。第八条规定：国务院交通主管部门应当自收到无船承运业务经营者提单登记申请并交纳保证金的相关材料之日起 15 日内审核完毕。申请材料真实、齐备的，予以登记，并通知申请人；申请材料不真实或者不齐备的，不予登记，书面通知申请人并告知理由。已经办理提单登记的无船承运业务经营者，由国务院交通主管部门予以公布。

申请办理无船承运业务经营者提单登记的，应当向中华人民共和国交通运输部（以下简称交通运输部）提交提单登记申请，报送相关材料，并应当同时将申请材料抄报企业所在地或者外国无船承运业务经营者指定的联络机构所在地的省、自治区、直辖市人民政府交通主管部门。申请材料如下。

（1）申请书。

（2）可行性分析报告。

（3）企业商业登记文件。

（4）提单格式样本。

（5）保证金已交存的银行凭证复印件。

申请人为外国无船承运业务经营者的，还应当提交联络机构的有关材料，具体如下。

（1）联络机构说明书，载明联络机构的名称、地址、联系方式及联系人。

（2）委托书副本或者复印件。

（3）委托人与联络机构的协议副本。

（4）联络机构的工商登记文件复印件。

联络机构为该外国企业在中国境内的外商投资企业或者常驻代表机构的，无须提供以上第（2）、（3）项文件。联络机构或者联络机构说明书所载明的事项发生改变的，应当自发生改变之日起 15 日内向交通运输部备案。

有关省、自治区、直辖市人民政府交通主管部门自收到上述抄报的申请材料后，应当就有关材料进行审核，提出意见，并应当自收到抄报的申请材料之日起 7 个工作日内将有关意见报送交通运输部。交通运输部收到申请人的材料后，应当在申请材料完整齐备之日起 15 个工作日内按照《中华人民共和国国际海运条例》第七条和第八条的规定进行审核。审核合格的，予以登记，并颁发无船承运业务经营资格登记证；不合格的，应当书面通知当事人并告知理由。我国的申请人取得无船承运业务经营资格登记证，并向原企业登记机关办理企业相应登记手续后，方可从事无船承运业务经营活动。

没有在中国港口开展国际班轮运输业务，但在中国境内承揽货物、签发提单或者其他运输单证、收取运费，通过租赁国际班轮运输经营者船舶舱位提供进出中国港口国际货物运输服务，或者利用国际班轮运输经营者提供的支线服务，在中国港口承揽货物后运抵外国港口中转的外商国际货运代理企业，应当按照有关规定，取得无船承运业务经营资格。但以共同派船、舱位互换、联合经营等方式经营国际班轮运输的情形除外。

我国的无船承运业务经营者在我国境内的分支机构，应当按规定交纳保证金，并按规定进行登记，取得无船承运业务经营资格登记证。申请登记应当提交下列材料。

（1）申请书。

（2）母公司的企业商业登记文件。

（3）母公司的无船承运业务经营资格登记证副本。

（4）母公司确认该分支机构经营范围的确认文件。

（5）保证金已交存的银行凭证复印件。

无船承运业务经营者在申请提单备案登记时，提单抬头名称应当与申请人的名称相一致。提单抬头名称与申请人名称不一致的，申请人应当提供说明该提单确实为申请人制作、使用的相关材料，并附送申请人对提单承担承运人责任的书面说明。如果无船承运业务经营者使用两种或者两种以上提单，则各种提单均应备案登记。国际班轮运输经营者和无船承运业务经营者的登记提单发生变更的，应当于新的提单使用之日起 15 日前将新的提单格式样本在交通运输部备案登记。在无船承运业务经营申请者交纳保证金并办理提单备案登记，依法取得无船承运业务经营资格后，交通运输部在其政府网站公布无船承运业务经营者名称及其提单格式样本。

国际货运代理提单经备案登记后方可正式使用，其正面应载明该提单的备案登记编号和企业的中英文名称、地址、电话、传真、电子邮箱等。

### 3.3.2 国际货运代理企业的作业风险和保险制度

#### 1．国际货运代理企业的作业风险

**1）国际货运代理企业作为代理人的作业风险**

因安排运输疏忽，错发、错运、错交、迟延交付货物，遗漏、错误缮制、错误签发运输单证、文件而给委托人造成的费用损失。因自身过错造成的他人集装箱箱体及附属设备损坏。因侵权行为造成的第三人的人身伤亡或财产损失。

因受托包装、加固货物不当，而给委托人造成的货物损失。因临时保管不善，给委托人造成的货物损失。因选择承运人、仓储保管人不慎，给委托人造成的货物损失。因装箱、拆箱、拼箱操作失误，给委托人造成的货物损失。

因报关、报检失误，违反进出口管制规定或海关、商检、检验检疫机关要求而被有关当局征收额外的税费或处以的相应罚款。因代办保险失误，漏保、错保、申报错误，造成委托人不能或难以获得保险公司的赔偿。因交付、接收货物疏忽，没有取得当时货物状况的证据，导致委托人不能向责任人索赔。

**2）国际货运代理企业作为当事人的作业风险**

（1）物流环节造成的货损、货差。

因运输工具本身发生火灾、爆炸、碰撞、倾覆，造成的货物损失。在运输、看管、仓储、搬运、装卸、包装、保管的过程中，货物被盗窃、污染、雨淋水淹、冲走造成的全部或部分货物损毁、灭失、污染、变质。在运输过程中因挤压、碰撞、震动造成的货物破碎、弯曲、折断、散落。因包装不善，配载、积载不当造成的货物损失。

（2）因迟延交付、违规作业和物流信息系统出现问题造成的损失。

因错发、错运、错交致使货物迟延交付造成的损失。因其他原因迟延交付而被货主追究违约责任。因违规装运危险货物、特种货物对运输工具或其他货物造成的损坏。因驾驶运输、装卸、搬运工具不当，造成的第三人的人身伤亡和财产损失。因发生其他意外事故，造成的第三人的人身伤亡和财产损失。因信息系统损毁、故障、软件错误、漏洞而给客户造成的财产和费用损失。

（3）因设备操作失误、燃油动力违规和申报不实造成的损失。

因操纵运输、装卸、搬运工具不当或使用集装箱不当，给其他运输工具及集装箱、托盘、拖车等承载工具造成的损坏。因使用不符合规定的燃油、润滑油、电源，对出租人出租的运输、装卸、搬运工具和承载工具造成的损坏。因所载货物重量申报不实而造成的运输、装卸、搬运工具及设备损坏和对他人的人身伤害。

（4）因违规作业造成的环境污染。

因违规丢弃包装、捆绑、衬垫物料，清理、排放残留货物、废水、废渣、废油、废物造成的环境污染。

### 2. 国际货运代理企业的保险制度

国际货运代理企业应建立风险管理制度，依法防范、控制、规避经营风险。以下就国际货运代理企业分别作为代理人和独立经营人的保险制度展开说明。

**1）国际货运代理企业作为代理人的保险制度**

国际货运代理企业作为代理人时，应投保国际货运代理责任险。具有法人资格的国际货运代理企业投保国际货运代理责任险的最低保险限额为 100 万元人民币，保险期限应不少于 1 年，并应逐年连续投保。企业每增设一个分支机构，增加的保险金额应不低于 20 万元人民币。

国际货运代理企业变更国际货运代理责任保险内容的，应在保险合同变更后 30 日内，到原备案机关办理相关的备案变更手续。中国国际货运代理协会是国际货运代理责任保险的组织和协调机构，负责评议责任保险条款并公布经保险监督管理机构备案的保险条款、费率标准、保险合同范本等。中国国际货运代理协会应公开、公正、公平地选择保险公司和保险服务机构，并每年定期向国际货运代理企业公布选择的保险公司、保险经纪公司、保险费率、保险合同范本。

**2）国际货运代理企业作为当事人的保险制度**

国际货运代理企业以独立经营人身份签发提单的，《国际货运代理作业规范》要求企业应投保国际货运代理提单责任险。国际货运代理提单责任险的范围涵盖了国际货运代理责任险的范围，因此国际货运代理企业投保提单责任险后，可不投保国际货运代理责任险。具有法人资格的国际货运代理企业投保国际货运代理提单责任险的最低保险限额为 100 万元人民币。企业每增设一个分支机构，增加的保险金额应不低于 20 万元人民币。国际货运代理企业投保国际货运代理提单责任险时，保险期限应不少于 1 年，并应逐年连续投保。

国际货运代理企业应凭有效责任保险合同，办理企业备案登记手续和业务备案登记手续，具体方法如下。

（1）凡新设立的国际货运代理企业，在取得国家工商行政管理部门颁发的企业法人营业执照后 30 日内，应进行投保，并凭有效责任保险合同办理企业备案登记手续。

（2）凡申请国际货运代理提单备案登记的国际货运代理企业，在申请备案登记前，应进行投保，并凭有效保险合同办理国际货运代理提单备案登记手续。

（3）国际货运代理企业每年应凭有效责任保险合同，办理业务备案登记手续。

《中华人民共和国国际海运条例》要求无船承运业务经营者应当在向国务院交通主管部门提出办理提单登记申请的同时，附送证明已经按照《中华人民共和国国际海运条例》规定交纳保证金的相关材料。保证金金额为 80 万元人民币；每设立一个分支机构，应增加保证金 20 万元人民币。保证金用于清偿无船承运业务经营者因其不履行承运人义务或者履行义务不当所产生的债务及应支付的罚款。保证金及利息归无船承运业务经营者所有。保证金的专门账户由国务院交通主管部门进行监督。

无船承运业务经营者应当依法在交通运输部指定的商业银行开设的无船承运业务经营者专门账户上交存保证金，保证金按照中国人民银行公布的活期存款利率计息。无船承运业务经营者交存的保证金，受国家法律保护。除下列情形外，保证金不得动用。

（1）因无船承运业务经营者不履行承运人义务或者履行义务不当，根据司法机关已生效的判决或者仲裁机构裁决应当承担赔偿责任的。

（2）被交通主管部门依法处以罚款的。

有以上情形需要从保证金中划拨赔偿或罚款的，应当依法进行。无船承运业务经营者的保证金不符合《中华人民共和国海运条例》规定数额的，交通运输部应当以书面形式通知其补足。无船承运业务经营者自收到交通运输部书面通知之日起 30 日内未补足的，交通运输部应当按规定取消其经营资格。

外国无船承运业务经营者按照外国法律已取得经营资格且有合法财务责任保证的，在按照《中华人民共和国海运条例》及其实施细则申请从事进出我国港口的无船承运业务时，可以不向我国境内的银行交存保证金。但为了保证外国无船承运业务经营者能清偿因其不履行承运人义务或者履行义务不当所产生的债务及应支付的罚款，满足保证金金额的规定，该外国无船承运业务经营者的政府主管部门与我国政府交通主管部门应就财务责任保证实现方式签订协议。

无船承运业务经营者被交通运输部依法取消经营资格、申请终止经营或者因其他原因终止经营的，可向交通运输部申请退还保证金。交通运输部应将该申请事项在其政府网站上公示 30 日。在公示期内，有关当事人认为无船承运业务经营者不履行承运人义务或者履行义务不当，根据司法机关已生效的判决或者仲裁机构裁决应当承担赔偿责任的情形需要对其保证金采取保全措施的，应当在上述期限内取得司法机关的财产保全裁定。自保证金被保全之日起，交通运输部对保证金账户的监督程序结束。有关纠纷由当事双方通过司法程序解决。公示期届满未有前款规定情形的，交通运输部应当通知保证金开户银行退还无船承运业务经营者保证金及利息，并收缴该无船承运业务经营者的无船承运业务经营资格登记证。

**相关链接**

经营美国航线的注册远洋运输业者（Ocean Transportation Intermediaries）通常要通过保险公司购买两种由第三方担保的担保合约[①]，这两种担保（The OTI Bonds 和 U.S. Customs Bonds）是美国政府的两个部门——联邦海事委员会（Federal Maritime Commission，FMC）

① 注意，担保不是保险。

和美国海关要求购买的。FMC 是掌握美国进出口航商[1]及海运事务的官方组织。远洋运输业者担保合约又分为两种：当国际货运代理企业作为代理人时，最低担保限额为 5 万美元，企业每增设一个分支机构，增加担保金额不低于 1 万美元；当国际货运代理企业作为当事人时，最低担保限额为 7.5 万美元（提单担保合约，B/L Bond），企业每增设一个分支机构，增加担保金额不低于 1 万美元。在美国以外地区经营时，最低担保限额为 1.5 万美元，但经营中美航线时，国际货运代理企业作为当事人的最低担保限额为 9.6 万美元。当货物短少、损坏时，提单担保合约可提供一定自付额及保险理赔，保险金额为 15 万美元的货物年保费约为 1.1 万美元。

美国海关担保合约可以是年度担保合约，也可以是单次担保合约，其受益人为美国政府和海关，其作用在于当美国进口商因故不提领货物且不支付运费弃货时，美国海关除逾期后拍卖外还可依合约向保险公司求偿以支付该批货物于美国所产生的各项堆存费、税金等费用。提单上所显示的提单号就是国际货运代理企业与航商所签担保合约的编号。

## 本章小结

本章从法律、合同的角度来看待国际货运代理行业，特别介绍了商务人员应该熟悉的国际货运代理关系与我国国际货运代理企业管理规定，让学生明白了如何通过行业法律规范来维护企业的权利。本章还介绍了国际货运代理合同应涉及的通用交易条件，让学生通过学习掌握签订国际货运代理合同的基本方法。

## 推荐阅读

1．王芸．物流法律法规与实务[M]．3 版．北京：电子工业出版社，2017．

2．航运界—航运信息·数据·咨询平台　http://www.ship.sh/%20column_article.php?id=1623。

## 思考题

### 1．选择题

（1）根据我国国际货运代理行业主管部门商务部的有关规定，我国国际货运代理企业业务备案登记由（　　）负责具体组织和实施。

A．中国国际货运代理协会　　B．工商行政部门

C．人力资源部　　D．劳动部

[1] 航商是我国港台地区商人对海运承运人的称呼。

（2）根据现行的《中华人民共和国国际货物运输代理业管理规定》，国际货运代理企业不得从事的业务包括（　　）。

A．接受收货人、发货人委托从事货运业务

B．接受其他货运代理人转托运的货物

C．允许其他单位个人以该企业或其营业部名义从事国际货运代理业务

D．以宣传自己服务优势的竞争手段从事业务活动

（3）按照我国法律的规定，明知委托事项违法，国际货运代理为了自身利益仍然进行货运代理活动的，则（　　）。

A．被代理人不负被追偿责任

B．货运代理不负被追偿责

C．货运代理不负连带责任

D．委托人和货运代理都负连带责任

（4）根据《中华人民共和国国际海运条例》的规定，国际货运代理企业经营无船承运业务，应当向（　　）办理提单登记手续，并交纳保证金。

A．交通主管部门　　B．商务部

C．国际货运代理协会联合会　　D．中国国际货运代理协会

（5）在我国，备案机关收到国际货运代理企业或分支机构提交的备案材料后，认为符合要求的，应当在（　　）内办理完备案登记手续。

A．5 天　　B．5 个工作日　　C．10 天　　D．10 个工作日

## 2．判断题

（1）经商务部批准由国内投资主体投资设立的国际货运代理企业及其分支机构，在审批制取消以后，不需要到商务部办理备案登记手续。（　　）

（2）目前，我国国际货运代理行业实行的是以商务部为主，其他相关部门依职权参与管理，政府主管部门行政管理和行业协会自律并重的管理体制。（　　）

（3）对于国际货运代理是作为代理人还是当事人的法律地位，国际上通常有强制性的法律、法规的规定。（　　）

（4）国际货运代理投保责任险是防止或减少国际货运代理责任风险的主要办法之一。（　　）

（5）目前，国际货运代理协会已经制定了标准交易条件，托运人与货运代理之间订立的委托合同必须将该标准交易条件并入合同，以明确双方的权利和义务。（　　）

## 3．简答题

（1）简述国际货运代理两种法律地位的区别。

（2）简述我国法律规定的代理行为的基本特征。

（3）国际货运代理企业在申报提单备案登记时，应提交哪些文件？

（4）国际货运代理行业存在哪些作业风险？

（5）简述国际货运代理企业的保险制度。

## 实训

### 1. 实训目的

掌握处理国际货运代理业务法律纠纷的方法。

### 2. 实训要求

每班同学分成 4 个学习组分别充当原告、被告、法官、陪审团等角色，在课堂上模拟国际货运代理业务法律诉讼过程。陪审团的意见将成为考核分数的主要参照。

注：中国目前只有尚不完善的人民陪审员制度，实训中加入陪审团是为了增加互动性。

### 3. 实训操作规范

各小组认真学习以下案情介绍，查找和理解相关法律，模拟商务人员进行起诉和应诉。

2019 年 7 月 19 日，原告 A 公司与被告 B 货运公司签订了一份货物运输合同，做了如下约定：B 货运公司将 A 公司的国际销售合同金额为 40 000 美元的货物从 A 公司某基地仓库运至目的港汉堡，允许转船和分批装运，收货人凭指示，运费从仓库装完货开始计算（包括陆运与海运），货物装船后支付运费。

8 月 17 日，C 分公司受 B 货运公司的委托，派汽车将已装入集装箱的货物从原告 A 公司某基地仓库运至装运港，装载集装箱的卡车在途中坠入河中，所装货物全部报废。事故原因如下：驾驶员未遵守交通规则，超车避闪不及，卡车司机承担完全责任。事故发生后，A 公司即与 B 货运公司协商解决货损赔偿 40 000 美元的等值人民币事宜。但 B 货运公司辩称，实际装运货物并造成货损的是 C 分公司及其雇员，B 货运公司仅是货运代理人，并非实际承运人，不应承担货损责任，并称即使 C 分公司赔偿，也只能赔偿该货物的国内销售价。A 公司遂诉至法院，要求赔偿 40 000 美元。

### 4. 实训硬件设备准备

有条件的学校可以在模拟海事法庭进行实操，没有条件的学校在课堂以台上演绎、老师点评的形式进行实训。

# 第 4 章

# 国际货运代理客户服务

**关键术语**

客户服务；在途状况；客户投诉管理；客户关系管理；需求调研；服务质量

**学 习 目 标**

- 掌握国际货运代理客户服务的含义。
- 熟悉国际货运代理应对客户咨询的职业礼仪。
- 掌握客户常见投诉问题及处理技巧。
- 熟悉国际货运代理客户关系管理的内容。
- 掌握国际货运代理服务质量的主要内容。
- 掌握提高国际货运代理服务质量的途径和方法。

随着国际货运代理企业客户群体规模的日益增大，一方面，单靠揽货员不足以满足客户的需求，揽货员的高流动性又增加了客户流失的风险；另一方面，客户良莠不齐，一些客户刁蛮无理，拖欠甚至不支付货运代理服务费用或转嫁贸易风险的现象时有出现。为了更好地服务客户、稳定客户和筛选客户，许多国际货运代理企业专门设立了客户服务部，由专门的客服人员来管理客户。当然客户服务部还肩负着提高国际货运代理服务质量的重大责任。

## 4.1 国际货运代理客户服务概述

### 4.1.1 国际货运代理客户服务的含义

国际货运代理行业是服务行业，服务客户的精神必须贯穿所有运作环节。规模较大的国际货运代理企业分工较细，会为服务客户设立独立的部门，其职员可称为客服人员或客户服务代表。客户服务部并不是单纯为服务客户而设立的，它也是连接操作部与揽货部的桥梁。

国际货运代理客户服务是指为满足客户需求和管理客户群所提供的各种服务，具体包括回答客户咨询、管理客户关系、处理客户投诉、调查客户需求、国际货运代理服务质量管理等。国际货运代理客户服务一般可分为如下两种。

（1）售前服务，提供客户产品的信息，如告知客户国际货运代理费用的计算方式、服务的项目等。

（2）售后服务，在某特定保证期间内，对产品提供的后续服务，如处理运输事故、处理客户投诉等。

### 4.1.2　国际货运代理客户服务的重要性

国际货运代理行业竞争激烈，企业靠什么制胜？国际货运代理企业常常有这样的口号："为客户提供百分之一百加一的服务"，即提供超出客户期望值的服务，在正常的工作职责之外继续为客户提供服务。国际货运代理客户服务是一个重要的对外窗口，国际货运代理企业总是希望以最低的成本向客户提供最满意的服务。

国际货运代理客户服务是国际货运代理企业提供的增值服务的一部分。追求卓越服务质量的意识从国际货运代理客户服务开始，应贯穿和融入所有部门的日常工作。由国际货运代理客户服务体现出来的服务质量意识是国际货运代理企业的核心价值。

国际货运代理客户服务是维护企业与客户良好关系的关键，可以使企业与客户建立长期互利的关系，合作创造价值，以提高客户的竞争力，从而增强客户对企业的信任和忠诚度。

国际货运代理客户服务提供的客户需求调研研究了市场的需求与发展，从时间、价格、运力、路线、环节的组合去发现增强实力的途径，紧跟市场，并进行开拓性的思考，寻求创新的方法，力图为客户创造价值。

## 4.2　国际货运代理客户咨询

### 4.2.1　应对客户咨询的职业礼仪

职业礼仪是对客户尊重的具体体现，是建立友好关系的敲门砖。时时注意礼仪不仅有利于营造融洽的氛围，也容易赢得对方的信任。

应对客户咨询的职业礼仪包含如下几个方面。

#### 1．见面礼仪

**1）注意观察客户的表情仪态**

在洽谈业务时，客户的心理活动往往会通过某种表情和行为表现出来，特别是一些细微的动作往往会流露出一些真实的想法。例如，一个人双手交叉在胸前，或者指尖互顶成金字塔形，或者手托腮帮聆听，或者手托下巴思考，或者食指放在耳朵旁盘算，或者双手摊开侃侃而谈，每种动作都在传递一定的信息。国际货运代理从业人员应注意观察客户的表情仪态，从中探求他们的想法。

**2）国际货运代理从业人员的形象**

（1）着装。男职员要注意服装的肩宽、胸围、衣长、裤长；西装如果要系扣，一般只系上面一颗，单排三颗纽扣一般系中间一颗或上面两颗，双排则全部系上；如果需要领带，要选斜条纹、方格、点状或不规则图形的领带；衬衫领口、袖口干净无污渍，穿西装不要挽袖子；西装口袋不要放东西，西裤笔挺有弹性，着黑色或深色袜子，皮鞋要光亮。女职员标准着装为正规的裙装或裤装，穿着要大方得体，袖口不宜过长并保持清洁，裙子长短适宜，着无破洞的肤色长袜，鞋子保持光亮清洁；着装不宜太露、太透、过分花哨，不宜穿短于膝盖 5 厘米以上的裙子，裙装开叉不宜太高。

（2）发式。男职员短发，头发要保持干净、整齐，切忌头发凌乱、发型怪异；女职员发型要文雅、庄重、整齐，长发要束起。

（3）其他。指甲不宜过长，要保持整洁，尽量少吃刺激性和易生气味的食物，保持口腔卫生。男职员胡须要剃干净；女职员若涂指甲油要用无色透明的，脸部可化淡妆。

**3）国际货运代理从业人员的仪态**

（1）表情。微笑是一种没有沟通障碍的语言。笑脸迎客是每个国际货运代理从业人员的基本要求。

（2）眼神。在交谈时，国际货运代理从业人员要保持与对方平视，要有胆量正视和接受对方的目光。视线高于对方会让人感到被轻视；视线低于对方会让人存有戒心。

（3）形体。常言道："站有站相，坐有坐相。"国际货运代理从业人员在与客户的交流中也要注意各种形体语言。

① 站姿方面：男职员双腿分开与肩同宽，双脚呈"V"形，两手腹前扣握，左右手均可在上；女职员双脚呈"V"形或"丁"字形站立，两手腹前扣握，左右手均可在上。

② 坐姿方面：男职员双肩自然下垂，躯干竖直，双脚自然平行，双膝弯曲 90°～120°，双手自然平放于腿上；女职员双肩自然下垂，躯干竖直，双脚并拢稍往内弯曲，双手自然相握垂放在双腿上。切忌跷二郎腿、交叉腿、分腿，以及双手抱头、斜躺、蹲坐。

女职员如需要下蹲为客户服务，应成半跪式，右腿支撑成 90°，左小腿与地面近乎平行，上身直立，双手递出东西。男女职员在任何时候都均忌蹲坐。

**4）迎送礼节**

（1）欢迎或登门拜访。鞠躬礼一般分为欠身礼、15°鞠躬、30°鞠躬。选择何种形式要看客户的级别、年龄和双方所处的场景。鞠躬礼可用于见面、送别和道谢。

握手礼是见面常用的礼节，正确的方式是于对方正面双手互扣，切不可斜扣；用力适中，太紧会给对方威压，软弱无力则显得毫无诚意；握手时要脱下手套，目视对方，切忌看第三者。

自我介绍要注意场合、内容、时间、态度、方式；他人介绍要注意介绍人、次序、语调、称呼；交换名片时要事前准备好名片或把名片固定在要递给对方的宣传资料上，双手接受对方的名片且不要马上收起，要仔细看看对方的职位、头衔并顺口称呼，传递名片时最好双手递出，目视对方。

其他礼节，如点头、脱帽、拱手或招手等也是作为国际货运代理从业人员需要注意的。

登门拜访客户一定要预约，尽量不要做不速之客。上门揽货要说："您好，我们是×××公司，真诚为您服务……"上门送货要说："您好，您的货已送到，请验收……希望能再次为您服务，再见。"上门取货要说："您好，我们代表×××公司到贵处取货……""您好，谢谢您对×××公司的支持……"

（2）洽谈。若安排宾主向门并坐，客户要在主人的右手，以右为尊。翻译人员在主人的身后，记录人员在客户的身后。若宾主对向，客户要面向大门，主人应背向大门，两个翻译人员分别在宾主的右手边。如果是方形对着门的桌子，则客户在朝内的一边。

（3）送别或告辞。对于特别重要的客户或重大庆典，为客户引路尤为重要。陪同客户乘坐电梯时，陪同人员需要先入后出，为客户按电梯并指路，在楼梯、走廊处遇到客户要向客户问候并侧身让客户先行，为客户开门。乘车时要把最重要的客户安排在最主要的位置上。如果是主人亲自驾车则需安排客户与主人同坐前排。如果是司机驾车则应安排客户在后排靠右门的位置；吉普车或位少的小型车等可以安排客户与司机同排；巴士、游览车和中巴可以把最重要的客户安排在第一排最右边的位置，依次排列，最后的客户可以安排与司机同排。

如果是登门拜访客户，结束后要礼貌地告辞；如因急事要临时告辞，记得向对方道歉。

**企业实践**

礼貌用语歌：初次见面说"您好"，请人解答说"指教"，客人来了说"欢迎"，麻烦别人说"打扰"；表示歉意"对不起"，表示回礼"没关系"，表示感激说"谢谢"，向人祝贺说"恭喜"；白天分别说"再见"，晚上分手道"晚安"，请人勿送说"留步"，交往"请"字记心间。

### 2．电话礼仪

#### 1）接听和拨打电话的基本原则

（1）服务时，必须使用标准语言，声调平和，保持亲切。

（2）解答问题时，语言简明易懂，口齿清晰。

（3）尊称对方为先生、女士。

**2）接听和拨打电话的注意事项**

（1）不用质问、不耐烦和使人反感的服务忌语。

（2）记录的信息一定要全面准确，接收正确的信息是提高企业效率的保证。

（3）听不清的内容务必请对方再说一遍，数字、地址等要重新核对一遍。

**3）对话用语**

（1）接听电话要说："您好，×××公司×××为您服务，请问您办理什么业务？""您找哪位？""请问有什么事可以帮您？""谢谢您提出的意见。""不客气，很高兴为您服务。"

（2）转接电话要说："请稍等，我这就叫他。""请稍等，我帮您转接×××部门。"

（3）记录电话要说："对不起，×××现在不在，请您留下姓名、地址、电话，我们会请他与您联络。""请稍等，我记录下来。我们会将处理情况尽快通知您。"

#### 3. 函件礼仪

收到客户的函件后，国际货运代理从业人员要进行回函，特别要注意行文格式和落款签名的权限。

#### 4. 网络礼仪

网络礼仪是互联网使用者在网络上对其他人应有的礼仪。在写有关英文的电子邮件时，不要清一色采用大写字母；一定要写清楚邮件的主题或标题，没有标题不仅不尊重对方而且容易被对方认为是恶意邮件；在撰写内容时，应遵照普通信件或公文所用的格式和规则；正文要简洁，不可长篇大论，以便收件人阅读；用语要礼貌，以示对收件人的尊重；如果在发信时添加了"附件"，一定要在信件内容里加以说明，以免对方忽略；一般应在收到邮件后的当天予以回复，如果涉及较难处理的问题，要先告诉对方你已收到邮件，处理后会及时给予正式回复。

通过互联网与人交流时，应当用语规范，不得随便使用攻击性、侮辱性的话语。网络有自身独特的语言符号系统，不要滥用，以免因对方不理解而导致交流受阻。

### 4.2.2 客户常见咨询问题及处理技巧

国际货运代理行业常见的咨询问题是价格、航线、运输方式、交货时间、在途状况及仓储、报关、报检、拖车服务等有关问题，特别应注意的是大票[①]货物与客户自提货物、外发货物、中转货物、甩柜拉货及更改情况的查询。客服人员应该告诉客户本企业所能提供

① 大票指本企业内合票、并票的情况。

的服务项目，只承诺能为客户做到的服务，切不可夸大。承诺的泛滥与夸大会使企业提供的服务与客户的要求之间产生差距，从而埋下被投诉的隐患，引发客户对企业的信任危机。客服人员不能马上回答的问题，要请对方留下回复电话和姓名，把问题弄清楚后尽快回复对方。没有权限回答的问题要转接相关人员，尽量给客户满意的答案。

国际货运代理企业可以把常见问题及答案归纳起来放在网上供客户随时查看，以减少客服人员的工作量，而特殊的问题则宜通过电话和互联网在线或离线解答。

**相关链接**

查询货物步骤与注意事项。

（1）接听客户来电时，客服人员可以先根据客户提供的信息在计算机查询系统中查找客户提供的信息，包括托运单号、目的地、收货人、托运人、件数、重量、发货日期等。根据以上两条或两条以上信息进行查询，即可在系统中查询到此票货物。

（2）如果由于特殊原因（如开单员、理单员疏忽）计算机没有保存相关信息，则客服人员可以根据大票清单、外发登记本进行查询。

（3）根据不同的出港方式进行查询。例如，外发可向外发点查询，大票可查询起运港，确认所查货物是否为正常出港。

（4）如果所查货物为正常出港，对方仍未提到货，则客服人员可以向目的港查询（自提货）或向送货人查询（合票货）货物是否正常进港。

（5）如果目的港确实少货，而起运港也确已装货，在这种情况下，客服人员可查询目的港是否传不正常（少货）报告至起运港。接着，在双方场站及码头进行查找（可让送货人给予协助）。如果确实查找不到货物，则客服人员可让客户（自提货）或送货人（合票货）向目的港索要正规的事故签证。

（6）在经过查找确定货物丢失（或破损）后，客服人员可将事故签证及相关材料递交办公室，处理客户索赔事项。客服人员向办公室提供的材料包括货物丢货（或破损）的情况说明书、相应的提单号、提货清单、事故签证等。

### 4.2.3 答复有关货物在途状况的咨询

国际货运代理企业应该建立和完善货物追踪的信息工作制度，最初的货物追踪主要是为企业内部服务的。在货物装上远程运输工具之前，对货物的追踪有利于对货物的配载，其中运输工具的装载情况是调度室要掌握的信息。例如，在集装箱运输中，集装箱空箱的合理调度将为企业节省一笔可观的费用。对运输工具装载情况的追踪可防止运输工具空载或半载，降低运载成本，使企业更有竞争力。

货物追踪有利于客户及时下指令使承运人变更装（卸）货港。国际贸易合同中有时在成交日由于某种原因未能确定具体装（卸）货港，在签订合同时装货港或卸货港为未指名港或选择港。以往，在这种情况下，最终卸在何港口或从何港口发运实际上取决于承运人，因为供需双方并不知道货物在运输途中的确切位置，而货物追踪则有利于客户及时下指令使承运人变更装（卸）货港。

**企业实践**

正想贸易公司在 2019 年 11 月向福建泉州一家工艺品厂订了一批散货，合同签订时起运港为中国港口，本计划从厦门港发运。但货物在泉州起装时，正想贸易公司得知向广东潮州订的另一批货已经完成，为了节省运费，其希望货运代理企业为其拼箱。货运代理企业立刻通知司机改变行车路线将货拉到潮州拼箱，改从深圳盐田港发运。由此可以看出，货物追踪还可为客户节省运费。

货物追踪实际上是电子通信技术在国际货运代理行业的应用，也就是国际货运代理行业对信息流的管理。许多国际货运代理企业已经意识到货物追踪的重要性。

许多承运人的物流数据由国际货运代理企业或码头管理，由其客服人员录入承运人的网站。这一方面极大地提高了货物流通的速度，另一方面可以使客户随时查询自己的货物状态。客户登录物流信息系统后可以非常方便地查看货物、单证、集装箱场位等各个环节的各种数据。收集物流数据的步骤如下。

（1）要认真、真实地填写各类跟踪表格，包括货物跟踪表、甩柜拉货登记本、中转货物跟踪表、网络信息反馈表等。

（2）依据船期表、航班时刻表跟踪货物是否正常出港，如甩柜拉货要及时通知客户并进行登记。

（3）货物到达时可联络目的地或送货人查询货物是否正常到达。

## 4.3 国际货运代理客户投诉管理

国际货运代理企业应当为客户提供投诉的渠道，主要包括互联网、电话、传真、电子邮件、信函等。

### 4.3.1 客户常见投诉问题

国际货运代理行业常见投诉问题包括收费与报价不符、货物卸错、迟延交付、野蛮装卸、服务态度差、服务与承诺不一致等。

### 4.3.2　处理客户投诉的态度及技巧

#### 1. 耐心倾听客户的抱怨

**1）提出问题**

引出客户投诉内容的提问方式有两种：开放式提问和封闭式提问。

（1）开放式提问。开放式提问是指没有具体的问题，不需要客户马上做出“是”或“不是”这样判断的提问。客服人员可以说：“请问×××先生（小姐），有什么需要我帮忙的？”让客户敞开心扉尽情发挥，说出事实、问题和抱怨，宣泄情绪，以平复心中的不满，有的客户甚至会对自己提出的问题给出一些解释和答案。

开放式提问的优点是客服人员在客户倾诉的时候可以收集到尽量多的信息和问题。缺点是遇到话题无法收尾的客户，接待的客服人员要无限延长处理问题的时间，这时客服人员要注意引导客户，不能让客户不停抱怨。

（2）封闭式提问。封闭式提问是指客户在投诉时，客服人员给出推测的问题和可供选择的答案，方便客户回答“是”或“不是”。封闭式提问可以有效控制时间，如客服人员可以这样问：“您的货物是纸箱包装还是木箱包装？”很快进入投诉的主题。但是，封闭式提问会让客户觉得紧张和不舒服，有时客户会觉得自己不被尊重，特别是当客服人员提出多个封闭式问题都得到“不是”的答案时，客户会认为该客服人员很不专业。客服人员必须不断提高自己的专业素质，以求问题直达要点。

这两种提问方式各有其优点和缺点，无限制使用开放式提问，同样会让客户认为客服人员不够专业。较好的提问方式是先进行开放式提问，由客户开始诉说，等客服人员收集到关键信息后，再有针对性地进行封闭式提问。

**2）复述投诉事实和情感**

处理投诉的第二步是复述两项内容：一项是接收到的事实；另一项是接收到的情感。复述的时候要重复一遍接收到的信息，确认接收到的信息是否准确。如果理解出现偏差，则后续的服务可能就枉费心力了。复述事实可以告知客户将要负责处理的部门；复述情感则能够有效平息客户愤怒的情绪。复述情感时需要技巧，不能机械重复，如客户说：“你们这是什么破地方，这么远。”这时客服人员可以这样复述：“是的，我们这边是稍微远了一点儿，不好意思让您这么辛苦。”不宜复述为：“是的，我们这里的确很远。”

**3）勇于承认错误**

客户抱怨的时候，客服人员不要一味推卸责任，而是要勇于承认错误。具体是指有技巧地复述客户的情感，有技巧地避开客户的锋芒，并不是要主动承揽责任，而是要避免矛盾激化。

### 2．避免正面冲突

如果货物没有及时送到，收货人比较着急，则双方常常会产生冲突。当客服人员在面对客户情绪化的投诉时，特别是无理取闹的投诉时，要把注意力集中在涉及的问题及事实上，尽量减少情绪化的反应，不要让自己失控。客服人员要站在客户的立场进行思考，不可以与客户争吵。客服人员可以用以下方法推测客户情绪化的理由。

（1）他们也许本来是十分友好的人。因为各种其他与你无关的事情而感到不快，他们所需要的只是发泄他们不快的情绪。

（2）他们可能感到焦虑。有些人甚至对打电话都感到焦虑，说话的语气与平常也不太一样，变得情绪化，容易激动。

（3）不要把客户对你说的不礼貌的话当成对你个人的侮辱。客户并不是在发泄对你本人的不满，而是由于主观或客观因素对企业的服务感到不满。

### 3．满足客户的期望值

如何帮助客户，如何满足客户的期望值，其实也是客户对国际货运代理企业客户服务质量的评价依据。客户主要从以下几个方面评价国际货运代理企业提供的客户服务。

**1）服务的有形度**

服务的有形度是指展现给客户的外在形象，即礼仪，具体包括客户来到国际货运代理企业的营业场所看到的职员行为是否职业化、职员是否为职业着装、环境是否幽雅、职员接待是否热情，或者电话中客户听到的声音是否甜美。

**2）服务的专业度**

客服人员要尽快了解客户的需求，理解客户的想法和心情。客服人员服务的专业度越高，客户对企业越有信心。

**3）服务的反应度**

很多客户会因为服务慢而进行投诉。客户希望客服人员能马上解决他的问题，或者希望客服人员迅速积极地答复，至于能否圆满处理则是另一回事。例如，我们去餐馆吃饭，吃完饭之后说："服务员，帮忙拿牙签过来。"这个时候服务员有两种回答，一种说："稍等一下。"另一种说："好的，我马上去拿。"后者听起来是不是更加快速、更加有反应度？所以，要记住"马上"这个词会让客户觉得客服人员的反应很快。经常说"我马上为您解决""我马上帮您查看""我马上来解决您这件事情"这类的话，会提高我们的反应度表现。当然，必须记得在承诺的投诉处理时限内给出令人满意的解决方案。

**4）服务的信赖度**

按照服务承诺进行处理。良好的服务会慢慢让客户产生信赖感。对客户的理解、接待客户的过程、处理问题的反应速度和专业化与职业化的形象等，会使客户慢慢产生信任的感觉，最终对本企业给予肯定。很多品牌的信任度并不是通过广告宣传建立的，而是在日积月累中建立的。客服人员想在客户心目中树立良好的形象，就要在服务的过程中始终有较好的表现。

#### 4．处理客户投诉的注意事项

（1）完整记录客户的投诉。客服人员应认真倾听客户的陈述，做好详细的记录，记录客户的姓名、地址及联系方式，记录客户反映的服务质量问题（投诉的理由）、投诉目的和要求，以及其他投诉细节。

（2）在记录的过程中，客服人员应始终保持热情和友好的态度，不要打断客户，音量适中，语调平和，不卑不亢。客服人员应与客户核对信息，以保证信息的准确性。

（3）客服人员应避免用凌驾于客户之上的语气说话或向客户发火，或者责备客户。

（4）客服人员应避免推诿责任或人为增加客户投诉难度。例如，对客户说："你找错部门了。""这不是我们的过错。""这件事情不是我处理的。""能不能把你的情况写成书面材料传给我们。"

（5）客服人员应平和地处理无理投诉。有些客户会故意刁难，特别是同行客户，因为他们知道竞争对手的弱点，刁难竞争对手是恶性竞争的手段之一。此时，客服人员要以良好的心态来应对。

（6）记录完信息后，客服人员应告知客户投诉的处理时限。在了解全部事实之前避免主动承担责任或匆忙下结论，回答客户之前要考虑好。如果判断是自己企业的错误，则向客户表示真诚的歉意。对于情况不明的问题不要急着找借口。如果客服人员对客户承诺了什么（如回电、解决问题的时限、解决方案等），要尽快兑现承诺。

处理客户投诉是一系列环节的结合，它包括倾听客户的抱怨，记录客户的问题，提出解决方法，争取客户的理解，通知客户处理结果，找到走出困境的方法，挽留将要流失的客户。在这个过程中，要时刻保持投诉渠道的畅通，加强与客户建立伙伴关系。为了提供更好的服务，国际货运代理企业应对投诉信息进行统计分析。

## 4.4　国际货运代理客户关系管理

客户资源对国际货运代理企业是至关重要的，客户关系管理（Customer Relationship Management，CRM）是指通过管理客户信息资源，与客户建立起长期、稳定、相互信任、互惠互利的密切关系，提高客户的满意度和忠诚度。客户关系管理由美国 Gartner Group 在 20 世纪 80 年代率先提出，如今客户关系管理已成为企业资源管理系统的一部分。客户关系管理是国际货运代理企业整合所有的接触点，如客户、员工、供货商等，并整合各种技术来加强销售、客户服务、企业资源规划等，以获得、保持、增加客户并增加收入和利润的重要手段。国际货运代理企业在客户关系管理方面要关注客户类型和分类方法、客户的满意度和忠诚度及与大客户的关系管理。

### 4.4.1 客户分类

#### 1. 狭义的客户

狭义的客户是指国际货运代理企业的委托人，即国际贸易货物的收货人与发货人、通知人、承运人或他们的代理人。通常可以按如下分类进行管理。

（1）按时间顺序，客户可分为老客户、新客户及潜在客户。

（2）按性质，客户可分为直接客户和间接客户，间接客户即同行客户。

（3）按航线，客户可分为美加线客户、东南亚线客户、欧洲线客户、日本线客户等。

（4）按信用等级，客户可分为 A 级客户、B 级客户、C 级客户等。

分类管理是为了区别对待，更好地服务客户。按航线分类有利于配载、跟踪；按时间顺序和性质分类有利于揽货员报价；按信用等级分类有利于财务结算。

#### 2. 广义的客户

广义的客户是指国际货运代理业务的所有关系人。这些关系人包括承运人、仓库、堆场、货运站、码头、港口代理、机场、车站、保险公司、报关行、快递公司、拖车行、控箱公司、熏蒸公司、银行等相关企业，海关、税务局、外汇管理局、港务局等政府部门。不少外贸企业同国际货运代理企业合作并非因其提供了优惠运价，而是因其良好的外围关系。国际货运代理企业良好的外围关系有助于外贸企业履行国际贸易合同，外贸企业往往在签订出口合同之前就预估了运费，稳定的运价也便于核算成本。

外贸企业有时会自己报关、报检、安排拖车、办理保险，也有时会委托国际货运代理企业办理，这时国际货运代理企业就需要有合作的报关行、拖车行、保险公司等。

### 4.4.2 客户关系管理的内容

#### 1. 基础资料

基础资料是揽货员通过一定途径收集得来的，这些资料需要不断更新。

客户的基础资料包括客户公司的名称、地址、电话、规模、所有制形式、经营特点。客户企业关键人物（总经理、储运部经理、业务部经理、财务经理）的基础资料包括姓名、联系方式、年龄、兴趣爱好（喜欢什么、经常坐什么车、喜欢看什么电视等）、学历及生日等。

### 2. 业务资料

业务资料包括资信额度、结算方式、汇率设置、投诉管理、历史报价、欠收欠付、历史实收实付、毛利、发票、对账单、余额表等；每个托运人所对应的多个收货人、多个通知人、多个供应商及装货地点；特殊要求等。

### 3. 统计分析

对基础资料和业务资料的统计分析是客户关系管理的重要内容。具体来说，包括以下内容：统计某客户对本企业每季度或每年各航线业务量的贡献排名，对本企业每季度或每年利润的贡献排名；该客户同本企业的合作现状及存在的问题；该客户同本企业竞争对手的合作现状及存在的问题；该客户产品销量趋势和未来的发展动态；该客户的信用评估。揽货员、营业部、分公司、揽货区域的业务量统计是企业绩效考核的重要指标。

统计分析的结果可以提供给人力资源部门，作为各部门的考核依据。除要分析客户基础资料和业务资料外，客户调研结果的分析也是十分重要的。客户基础资料和业务资料的分析结果和客户调研结果是互相印证的。

根据统计分析，客服人员还可以定期编制企业服务质量分析报告和提供个性化服务信息；国际货运代理企业可以据此对客户采用分级管理，充分利用信息。

客户跟踪、客户回访也是客户关系管理的重要工作，而这些行为的存档工作也十分重要，具体包括客户的信息、预约记录、拜访记录、事情处理结果等。

## 4.5 国际货运代理客户需求调研

国际货运代理客户需求调研是指了解客户的业务、预计客户的需求，根据调研结果迅速、热诚地回应并满足他们的需求。

### 4.5.1 国际货运代理客户需求分析

#### 1. 客户需求的特点

由于受多种主客观因素的影响，客户的需求是复杂多样的，从总体来看，客户需求有以下 4 个特点。

**1）客户需求的无限扩展性**

随着运输设备、运输技术及通信水平的不断提高，以及国际贸易市场、国际货运市场的变化，国际货运代理市场的客户需求也在不断扩展。国际货运代理企业要不断开发新的服务项目，开拓新的市场，以适应不断扩展的客户需求。

**2）客户需求的多层次性**

客户的需求总是在一定的支付能力和其他条件的基础上形成的。这使客户需求具有多层次性的特点。客户需求的多层次性要求国际货运代理企业在对市场进行细分的基础上，准确地选择自己的目标市场。

**3）客户需求的可诱导性**

客户需求有时是因为内在因素产生的，有时是受外界刺激诱导而产生的。因此，国际货运代理企业不仅要适应和满足客户的需求，而且应通过各种促销途径，正确地影响和引导客户需求，变潜在的客户为现实的客户。

**4）客户需求的分散性**

改革开放以来，我国许多大中型企业乃至私营企业都取得了外贸进出口权，加之大量吸引和利用外资，使客户数量激增，分布面变广，进而使客户的需求变得分散。因此，国际货运代理企业应采取灵活多样的揽货方式和服务方式，适应客户需求的变化。

### 2. 客户需求层次分析

在营销导向阶段，企业的经营活动实质上就是一个不断满足客户需求的过程。根据美国著名心理学家马斯洛的需求层次理论来分析，国际货运代理市场的客户需求也是分层次递进的。客户需求的层次越高，对国际货运代理企业提出的要求也越高。国际货运代理企业要吸引客户，保持其强劲的竞争力，必须在市场调研的基础上明确客户已经满足的需求是什么、现在的需求是什么、潜在的需求是什么，想客户之所想，开展目标营销活动，在充分满足客户需求的基础上，实现企业的经营目标。

### 3. 影响客户需求的基本因素

**1）运价**

运价的高低是客户选择国际货运代理企业的主要影响因素。但运价并非唯一决定市场占有率的主因，要求较高的客户首选稳定可靠的服务。代理只是一种依附关系，运价并不是承运人和货运代理主观意志所能左右的，而是受货源与运力供求关系的影响。国际货运目前呈现出薄利多运之势，对货主大为有利，对承运人和国际货运代理企业都很不利，实力弱的国际货运代理企业甚至已经退出市场。

**2）服务质量**

国际货运代理服务质量的优劣是客户选择国际货运代理企业的另一个重要影响因素。客户关心的服务质量具体如下：① 运输时间的长短；② 运输班次的多寡；③ 货运仓储设备的先进性、交通通信的便利性；④ 货运代理单证制作的准确性；⑤ 客服人员的专业性；

⑥ 售后服务等。

**3）社会文化因素**

客户选择国际货运代理企业也会受到一些非服务质量因素的影响。例如，有些客户只相信大公司，有些客户因信任揽货员而选择他所在的国际货运代理企业等。其中，企业文化也是营销实施过程中不可忽视的一环，它能在客户心目中树立起良好的企业形象，从而成为影响客户需求的重要因素。

### 4.5.2　国际货运代理客户需求调研的分类

国际货运代理客户需求调研分为现实需求调研和潜在需求调研两部分，具体可采用电话调查、在线调查和问卷调查等方式。

**1．现实需求调研**

现实需求调研是对现实需求的事实反映。首先，要了解客户的运输方式要求，是空运、汽运、铁运、快递还是海运；其次，要知道客户的时限要求，如是要在 8 小时内还是 12 小时内，还是 24 小时内送达；再次，要了解客户的操作质量要求，如货差率、货损率、接货及时性、包装等；最后，要了解客户的财务要求，如付款方式、保险等。

国际货运代理企业针对客户的需求提供合适的服务，确定合适的价格。合适的价格应该参照市场行情，并结合企业的成本核算来制定，过高会使客户望而却步，过低则会使企业的利润减少。在服务态度方面，国际货运代理企业应该无论客户的业务大小，均一视同仁。

**2．潜在需求调研**

潜在需求调研是指对市场将来的需求走向进行预测，将结论提供给决策人，以便国际货运代理企业针对瞬息万变的市场及时做出反应，或者扩大投入，或者及时撤离。

## 4.6　国际货运代理服务质量管理

### 4.6.1　国际货运代理服务质量

**1．国际货运代理服务质量的含义**

国际货运代理服务质量是指国际货运代理企业在一定时期内为客户提供服务的效用及其对客户需求满足程度的综合表现。

服务效用是指国际货运代理企业为客户提供国际货运代理服务的有效性和有用性，是反映国际货运代理企业提供国际货运代理服务满足客户和社会明确或隐含需要能力的特性总和。它包括安全性、功能性、经济性、时间性、完整性和方便性等。

客户满意度取决于总价值（产品价值、服务价值、人员价值、形象价值）与总成本（资金成本、时间成本、精力成本、体力成本）的比值。比值越大，客户满意度越高。在总价值和总成本一定的情况下，客户满意度取决于客户的感受价值与预期价值的比值，比值越大，客户满意度越高。

### 2．国际货运代理服务质量方针

国际货运代理服务以安全、迅速、准确、节省、方便、守信为质量方针。

**1）安全**

国际货运代理企业应按客户需求，合理组织、妥善安排、慎重处理、有效控制每个业务环节，按时、按质、按量、安全地完成货物的收受、单证处理、报关、报检、载运、拼装、积载、管理、包装或分拨、卸载、送达、交付等，保护客户资料及信息的安全。

**2）迅速**

国际货运代理企业应按客户要求对以下因素进行充分考虑、比较和综合分析，选择最佳的运输方式、路线和整合方案，求得最佳效益，顺利完成服务全过程。

（1）各种运输方式的不同适用范围和不同的技术经济特征。

（2）各类货物的特点、性质及运输条件、数量、运输距离。

（3）二程或转运环节的安排、跟踪。

（4）地理差异、航区特点。

（5）季节变化、市场需求的缓急。

（6）风险程度、风险控制、风险转移。

（7）速度与成本的关系。

（8）其他因素。

**3）准确**

国际货运代理企业应按照客户的指示，准确无误地收受、交接货物，包括准确地审核材料、办理各种手续、处理各类货运单证，保证单证一致、单单一致、单货一致、单同一致；准确地计收、计付各项运杂费、服务费，避免错收、错付和漏收、漏付；准确地处理各类信息和各业务环境中出现的问题；预见性判断、慎重处理可能出现的各类风险、危机。

**4）节省**

国际货运代理企业应熟悉国际贸易规则，依从国际惯例，因地制宜，为客户精打细算，在整合资源优势的基础上设计出合理的方案，提高工作效率、降低成本、节省费用，并通过加强企业经营管理，提高企业的经济效益和社会效益。

**5）方便**

国际货运代理企业应树立全局观念，加强团结协作，强化服务意识，彰显保障作用，加强与商务、税务、商检、海关、银行、保险、港口、货主、承运人、船舶代理、其他货运代理企业等的联系，与其相互配合、密切协作，为企业创造更多的便利条件，竭尽全力为客户排忧解难。

**6）守信**

国际货运代理企业要依从国际惯例、维护商业道德，提倡合法、公平、有序的竞争，诚实守信，依法经营。国际货运代理企业不应有下列行为。

（1）相互串通，操纵市场价格，损害其他经营者或客户的合法权益。

（2）乱收费，肆意扣押客户的运输单证；伪造、变造、涂改、出租、出借、转让经商务主管部门备案的企业资质、单证、从业人员资格证书、国际货运代理责任保险凭证及其他业务单证。

（3）采取不正当竞争行为影响行业经营秩序和行业利益。

（4）以商业贿赂方式承揽各项业务。

（5）滥用优势地位，以歧视性价格或其他限制性条件实施经营活动。

### 4.6.2　提高国际货运代理服务质量的途径和方法

国际货运代理企业使自己区别于竞争对手的主要方法之一是持续提供质量高于竞争对手的服务。要提高服务质量，首先，要在提高服务的科技含量和专业水平上下功夫；其次，要拓展服务的范围，深化服务层次，适应客户对国际货运代理服务更广泛、更深入的需求趋势，提高增值服务；再次，要建立完善的市场信息机制；最后，要在降低服务成本上下功夫，使客户以较少的投入得到满意的服务。国际货运代理企业可以从以下几个方面入手提高服务质量。

#### 1．全面质量管理

国际货运代理企业为客户提供的服务产品是一个整体的服务方案，包括从揽货开始直至货物交付的全过程，因此国际货运代理服务质量高低取决于国际货运代理服务全过程的各个环节、各个部门及所有员工的工作质量。因此，除满足客户需求外，还必须形成人人关心服务质量的提高，人人设身处地为客户着想、为客户提供优质服务的企业文化。

### 2. 做好客户服务工作

国际货运代理客户服务又被称为“内部揽货”，是内部营销的重要组成部分。按现代市场营销观念，企业营销工作分为外部营销和内部营销。外部营销是指企业为客户准备的服务、定价、分销和促销等常规工作；内部营销是指企业必须有效地培训和激励直接与客户接触的职员和所有辅助服务人员，使其通力合作，为客户提供满意的服务。

### 3. 制定高标准的服务规范

服务行业的竞争关键在于服务质量的竞争。服务性行业是以人为中心的行业，服务质量在很大程度上取决于提供服务的具体人员。为最大限度地使客户满意，国际货运代理企业必须制定高标准的服务规范。鉴别一家企业服务质量的高低在于它提供的是“最起码”的服务，还是零投诉、零错误、零意外的优质服务。

### 4. 做好有形展示工作

国际货运代理服务产品的无形性及生产过程和消费过程的不可分离性的特点，决定了客户无法在购买之前感受到服务或进行具体的审视。所以，国际货运代理企业应对无形服务产品进行有形展示，变无形为有形。国际货运代理企业有形展示的主要内容有硬件展示和软件展示。

有形展示能使客户对企业形成良好的初步印象，对企业产生信任感，从而使其产生合理的预期，提高其接受服务后的满意度。同时，有形展示也有利于塑造企业形象，达到促使员工提供优质服务的目的。

### 5. 提高服务质量的两项具体策略

#### 1）标准跟近策略

国际货运代理服务质量可用关键绩效指标或称重要表现指标（Key Performance Indicator，KPI）来衡量。标准跟近策略是指国际货运代理企业可以就示例中的 6 个关键绩效指标进行统计分析，并与目标做比较，供决策层参考，即国际货运代理企业要将自己的服务质量同竞争者进行比较，在检验和比较中逐步提高自己的服务质量。

**示　例**

某国际货运代理公司的关键绩效指标

| | | | |
|---|---|---|---|
| ① 订单完成率： | ≥99% | ④ 仓库货损货差率： | ≤0.1% |
| ② 运输准点率： | ≥98% | ⑤ 按时回单率： | ≥98% |
| ③ 运输货损货差率： | ≤0.1% | ⑥ 客户投诉率： | ≤2% |

注：④可用“货物完好率：≥99.9%”，⑥可用“客户满意度：≥98%”来替代。

**2）蓝图策略**

蓝图策略是指国际货运代理企业通过分解组织系统和架构，鉴别客服人员与客户的接触点，并从这些接触点出发来提高企业的服务质量。

### 4.6.3 国际货运代理服务质量的保障措施

中国加入世界贸易组织后，一方面为国际货运代理企业创造了难得的发展机遇，另一方面使国际货运代理企业的竞争变得更加激烈。而国际货运代理企业在竞争中取胜的不变之道就是质量管理。

ISO9000 族标准是对国际先进企业质量管理的概括和总结。将此套标准应用于国际货运代理企业的质量管理实践是一次创新，必须在充分研究企业的资源和客户需求的基础上进行实践。质量管理的培训必须是全员的、系统的和科学的。

#### 1. ISO 9000 族标准的产生及其发展情况

ISO 9000 不是指一个标准，而是一族标准的统称。至今，ISO 9000 族一共有 17 个标准，其基本思想是过程控制和质量管理。过程控制是保证产品质量的有效方法，强调过程控制的出发点是防患于未然；质量管理则坚持质量改进。

#### 2. 质量管理的八项原则

为了有效地组织实施质量管理，ISO/TC 176（ISO 中第 176 个技术委员会）吸纳了国际上优秀的质量管理专家的意见，整理了质量管理的八项原则，并广泛征求各国意见，得到了众多国家的一致赞同。

（1）以客户为关注焦点。

（2）领导作用。

（3）全员参与。

（4）过程方法。

（5）管理的系统方法。

（6）持续改进。

（7）基于事实的决策方法。

（8）与供方互利的关系。

## 本章小结

本章具体包含国际货运代理客户服务的含义、应对客户咨询的职业礼仪、国际货运代理客户关系管理、客户常见咨询问题及处理技巧、国际货运代理服务质量的含义、提高国际货运代理服务质量的途径和方法等内容，其中详细介绍了处理客户投诉的态度及技巧，以及提高国际货运代理服务质量的途径和方法。

## 推荐阅读

1．客户世界网站 http://www.ccmw.net。

2．国家标准《国际货运代理服务质量要求》。

3．广州物流网 http://www.guangzhou-logistics.com。

## 思考题

### 1．选择题

（1）国际货运代理企业为货主提供服务时，应当遵循的质量方针是（　　）。

A．安全　　B．迅速　　C．准确　　D．节省

E．方便

（2）客户主要从哪几个方面评估企业提供的客户服务？（　　）

A．服务的有形度　　B．服务的专业度

C．服务的反应度　　D．服务的信赖度

（3）影响客户需求的基本因素有（　　）。

A．运价　　B．服务质量

C．社会文化因素　　D．竞争对手

（4）以下哪些方面是质量管理的八项原则之一？（　　）

A．全程负责　　B．全员参与　　C．持续改进　　D．过程方法

（5）在国际货运代理业务中，客服人员常会遇到这样的情况：虽然自己努力遵守公司的服务规范，但还是有客户不满意。产生此类问题的主要原因是（　　）。

A．该客服人员工作还不够努力

B．客服人员没有了解客户的真正需求，没有因人而异

C．客户太挑剔而不好满足

D．客户对公司有意见，故意不配合客服人员的工作

### 2．判断题

（1）国际货运代理企业不同，必然导致货运代理服务质量的不同。（　　）

（2）洽谈时若安排宾主向门并坐，客人应坐在主人的左手边。（　　）

（3）耐心倾听客户的抱怨就是倾听对方无限制地抱怨直到结束为止。（　　）

（4）客户关系管理是防止客户流失和增加客户忠诚度的有效方式。（　　）

（5）总价值与总成本的比值越高，客户需求的满意度就越高。　（　　）

### 3．简答题

（1）应对客户咨询的职业礼仪主要包含哪些方面？

（2）如何理解和提高国际货运代理服务质量？

（3）简述国际货运代理客户常见咨询问题及处理技巧。

（4）体现国际货运代理服务质量的关键业绩指标有哪些？

（5）国际货运代理企业在客户管理方面应考虑哪些问题？

# 第 5 章

# 国际货运代理操作

关键术语

订舱；卸货地订舱；船期表；租船；包机；包舱包板；报检；报关

**学 习 目 标**

- 了解国际货运代理操作的主要业务、部门设置和人员素质要求。
- 了解报关、报检、保险等国际货运代理服务。
- 熟悉船期表、航班时刻表。
- 掌握订舱、租船、包机、包舱包板的基本概念。

国际货运代理企业的操作是继揽货和商务之后的重要环节，操作也可解释为经营或营运。

## 5.1 国际货运代理操作概述

### 5.1.1 业务介绍

操作员主要负责以下业务：订舱、托运、报检、报关、保险；仓储、包装；中转及相关的短途接驳业务，集拼业务；国际多式联运，国际展品、私人物品及过境货物运输代理；货物的监装、监卸、分拨。本书第 5～9 章将分别对这些业务进行详细描述，本章主要介绍订舱、报检、报关、保险等业务。

### 5.1.2 部门设置

国际货运代理企业的中央控制室就是操作部，它是货物流转操作的负责部门，也是企业的调度中心。各营业部则是内务操作和外勤现场的指挥联络中心，负责协调与各合作方的联系，大型国际货运代理企业则专门设立了订舱部。操作部是国际货运代理企业的重要部门之一，也是工作量较大、较具挑战性的部门，负责每票货物顺利抵达目的地的所有作业环节。国际货运代理企业常常指派不同的操作员来负责不同航线、不同地区或不同类型的客户。

国际货运代理企业揽货员、操作员、单证员三者的密切配合有赖于操作部的协调，原则上各司其职。如果客户有特别要求，则操作员须同揽货员协商解决。操作员跟踪的客户需要报价时，操作员须第一时间同揽货员联络，得到指示后，方可报价；无揽货员跟踪的客户要求报价时，操作员须经主管人员同意后方可报价。揽货员外出时，如果有客户拜访，则操作员要以一定形式（如便条）通知揽货员。单证的取送由单证员自行解决，最好不要由揽货员代劳，以免职责不清。不少国际货运代理企业的操作部与单证部合二为一，负责货物与单证的流转。如果各分部的配合出现脱节，则操作员应向主管人员反映，并交由主管人员处理，不可带着抵触情绪处理问题，以免出现恶性循环，影响公司正常运作。

### 5.1.3　人员素质要求

**1）团队精神**

操作部是公司的协调部门，所以比较重视团队精神。任何一方面协调不好都会影响公司和员工的切身利益。可以说，操作部是公司凝聚力和文化表现之所在。

**2）敬业精神**

操作员要从最基础的事做起，踏实肯干，严格把关，做好自己的本职工作。国际货运代理的每个环节都是息息相关、相辅相成的，任何疏漏都可能造成损失，甚至造成不可挽回的损失，因此操作员要有严谨的工作态度。

**3）沟通技巧**

操作员要掌握沟通技巧，让客户信任，使客户满意，切忌和客户争辩。操作员的工作是解决问题，而不是使问题复杂化。

**4）心理素质和应变能力**

操作员只有熟悉操作流程，才能处理好各种问题。操作员要走在客户、合作企业的前面，只有这样才有可能保持整个货运流程的流畅贯通，在出现问题时才能游刃有余。在实际操作中，不可控的外部因素和主观的不稳定因素非常多，会出现一些突发事件，如司机无法提箱、货物要进行商检或植检、船没有准时到港、货主无法提货等，操作员此时需要沉稳耐心地分析问题，迅速找到解决的办法，否则损失的不只有金钱，还有公司的声誉。

**5）专业知识**

操作员要扎实肯干，虚心向同事学习。操作员要注意积累英语知识，随身携带常用专业英语单词和简写表，以备不时之需。

# 5.2 订舱概述

## 5.2.1 订舱的含义及分类

### 1. 订舱的含义

订舱是国际货运代理操作中基本的也是较为关键的一步。订舱是指托运人或其代理人在截单日①前向承运人或其代理人申请货物运输，承运人或其代理人对该请求予以承诺的行为，即根据货物的运输数量预订好运输工具内的舱位。如果国际货运代理企业是独立经营人，则货主委托国际货运代理企业托运的行为也可认为是订舱。国际货运代理企业向承运人或其代理人订舱须填写订舱单。如果委托人的货量较大，则会涉及租船、包机、包舱包板等行为，这时候往往需要通过签订合同来订舱。

**特别提示**

为了避免重复抄写或重复录入出错，不少企业把委托人的货物托运单（货物委托单）直接设计成订舱单，中文名用托运单，英文名用 Booking Note，很多专业书把托运和订舱写在一起，业界包括马士基也把订舱单称为托运单。然而，订舱是预订舱位，托运是委托运输。严格来说，托运是指揽货成功后签订了委托运输合同，而签完合同必然要预订舱位，如果没有舱位，则合同无法履行，所以这两者密不可分，很多时候直接等同起来。

将订舱写成定舱或订仓是不准确的，但为方便，业界常用“仓”来代替“舱”，《船务周刊》也经常如此使用。实际上，“舱”是指运输工具的载货空间，而“仓”则是指静止不动的存储空间。承运人可以通过订舱了解和掌握货源情况。

### 2. 订舱的分类

**1）按订舱时间确定与否分为暂时订舱和确定订舱**

（1）暂时订舱。

暂时订舱是指托运人或其代理人向承运人或其代理人订舱时，只是为了预订舱位，还没有特定的货物要运载。一般在船舶到港前一段时间（如 1 个月）提出的订舱多为暂时订舱。在许多国家，除危险品运输之外，托运人的口头订舱是被允许的。

采用暂时订舱时，因运输工具配载时的实际货量不多，预订的舱位没有被使用而变成“被风吹走”的订舱，即虚舱，所以承运人通常会让运输舱位超订 10%～20%以应对这种情况。航空公司计算虚舱一般以 50 千克起算。

① 截单日是指截止提交舱单的时间。

（2）确定订舱。

确定订舱是指委托人根据信用证或合同的要求确定货物出运的具体时间，选择合适的运输工具和航次，在船期表或航空运输规定的截单日前，向承运人或其代理人以口头或书面形式提出的订舱。一般向船公司确定订舱的时间为截单日的前 7 天，因为通常船公司到那个时候才会放舱。

**企业实践**

航空运输的订舱是指向各航空公司预订某条航线的舱位。新邦物流服务有限公司是南方航空公司（以下简称南航）的一家货运代理公司，新邦物流分部一般向公司总调订舱，公司总调则向南航吨控订舱。吨控是指对所属航线的舱位进行合理分配的控制机构。南航吨控分为华北、华东、西南 3 部分。南航一架飞机的舱位，首先是装鲜活类货物，其次是装南航柜台的货物，即南航自己收的货物，再次是给 EMS 的舱位，最后才是给国际货运代理的舱位。装货时，原则上先要考虑前面的舱位然后才能装后面的舱位，如果前面的装多了，后面的只能拉货，装不下的只能改下一班机。拉货是指货物已过安检，在装机的过程中由于某些特殊情况被临时拉下而滞留机场的现象，这种现象是经常出现的。因为货量的不确定性，新邦物流每天都要向南航暂时订舱，但并非时时满舱，因此每年公司都要支出几万元的虚舱费。因为航空运输较其他运输方式的利润高，所以虽有虚舱损失但总体是盈利的。国际货运代理行业的竞争非常激烈，暂时订舱可以避免遇到爆舱货运不出去的麻烦，以减少客户流失的风险。

**2）按订舱介质不同分为纸质订舱和电子订舱**

（1）纸质订舱。

纸质订舱是传统的订舱方式，是指托运人或其代理人在订舱单上打印好除提单号之外的订舱信息，然后通过传真或直接交到承运人或其代理人的柜台以预订舱位的行为。

（2）电子订舱。

电子订舱是指托运人或其代理人通过 E-mail 等电子方式将订舱信息传送给承运人或其代理人以完成订舱的行为。现在，船公司和其代理人大多以电子订舱为主，一般对纸质订舱收取纸质订舱操作费。

**企业实践**

中国外运华东有限公司海运分公司是中国外运系统在上海口岸的集中订舱平台，同时也是上海口岸的公共订舱平台，图 5-1 是中国外运海运系统网上订舱的新增订单界面。

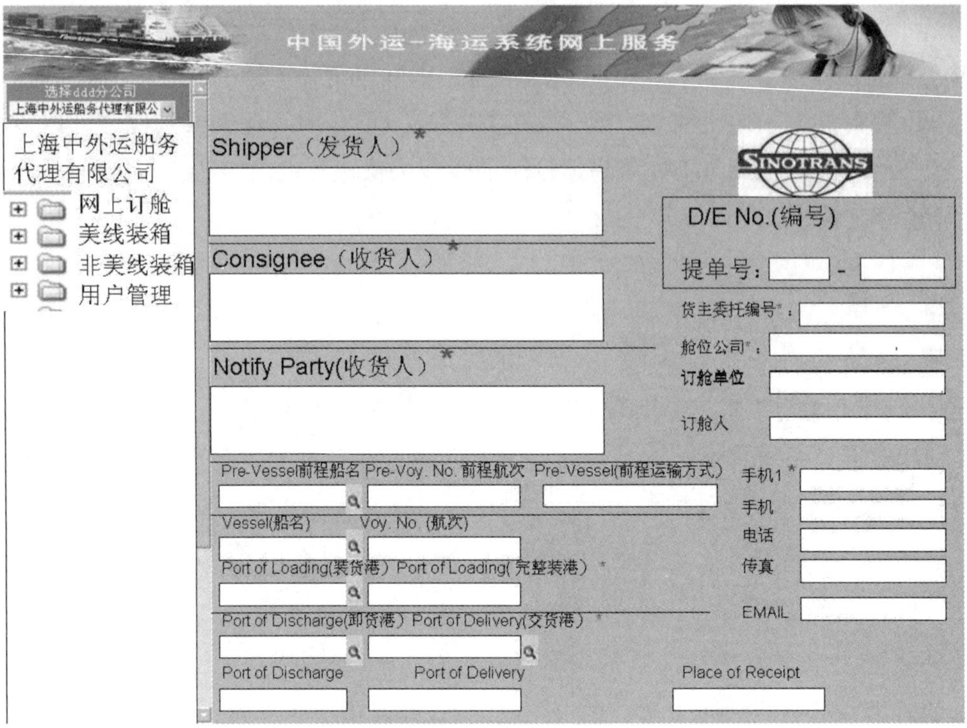


图 5-1　中国外运海运系统网上订舱的新增订单界面

**3）按订舱地点不同分为装货地订舱和卸货地订舱**

（1）装货地订舱。

在进出口贸易中，订舱通常指装货地订舱，即由出口商自己或委托国际货运代理企业在出口国装货地订舱。因为我国的外贸公司在进行出口贸易时，一般会争取采用 CIF 贸易术语进行交易，由出口商负责运输业务，以便在一定程度上能通过承运人对货物进行有效控制，避免承运人无单放货，降低贸易风险。

（2）卸货地订舱。

卸货地订舱（Home Booking）即由进口商订舱。采用以“F”或“E”字母开头的贸易术语时，国外的进口商负责签订运输合同，但他们一般自己不订舱而是委托某国际货运代理订舱，通常还指定某承运人的运输工具。接受委托的国际货运代理称为指定货运代理，该承运人称为指定承运人，这两者不一定同时出现。这种指定是通过路线单（R/O[②]：Routing Order）或指定货通知（Nomination Shipping Advise）执行的。

② R/O 还可指 Rail/Ocean 铁海联运（或写作 O/R：Ocean/Rail）。

**相关链接**

日本航线是东南亚地区指定货出现频率较高的航线。主要原因有两个：第一，日本有一些道路被承运人或货运代理买下经营权，其他公司不得进入，为了避免交过路费或出现需要在路口卸下货物用人工搬运至工厂的情况，客户一般指定拥有路权的承运人或货运代理；第二，转型为物流商的货运代理可提供报关、仓储、运输、配送等一系列服务，日本人重视长期合作，指定货运代理有助于获取一条龙服务。

### 5.2.2　船期表与航班时刻表

#### 1．船期表

船期表（Liner Schedule）是承运人营运组织工作的一项重要内容，也是国际货运代理企业操作员必须看懂的资料之一，因为操作员需要根据各个船公司或其代理的船期表选择合适的航线进行订舱。以前船期表主要刊登在一些地方报纸上，现在主要公布在船务期刊、公司网站和专业网站上。国际货运代理企业经常订阅的载有船期表的杂志有《中国航务周刊》《香港航务周刊》《广东航务周刊》《深圳航务周刊》。船期表主要包括以下内容：航线、船名（Vessel Name）、航次号（Voyage Number，Voy No.）、截关日（Customs Closing Date）、始发港、中途港、终点港、离港时间、到港时间；收货地点和截货时间；业务、客服联系电话、传真，公司网址、地址。通常，船期表除包括以上内容外，还会附带其他注意事项。

**1）船名与航次号**

船名与航次号是指用来识别某航线某特定航次的标识信息，实际上也是承运人提供的产品或服务。

**2）截关日**

截关日是指船公司截止收海关放行条的日期，操作员必须在此日期之前做好货物海关放行的工作，递交海关放行条给船公司。在此时间之后再递交海关放行条，船公司将视该货物未能清关放行，不允许上船。截关日一般是船开日前 1～2 天（散货则要提前 5～7 天），而且一般是截港时间后的半个工作日。

## 示 例

船期表示例如图 5-2 所示。

**出口船期 EXPORT**

Scan QR code for more schedule 掃描二維碼取得更多船期

**ASEAN SEAS LINE CO., LIMITED**
**亞 海 航 運 有 限 公 司**

[illegible]

**HONG KONG DIRECT SERVICES TO HAIPHONG** 香港 - 海防

SALES: (852) 28538372 / 366 CUSTOMER SERVICES: (852) 28538362 / 363 DOC: (852) 28538368 E-mail: asl@benline.com.hk

| VESSEL | VOY | SVC | TERMINAL | CY RECEIVING | CY CLOSING | ETD HONG KONG | ETA HAIPHONG |
|---|---|---|---|---|---|---|---|
| As Fiona | 2020W | HHX1 | CMCS | 18/09 | 22/09 | 23/09 | 25/09 |
| Victory Voyager | 2020W | HHX2 | CMCS | 19/09 | 22/09 | 24/09 | 26/09 |
| Hua Kai | 2039W | BVX | CMCS | 19/09 | 23/09 | 24/09 | 25/09 |
| AS Fenja | 2020W | HHX1 | CMCS | 26/09 | 29/09 | 30/09 | 01/10 |
| Padian 2 | 2020W | HHX2 | CMCS | 25/09 | 29/09 | 30/09 | 01/10 |
| Hua Kai | 2040W | BVX | CMCS | 26/09 | 30/09 | 02/10 | 03/10 |

**HONG KONG DIRECT SERVICES TO SHANGHAI (WAI GAO QIAO) / NINGBO / QINGDAO** 香港 - 上海（外高橋）/ 寧波 / 青島

SALES: (852) 28538372 / 366 CUSTOMER SERVICES: (852) 28538363 / 362 [illegible]

| VESSEL | VOY | SVC | TERMINAL | CY RECEIVING | CY CLOSING | ETD HONG KONG | ETA SHANGHAI | ETA QINGDAO | ETA NINGBO | ETA XINGANG |
|---|---|---|---|---|---|---|---|---|---|---|
| JJ Tokyo | 3037N | CHH2 | CMCS | 18/09 | 22/09 | 23/09 | 26/09 | - | - | - |
| Victory Voyager | 2020W | HHX2 | CMCS | 18/09 | 22/09 | 23/09 | - | 01/10 | - | - |
| Venus C | 2038N | CHH1 | CMCS | 21/09 | 25/09 | 26/09 | 30/09 | - | - | - |
| As Fiona | 2020E | HHX1 | CMCS | 23/09 | 27/09 | 28/09 | 04/10 | - | 30/09 | - |
| JJ Nagoya | 2038N | CHH2 | CMCS | 25/09 | 29/09 | 30/09 | 03/10 | - | - | - |
| Padian 2 | 2020W | HHX2 | CMCS | 25/09 | 29/09 | 30/09 | - | 08/10 | - | - |
| SKIP | SKIP | CHH1 | CMCS | - | - | - | - | - | - | - |
| AS Fenja | 2020E | HHX1 | CMCS | 30/09 | 04/10 | 06/10 | 10/10 | - | 09/10 | - |
| JJ Tokyo | 3039N | CHH2 | CMCS | 02/10 | 06/10 | 07/10 | 10/10 | - | - | - |
| Victory Voyager | 2021W | HHX2 | CMCS | 02/10 | 06/10 | 07/10 | - | 15/10 | - | - |
| JJ Sky | 2039N | CHH1 | CMCS | 05/10 | 09/10 | 11/10 | 15/10 | - | - | - |
| As Fiona | 2021E | HHX1 | CMCS | 07/10 | 11/10 | 13/10 | 17/10 | - | 16/10 | - |
| JJ Nagoya | 2040N | CHH2 | CMCS | 09/10 | 13/10 | 14/10 | 17/10 | - | - | - |
| Padian 2 | 2021W | HHX2 | CMCS | 09/10 | 13/10 | 14/10 | - | 22/10 | - | - |
| Venus C | 2040N | CHH1 | CMCS | 12/10 | 16/10 | 18/10 | 22/10 | - | - | - |
| AS Fenja | 2021E | HHX1 | CMCS | 14/10 | 18/10 | 20/10 | 24/10 | - | 23/10 | - |

***Accept FCL Cargoes to the YANGZE RIVER ports via Shanghai / Ningbo / Qingdao*** ***SCHEDULES ARE SUBJECT TO CHANGE WITHOUT PRIOR NOTICE***

BEN LINE AGENCIES

General Agent : **BEN LINE AGENCIES (HK) LTD.**

[illegible]

图 5-2 《香港船务周刊》2020 年 9 月刊的船期表

## 特别提示

截关日是船期表的重要内容，具体到小时则称为截关日期及时间（Cut-off Date and Time）。对此，行业内的称呼是五花八门的，有的称截止签单日或截单日、截载日；有的称截重期或截重日；有的称截放行条日，海关放行条是海关放行货物出具的单证。英文的写法也是五花八门，有的写成 Estimated Time of Closing（ETC），也有的写为 Closing Date。

截关日一般可分为舱单截货时间和码头场站截货时间。

（1）舱单截货时间，实际指的是截止交舱单的时间，用英文 Shipping Instruction（SI）来表示舱单，所以就出现了 SI CLS、SI CUT-OFF、SI AMS CUT-OFF、ESI CLOSE、EDI SI CUT-OFF、DOC、DOCUMENTATION CUT-OFF 等表示方法。其中，AMS 是美国 24 小时自动舱单申报系统，E 或 EDI 指电子数据交换，DOCUMENTATION 或 DOC 是指单证，因为平时 DOCUMENT 翻译成文件，所以该日也称截文件日。

（2）码头场站截货时间，这里指的是截止收货的地点和时间。例如，CY CLS、FCL CLS、CY RCVG 是指集装箱堆场整箱收货（RCVG 是 Receiving 的缩写）；而 CFS CLS 是指集装箱货运站拼箱收货。

在截关日之后，承运人一般不再收货，但如果船舶空舱太多，承运人为减少损失也会在截关日以后收货，这些临时托运的货物被称为加载货物（Additional Cargo）。

结关日同截关日不同，它是指海关对货物结束监管的日期。一般海关放行货物后几日内，报关行或货主会办理出口退税等手续，有时结关工作持续的时间很长，特别是保税货物。

**相关链接**

ENS（Entry Notification of Summary）是“入境摘要报关单”的英文缩写，指的是欧盟海关提前舱单规则。自 2011 年 1 月 1 日起，欧盟对前往或途经欧盟港口的所有货运强制执行“舱单提前申报”的规则，该规则适用于全部欧盟成员国。此规则的主要目的在于确保货物到达欧盟地区之前已执行安全风险评估。针对所有进入欧盟的货物，船公司必须向集装箱船停靠的欧盟国家的首个停靠港提交入境摘要报关单，而且必须在 24 小时之前提交。

如果未能遵守此规则，严重时可能导致停止装卸货物，以及货流和供应链的中断。另外，欧盟国家当地海关当局将会向负责提交货物申报单的承运人和其他方强制征收罚款或其他罚金。

**3）运输时间**

运输时间（Transit Time、T/T、T.T.）是船舶在港口间的航行时间，如从上海到洛杉矶的运输时间为 12 天（T/T FROM SHANGHAI TO LOX ANGELES：12 DAYS）。

ETD（Estimated Time of Departure）是指预计或期望的从起运港起运的时间，简称离港时间，适用于所有的运输方式。ETS（Estimated Time of Sailing）是指预计或期望的从起运港开船的时间，适用于海运。

ETA（Estimated Time of Arrival）是指预计或期望的目的港到达时间，简称到港时间，适用于所有的运输方式。TA（Time of Arrival）是指到达时间。

#### 2. 航班时刻表

（1）主要元素：起点、经停点、航路、机型、班次、班期、时刻。

（2）分类：国内航线和国际航线、主干航线和分支航线。

（3）航班：按航班时刻表在规定的航线上，使用规定的机型，按规定的日期、时刻进行的飞行，可分为去程航班和回程航班。

#### 3. 运输线路的选择

运输线路的选择要以效益最高、成本最低、路程最短、服务最优、运力利用最合理、劳动消耗最低等为目标。尽量安排直达运输，以减少运输装卸、转运环节，节省运输时间和运输费用，选择自然条件、装卸设备较好及费用较低的港口。运输线路的选择须考虑以下约束条件。

（1）满足所有收货人对货物品种、规格、数量的要求。

（2）满足收货人对货物运输时间范围的要求。

（3）在允许通行的时间内进行运送。

（4）各运送路线的货物量不得超过运输工具容积和载重量的限制。

（5）在企业现有运力允许的范围内进行运送。

选择运输线路时还应注意以下事项。

（1）考虑与其他环节的运输线路选择结合在一起。

（2）注意运输线路中装卸地点的选择。

（3）集运与运输线路选择相结合。集运的目的在于节省运输费用，提高运输工具的载运率。

## 5.3 订舱程序

### 5.3.1 班轮班机订舱

班机的订舱较为简单，以下主要以班轮订舱为主进行说明。

#### 1. 审核订舱内容，缮制订舱单

**1）审核订舱内容**

国际货运代理企业接单，即接受客户交来的托运单（托运单相当于订舱委托书）后揽

货员根据托运单填写工作流程单，并交给操作员；操作员收到后，先审核托运单的详细资料，看看有无缺项或错误，告诉客户向承运人订舱的内容。基于客户提供的内容，务必保证订舱内容的准确。操作员审核无误后再按工作流程单填写订舱单。操作员的审核一定要细心，粗心订错目的港导致索赔事件会给企业造成损失；订错箱型或箱量会产生额外的费用。国际货运代理企业目前都采用罚款制度，操作员出错要承担责任。完整的托运单应包括以下项目。

（1）货运关系人。

① 订舱单位的名称、电话、传真及联系人。

② 发货人完整的抬头和地址。

③ 收货人完整的抬头和地址。

④ 通知人（如清关行、货运代理等）完整的抬头和地址。

（2）运输条款，包括运输方式、交接方式、运输线路（起运地、起运港、目的港、抵运地、目的国等）、运杂费及支付方式。

（3）运输对象（货物）的资料。

① 货物名称、包装方式、运输包装标志（唛头）、声明价值，特别注意要向客户确认货物品名、编码。

② 运输数量：每种货物对应的箱数/件数/毛重/体积，这是决定箱型的依据。

③ 供运输用的声明价值、保险金额。

④ 贸易合同号、货号、备货时间、交货期、交接方式。

（4）订舱操作（在订舱确认后填写，以配舱回单形式交给托运人）。

① 船期：船名、航次、装货地点[①]与送货日期（截关日）、预计开船时间、预计到达时间等。

② 集装箱箱号、箱型、箱量（集装箱运输时）。

③ 空箱提还箱日、空箱堆场的地址及联系方式、装货工厂的地址及联系方式、报关方式等。

④ 订舱单号（Booking No.）或装货单号（S/O No.）或提单号。

注：该号是索取装货设备的预订号和签发提单或运单之前的控制号。

⑤ 船公司名称（视情况提供）。

（5）企业需要的其他内部作业资料。

① 工作流程单号、日期、业务员名称、报关行及拖车行的资料。

② 如果是指定货，要注明指定承运人的名称、电话、传真、联系人。

① 装货地点涉及业界常说的做箱方式（或称装箱方式），详见第 6 章。

③ 企业报价及收费项目。

**相关链接**

南美轮船（中国）有限公司美国线的订舱有如下特殊要求。

（1）订舱截止时间为 AMS 截单日的前一个工作日的下午 5 点。例如，如果截单日是周四下午 5 点，那么订舱截止时间就是周三下午 5 点，加急的订舱必须与公司相关客服人员进行电话确认。

（2）订舱信息合约号处须提供临时的合约号（Contract Code），美国货物的临时合约号可填写 USADUM001，备注中需提供真实的合约号。

（3）订舱品名必须与向联邦海事委员会提交的一致。

资料来源：南美轮船（中国）有限公司客户手册。

**2）缮制订舱单**

上面谈到的客户交托运单，揽货员据此填写工作流程单，再由操作员填写订舱单是比较规范的做法，实际上业界的做法要更灵活一些，一般直接把托运单当成订舱单处理。缮制订舱单主要有如下 3 种方式。

（1）顺向制单。客户、国际货运代理、承运人三者共用一份国际货运代理企业的操作员出具的订舱单，各自填上自己的内容：操作员向客户传真空白订舱单，客户填好后回传；操作员审核后盖订舱章并签字，传给承运人；承运人在上面填好订舱号、船名、船期以示确认，再回传给操作员。

（2）逆向制单。操作员向客户传真空白的由承运人印制的订舱单，客户填好后回传；操作员审核后盖订舱章并签字，传给承运人；承运人在上面填好订舱号、船名、船期以示确认，再回传给操作员；操作员审核回传的订舱单后，把订舱单按照客户提供的联系方式传真给客户。传完之后必须确认客户有没有收到订舱单，以让客户为下一步作业做准备。此法效率最高，但不同承运人的订舱单式样标志不同，不利于国际货运代理企业对外宣传自己的独立品牌，同时因订舱单透露了承运人信息，容易使客户跳过国际货运代理直接和承运人或其代理人联系。

（3）两段制单（比较规范）。操作员向客户传真空白订舱单，客户填好后回传，操作员审核后盖订舱章并签字，传给承运人，承运人在上面填好订舱号、船名、船期以示确认，再回传给操作员。操作员将此订舱单涂掉承运人的联络方式后传给客户进行订舱确认；有时不传已确认的订舱单给客户而直接要求客户交补料，另出订舱确认书（Booking Acknowledge）回传给客户。这种细微的动作看起来微不足道，但是对于保证企业的业务量却是很重要的。因为如果透露了承运人的地址，则很多客户会自己联络承运人进而导致客户流失。

经承运人确认的订舱单称为下货纸。一份详细、完整的订舱单能使国际货运代理企业各部门及合作企业明了货运的进度、费用的多少（包括额外产生的费用）、有无特别状况、应该怎样跟进；完整、正确的订舱单是企业出具收费发票的唯一依据，收费发票又是成本计算、利润分析、揽货员佣金计算的基础，所以不能有错。各相关人员需要了解订舱单的重要性，随时将产生的各项费用登记在订舱单上，必须最大限度地保证原始订舱单数据的正确性、相符性，以减少后续过程的频繁更改。客户填的订舱单不够详细和准确，需要进行补充更正，即需要补料。补料单也称为更改单（Correction Notice），由操作员填写，填好后再传给客户审核确认。出提单前请客户传的正确装箱资料也是补料，有时这两者是合二为一的，出提单前一次补清。补清后，操作员再向承运人索要空白的装货单，填好后传真给承运人，或直接在原有的订舱单上补料后传真给承运人，承运人确认后写上装货单号或签发装货单回传给操作员。在不同时段补料，费用也不同，一般截关日前补料不收费，截关日后补料要收费，出正本提单后再补料的改单费更高。运载危险品时，订舱一定要有书面申请。签发一张危险品订舱单并不意味着这些危险品允许装船。当危险品运到指定截关地点时，在清关和装货之前，危险品、订舱单及危险品通知要递交给船长批准。另外，为避免发生纠纷，订舱单中的开船时间是大约时间而非准确时间，填制时须用“约”或“左右”等字眼。

### 2. 备齐资料去订舱

操作员审核订舱单后盖订舱章并签字，如果需要提供订舱附件（如承运人的价格确认书），须备齐后向承运人订舱。操作员将订舱单传给承运人之后，一般要确认承运人有没有收到订舱单，以便能及时收到承运人回复的装货单。因为承运人一天可能收到很多订舱单，所以其职员难免会出现忘记签发装货单的失误。

操作员向持有优惠价格的承运人预先订舱，要注意把握交货时间及交货方式和地点。如果外发的货物没有赶上时间，要联系其他承运人，如果其他承运人可以发货，则应快速向第一个承运人退货，并马上安排人员办理退发手续。

因为海关实行预配舱单，只有承运人发送了预配舱单后才能够报关，所以拼箱货每票货物都需要分别订舱，并获得各自的提单号。订舱时，所有箱量输入到首票上（注意：首票是拼箱的第一票而不是总票，实行预配舱单后没有总票，如果最终提单需要并为一票，则要提出书面申请），其他票箱量为空，包括首票在内的所有提单的客户预拼号都输入首票的业务编号。订舱方法可以采取加拼订舱方法或 EDI 订舱方法。订舱为整箱，需加拼一票或几票。首先，对已经订舱的一票货物选择“新增更改”，更改项目选择“客户预拼号”，把新值更改为业务编号，更改被接受后，就可以进行加拼订舱了。因为海关要求提单与报关单一一对应，所以一个提单号不得用于多份报关单，如果一份提单需要报多份报关单，则应参照拼箱货物订舱方法进行订舱。货物品名中显示非品名内容或特殊条款，要先与承运人确认，然后再选择订舱或更改，并及时查看是否被承运人接受。

**企业实践**

中远海运的电子订舱系统中加拼订舱的方法：两票货物拼一小一大两个集装物，两票货物业务编号分别为 PINXIANG001 与 PINXIANG002，其中最小的业务编号（PINXIANG001）为首票，首票的订舱方法与平时整箱货的订舱方法基本相同，但有一点稍有不同，即所有内容输入完毕后须在“自拼”处打钩，系统会自动把此票的业务编号填到“客户预拼号”处，然后选择“立即提交”，首票（PINXIANG001）订舱就完成了。

首票以外的各票，我们称为从票。从票的订舱需要采取加拼订舱的方法。首先进入“加拼订舱”模块，然后单击“客户预拼号”右侧的放大镜，在弹出的窗口右上角的“客户预拼号”处输入客户预拼号“PINXIANG001”后查询，选中查询结果中的记录后，系统会自动返回并自动把客户预拼号填入“客户预拼号”栏位，接着把第二票货物的业务编号输入“业务编号”栏位并单击“确定以此整箱做拼箱订舱”，系统将自动把首票货物信息处的信息复制到第二票货物的信息处，最后根据需要修改对应的栏位后单击“立即提交”就完成了第二票货物的订舱。如果有更多票货物，参照第二票货物的订舱方法即可。

### 3. 承运人确认订舱

#### 1）承运人确认签单

承运人审核订舱单，确认可以接受订舱后，会在规定的时间内（如 24 小时内）进行回复或确认，表明对承运货物的“承诺”。有的承运人，如中远国际货运有限公司会以订舱确认书（Booking Confirmation or Booking Acknowledge，B/A）或在订舱单上加填内容的形式表示确认，更多的是承运人签发装货联单或场站收据（Terminal Receipt，T/R）联单或空运单给国际货运代理表示接受装运申请，指示相关部门放舱或放箱。

海运中，承运人加填的内容有船名、航次、提单号，然后留下配舱人留底（货主留底、船代留底）联和运费通知联；若为七联单，则仅留配舱人留底联，将其余各联退还国际货运代理企业作为对该批货物订舱的确认。客户凭此向海关办理出口货物申报手续，其余各联就是通常意义上的装货单。与此同时，承运人也要传递订舱确认书给海关。

**2）运输工具放舱和集装箱放箱**

在集装箱运输中，承运人根据配舱人留底联缮制集装箱货物清单，分送集装箱堆场和集装箱港务公司（或集装箱装卸作业区），据以准备空箱的发放和重箱的交接、保管及装船。承运人在接受订舱、承运货物后，即签发集装箱放箱通知书（Container Release Order）①连同集装箱设备交接单交给托运人。如果承运人不另给集装箱放箱通知书，则要将放箱信息标注于装货单确认单上（承运人尚未放舱位给国际货运代理企业）。国际货运代理企业可根据客户供货所在地与某个码头比较接近，指定放那个码头的集装箱。此时的装货单兼具集装箱放箱通知书的功能，国际货运代理企业将此装货单再传真给拖车行打印提箱单。重箱返场时，国际货运代理企业应在返场当日叫拖车行回传确认。如果是散货，承运人回传装货单后，国际货运代理企业应于此单上写明散货预计送达仓库的地点。散货的装货单称散货进仓单（也叫进仓地图、散货进仓图、入仓纸），客户拿到写有货物交收地址的散货进仓单后，把货物送到指定码头或指定仓库。

**3）客户接收订舱确认信息**

国际货运代理企业操作员收到承运人签发的订舱确认书或装货单后，要先审核其正误，再与客户确认做箱时间、地点，确认无误后发入舱通知给客户或将配舱回单转交客户，上面写上确认过的做箱时间、地点。

对客户（托运人）而言，承运人签发的装货单或空运单是办妥一票货托运的证明，一票货可能是一个集装箱或若干个集装箱或零散的、不够装满一个整箱的散货，甚至是一个小包裹。

《海上国际集装箱运输电子数据交换管理办法》规定了电子报文替代纸面单证的管理规则。正式订舱报文（IFTMBF）替代集装箱货物托运单、订舱申请单，该报文包含订舱号和港口、收货地和装货港、可选卸货港、发货人、收货人、通知人、订舱预配箱、订舱货物、集装箱细目、货物信息、运费条款及其他信息。订舱确认报文（IFTMBC）替代订舱配舱回单，该报文包含订舱单号和提单号，或者拒绝订舱的理由。客户通过 EDI 中心，向承运人传递正式订舱报文；承运人通过 EDI 中心，向客户传递订舱确认报文。

**4）出货前须再次确认运费和舱位**

运价变动或旺季（每年 7～8 月）爆舱可能会引发甩柜或拉货的现象，即承运人取消已确认的舱位，或者承运人预留舱位给其大客户，忽视货量少的客户的利益，要求本票货走下一水船（Next Voyage）或下一班机。操作员要及时和承运人确认，如果原先预订的舱位出了问题，要及时和客户沟通。如果报检、报关、备货等不及时导致重柜返场延迟而使该

---

① 集装箱放箱通知书也称入箱通知单、空箱提交单、集装箱预配清单或货柜发放通知单、提箱单、派柜纸、放箱纸、放柜纸、拖柜纸，有时可以替代设备交接单，上面有地址、具体装货时间、联系人等信息。

次订舱无效须走下一水船，承运人通常会同意保留订舱号并于装货单上注明将此订舱号延至下一水船，但须付改船附加费（Charge of Changing-Vessel，COV）。国际货运代理企业不用重新订舱，只要在下一水船的截关日前直接通知承运人即可。自客户提空箱之日算起至重箱装上下一水船期间的时间若超过承运人的免费用箱时间（通常为 5～7 天），则客户要按日支付箱租。

**特别提示**

二程船订舱时一定要保证有舱位，特别要防止出现大船因爆舱而甩柜的情况。如果客户的货物交货期很急，那么船期延误了是很难弥补损失的。例如，从广州黄埔港出发须用驳船将货物运到深圳盐田港或赤湾港上大船，如果不能保证二程船，国际货运代理企业要建议客户用陆运拖车将货物运到深圳上大船。

**5）国际货运代理企业订舱注意事项**

（1）接受委托后，国际货运代理企业应根据客户提供的有关贸易合同或信用证条款的规定，在货物出运之前的一定时间内，及时填制订舱单，向承运人申请订舱。由总部统一订舱的企业，其分支机构的订舱单要按顺序传真到总部；若分支机构已经自行订舱应在订舱单上注明，并及时传真到总部备案。每月月末，分支机构将本月取消的订舱单统一传真到总部备案。

（2）国际货运代理企业应考虑航线、运输工具、运输要求、港口（场、站）条件、运输时间等能否满足运输及单证的要求。

① 近洋线订舱：中国台湾线的危险品申报资料在开航前两天提供，应在订舱单上注明基隆港的清关关区，否则将默认为基隆关区（因为基隆港有三个关区：基隆、五堵和暖暖）。

② 美西线订舱：订舱单需要注明保险合约号码，另外，托盘不能作为包装单位，托盘货的包装计件应该以托盘上的最大运输包装的件数为准。

（3）国际货运代理企业应要求客户准确提供货物的总长、总宽、总高、总重，根据客户提供的具体货物名称、数量、种类、航程、时间要求、货物备妥时间、偏好的船公司或其他承运人等信息，及时报出运价，并按客户要求，订舱前以书面形式确认报价，同时详细说明待定费，保护客户的合法权益。

（4）国际货运代理企业应按客户或信用证的要求选择合理的运输方式和快速、安全、经济的运输线路，并及时安排运输。另外，国际货运代理企业应及时提醒客户提前订舱，以避免出现因舱位紧张而错过信用证规定的最迟装运期的情况。

（5）订舱联系单所列项目必须完整、正确地填写。

① 抬头资料的要求：订舱时所有收货人、发货人及通知方（包括直接客户和同行客户）均需填写详细的公司名称、地址及联系方式；直接客户除填写合约中规定的详细收货人、

发货人外，还需填写详细的实际收货人、发货人的公司名称、地址、联系方式及国籍，而且发货人的国籍必须为货物出运国，不能显示第三国。若收货人是“To the Order of Shipper”或“To the Order of Bank”，此 Shipper 或 Bank 的详细名称、地址和联系方法必须在“To the Order of”后面列明。美国航线不接受收货人仅为“To Order”的订舱。

② 电子订舱的客户：在网上输入订舱信息时，不允许出现中文或者中文标点符号，也不能出现“—”“*”等字符；运费条款与附加费条款须一致。根据美国海关要求，集装箱航线所有的远洋提单号和货运代理提单号都只能限制在 12 位以内，客户自行发放提单号引起无法申报的问题，将由客户自行承担责任及风险。

（6）特种货物的订舱。

特种箱（包括挂衣箱、开顶箱、框架箱、冷藏箱、罐式箱和平板箱等）的订舱、运费支付条款为到付的订舱需承运人确认后接受，有的承运人要求客户提前 15 个工作日提出书面申请。

① 挂衣箱订舱，托运书上应注明类型（如单杆、双杆、绳索或压条等）及具体提箱日期。

② 开顶箱、框架箱或平板箱订舱，应提供每件货物的最大尺寸和毛重，表明货物外形的技术图纸（搬运、储存、防护等作业指示）和装箱要求。

③ 冷藏箱（冷藏货及鲜货、活货等）订舱，应注明冷藏温度、通风要求（如通风口开闭程度），以及是否需要预冷、做预检测试①及预计提箱时间。

危险品订舱，必须在订舱单上加注中文名，注明《国际海运危险货物规则》规定的等级、编号和性质（如有毒、易燃、易爆、放射性），另外危险品货物申报单、船舶申报单、危险品装箱证明书必须在装船前 2 个工作日送达。

（7）贵重物品要加注货价，选配适当的运输工具，以保证货物的安全；对于按货价区分运价等级的五金、钢材，要列明 FOB 单价以作为支付和审核运费的依据。

空运订舱时，大宗货物、紧急物资、鲜活易腐物品、危险品、贵重物品应提前做好舱位的预订工作。

（8）超限货物。国际货运代理企业接受超重、超限箱或特殊货物订舱前，应得到中转港、过境港、目的港代理的同意和客户收费标准的书面确认。对于超限货物，客户必须在托运单上提供货物的超长、超宽、超重的具体数字，以安排舱位和作为审核时的参考。

### 4．卸货地订舱的跟进

指定货通知依来源可分为代理指定货通知（Nomination Shipping Advise from Agent）和托运人指定货通知（Nomination Shipping Advise from Shipper），二者的跟进也有所区别。

---

① 预检测试（PTI）：每个冷藏箱在交付使用前应对箱体、制冷系统等进行全面检查，保证冷藏箱清洁、无损坏，制冷系统处于最佳状态。经检查合格的冷藏箱应贴有检查合格的标签。

（1）操作员收到海外代理指定货通知后（这里的代理是指国外进口商在其本国的代理），立刻联络客户并答复海外代理货物准备情况及联络结果，向海外代理确认运输方式、需要的服务、运价及服务费用。得到订舱确认书后将其提供给海外代理，要求海外代理回复，填写收费账卡。

（2）操作员收到托运人指定货通知后，向托运人确认货物准备情况，并立刻联络海外代理，确认是哪个海外代理的指定货，确认后将货物准备情况及拟安排计划通知海外代理，要求其确认。得到订舱确认书后将其提供给海外代理，要求海外代理回复，填写收费账卡。

### 5.3.2 租船业务

在国际海上货物运输中，当货主的货物是批量较大、货物价值相对较低的大宗散货时，货主往往会租船运输。租船运输是相对于班轮运输而言的，是指按照货主或承租人对货物运输的要求，根据船舶所有人（船东）或出租人与需要船舶运输的货主或承租人双方事先签订的租船合同来安排货物运输。

#### 1．租船运输的特点

在租船运输中，船东向租船人提供的不是运输劳务，而是船舶的使用权，租船运输具有如下特点。

（1）船舶属不定期船，没有固定的航线、装卸港及航期。

（2）没有固定的运价。

（3）租船运输中的提单不是一个独立的文件。船方出具的提单一般为只有正面内容的简式提单，并注明“All Terms and Conditions as Per Charter Party”或“Freight Payable as Per Charter Party”。这种提单受租船合同的约束，银行不乐意接受这类提单，除非信用证另有规定。

（4）租船运输中的船舶港口使用费、装卸费等按租船合同规定计算，而班轮运输中船舶的一切正常营运支出均由船方负担。

（5）主要用来运输国际贸易中的大宗散货。

#### 2．租船方式

租船方式主要有以下几种。

**1）程租**

程租（Voyage Charter）是指船东按双方事先议定的运价与条件向承租人提供船舶的全部或部分舱位，在指定的港口之间进行指定货物运输的租船业务，承租人组织货物、支付运费，船东占有和控制营运船舶，装卸条件由合同约定。程租又可以分为以下 4 种类型。

（1）单航次程租（Single Voyage Charter）是指只租一个航次的租船方式。船东负责将指定货物由一个港口运往另一个港口，货物运到目的港卸货完毕后，合同即告终止。

（2）来回航次租船（Round Voyage Charter）是指洽租往返航次的租船方式。船舶在完成一个单航次后，紧接着在上一航次的卸货港（或其附近港口）装货，返回原装货港（或其附近港口）卸货，货物卸毕合同即告终止。

（3）连续航次租船（Consecutive Voyage Charter）是指洽租连续完成几个单航次或几个往返航次的租船方式。在这种方式下，同一船舶在同方向、同航线上，连续完成规定的两个或两个以上的单航次，合同才告结束。

（4）包运合同租船（Contract of Affreightment，COA）是指只确定承运货物的数量及完成期限，不具体规定航次数和船舶艘数的一种租船方式。这种方式通常规定船级、船龄等，租期长短与总运量及航次周期有关，通过合同规定装卸时间和滞期并约定运费。

**2）期租**

期租（Time Charter）是指船东把船舶出租给承租人一定时期的租船方式，在这个期限内，承租人负责营运调度，即可以利用船舶的运载能力来安排货运。租期内的船舶燃料费、港口费用及拖轮费用等营运变动费用，都由承租人负担，船东只负责船舶的维修、保险，配备船员、负责船员的供养和支付其他固定费用。期租船的租金在租期内不变，支付方法一般按船舶夏季载重线时的载重吨（每吨每月若干货币单位）计算，每 30 天或每半个月预付一次。

**3）航次期租**

航次期租（Time Charter on Trip Basis，TCT）是指以完成一个航次运输为目的，按完成航次所花的时间和约定的租金率计算租金的一种租船方式。在装货港和卸货港的条件较差，或者航线的航行条件较差，难于掌握一个航次所需时间的情况下，这种租船方式对船东比较有利。因为采用这种租船方式可以使船东避免因难以预测的情况而使航次时间延长造成的船期损失。

**4）光船租船**

光船租船（Demise or Bareboat Charter）是一种比较特殊的租船方式，经常附有购买选择权租赁条件，也是按一定的期限租船，但与期租不同的是船东不提供船员，只将船舶交承租人使用，由承租人自行配备船员，负责船舶的经营管理和航行等各项事宜。在租赁期间，承租人实际上对船舶具有支配权和占有权。

### 3. 租船合同

承租双方签订的租船合同被称为租约（Charter Party），是载有租船订约双方权利和义务条款的一种运输合同。租船业务大抵都经过询价、邀约、还价、承诺和确认等环节，承租双方谈判时参照的范本在租船实务中被称为标准租船合同范本（Standard Charter Party

Form）。在我国租船实务中，程租多使用金康合同，期租多使用巴尔的摩租船合同。

程租合同的主要条款如下：合同当事人；船名和船旗；货物；装卸港；受载日和解约日；运费；装卸费用的划分；许可装卸时间；滞期费和速遣费。

期租合同的主要条款如下：船舶说明；租期；交船；租金；停租与复租；还船；转租。

### 4．装卸时间与滞期速遣

装卸时间是指合同双方当事人约定的一段期限，在该期限内，船东不能对船舶装货或卸货作业收取运费之外的费用。

**1）装卸时间的规定方法**

（1）未明确规定装卸时间。船东不得向承租人收取滞期费，除非承租人在装卸过程中有过失并且该过失导致了船期的延误。相反，承租人也不得向船东收取速遣费。

（2）明确规定装卸时间，具体是指在租船合同中规定允许承租人装卸货物的具体时间。

（3）规定一定的装卸定额，具体有以下三种形式。

① 每天装卸多少吨。

② 每天每舱装卸多少吨。

③ 每天每工作舱装卸多少吨。

**2）对装卸时间中“日”的理解**

（1）日是指连续 24 小时的期间，不足 1 日的时间按比例计算。

（2）日历日（Calendar Day）是指从 00:00 到 24:00 止的连续 24 小时的期间。不足 1 日历日的时间按比例计算。

（3）约定日（Conventional Day）是指从任意可识别的时间开始起算的连续 24 小时的期间。不足 1 约定日的时间按比例计算。该时间反映了实践中装卸时间可以从一个日历日中任意时间开始起算的事实。

（4）工作日（Working Day）是指根据当地法律和习惯，工作通常进行之日。

（5）连续日（Running Days/Consecutive Days）是指一个紧接着另一个的天数。

（6）连续时（Running Hours/Consecutive Hours）是指一个紧接着另一个的小时数。

（7）节假日（Holiday）是指每周正常休息日以外的日期，按照当地法律和习惯，在这个本属正常的工作时间内一般不做相应工作。

（8）晴天工作日（Weather Working Day）是指一个工作日或工作日的一部分，而在这段时间内船舶可以在（如果船舶在等待靠泊时，有可能在）没有天气妨碍的情况下进行装卸作业。如果装卸作业已经进行而天气妨碍了作业，则装卸时间应参照妨碍持续时间与无妨碍时正常工作时间之比扣减。

（9）连续 24 小时晴天工作日（Weather Working Day of 24 Consecutive Hours）是指一个

连续 24 小时的工作日或工作日的一部分，而在这段时间内船舶可以在（如果船舶在等待靠泊时，有可能在）没有天气妨碍的情况下进行装卸作业。如果装卸作业已经进行而天气妨碍了作业，则实际妨碍的时间要从装卸时间中扣除。

（10）24 小时晴天工作日（Weather Working Day of 24 Hours）是指由一个或多个工作日的工作时间加起来构成的 24 小时，而在这段时间内，船舶可以在（如果船舶在等待靠泊时，有可能在）没有天气妨碍的情况下进行装卸作业。如果装卸作业已经进行而天气妨碍了作业，则实际妨碍的时间要从装卸时间中扣除。

24 小时工作日的计算方法需要把有关港口每天的工作时间全部加起来，总共有了 24 小时才算 1 天。所以，如果相关约定为 2 个 24 小时工作日（Two Working Days of 24 Hours），而每个工作日包含 12 个小时的工作时间，则装卸时间实际上应该为 4 个日历日。

**3）滞期与速遣**

（1）滞期费与速遣费的含义。

滞期费是指因不是出租人的责任所造成的，超过装卸时间的船舶延迟而付给出租人的约定金额。滞期不适用于装卸时间的除外规定。如果承租人所用的实际装卸时间超过了合同规定的允许使用时间，超过的时间为滞期时间，承租人必须向出租人支付滞期费。

滞期费=滞期时间×约定的滞期费率

承租人所用的实际装卸时间少于合同规定的允许使用时间，节省的时间即为速遣时间。速遣费率为滞期费率的一半，除非合同另有明确规定。

速遣费=速遣时间×速遣费率

（2）滞期时间与速遣时间。

① 限定滞期时间：在合同中经双方当事人约定的船舶限定滞期时间。在该限定时间内，如果船舶发生滞期，承租人按合同规定的滞期费率支付给出租人滞期费。如果在限定滞期时间届满时仍未完成货物装卸，或由于承租人使船舶继续停留在港内，该船舶则为滞留船舶，对此出租人可向承租人提出滞留损失的赔偿。

② 非限定滞期时间：在合同中没有明确规定船舶发生滞期时的时间长短，而只是确定了滞期费率。因此，原则上船舶的滞留时间可以是无限制的，也不存在船舶滞留损失的问题，出租人只能按合同确定的滞期费率要求承租人支付滞期费。

③ 速遣时间：租船合同中常常采用一些含义明确的用语，表明速遣时间的计算，即“节省全部时间”和“节省全部工作时间”。当合同中没有明确约定采用哪一种用语来计算速遣时间时，通常默认按“节省全部工作时间”计算。

（3）滞期费的计算方法。

如果合同双方同意按滞期时间非连续计算，必须在合同中进行明确约定，否则一般采取“一旦滞期，永远滞期”的方式计算。也就是说在滞期期间，星期日、节假日或因天气状况停止工作的时间都不扣减，都作为滞期时间计算滞期费。

（4）滞留损失。

滞留损失又称延滞损失，是指因船舶滞留在港口而应由承租人赔偿给出租人的金额。滞留损失与滞期费有不同之处：滞期费的发生与装卸时间紧密相关，是一种约定的违约金；滞留损失不是双方事先约定的，而是由承租人的过失而产生的损失，应按船舶的实际损失赔偿，它是一种具有补偿性质的违约赔偿金。

### 5.3.3 包机业务

托运人出于一定目的包用航空公司的飞机载运货物的运输形式称为货物包机运输。托运人申请包机，应凭单位介绍信或个人有效身份证件与承运人联系并协商包机运输条件，双方同意后签订包机合同。包机人与承运人应当履行包机合同规定的各自承担的责任和义务。包机人和承运人执行包机合同时，每架次货物包机均应填制托运书和货运单，作为包机的运输凭证。包机人和承运人可视货物的性质确定押运员，押运员凭包机合同办理机票并按规定办理乘机手续。包用飞机的吨位由包机人充分利用。承运人如需利用包机剩余吨位应当与包机人协商。包机合同签订后，除天气或其他不可抗力因素外，包机人和承运人均应当承担包机合同规定的经济责任。如果包机人提出变更包机，则承运人因执行包机任务已发生的有关费用应当由包机人承担。承运人按包机双方协议收取费用。

### 5.3.4 包舱包板业务

托运人的货物在一定时间内需要单独占用飞机货舱或集装板（箱），承运人因此需要采取专门措施给予保证的运输方式即为货物包舱包板运输。包舱包板运输可分为固定包舱包板运输和非固定包舱包板运输两种方式。固定包舱包板运输是指托运人在承运人的航线上通过包舱包板的方式运输，无论托运人是否向承运人交付货物，都必须支付协议上规定的运费，包舱包板的合同签订参照包机的有关条款。非固定包舱包板运输是指托运人在承运人的航线上通过包舱包板的方式运输，托运人在航班起飞前 72 小时内如果没有确定舱位，则承运人可以自由销售舱位，但承运人对代理人的包舱包板的总量有一定控制。

## 5.4 通关与保险

中华人民共和国海关负责组织推动口岸“大通关”建设、进出境监管工作、进出口关税及其他税费征收管理、出入境卫生检疫和出入境动植物及其产品检验检疫、进出口商品法定检验、海关风险管理、国家进出口货物贸易等海关统计、全国打击走私综合治理工作、制定并组织实施海关科技发展规划及实验室建设和技术保障规划、海关领域的国际合作与交流等。

国际货运代理企业可以兼营代办报检、报关和运输保险业务，通常这些业务是按票收费的。

### 5.4.1　检验检疫及通关业务

#### 1．报检的实施

出入境检验检疫是指海关依照法律、行政法规和国际惯例等的要求，对出入境的货物、交通运输工具、人员等进行检验检疫、认证及签发官方检验检疫证明、民间检验公证和鉴定证明的全部活动。报检是指有关当事人根据法律、行政法规的规定或对外贸易合同的约定，向海关申请办理检验检疫、认定和鉴定的手续。

**1）出入境检验检疫的业务范围与法律依据**

法律、行政法规规定必须由海关实施检验检疫的（法定），输入国家或地区规定必须凭海关出具的证书方准入境的（输入地规定），有关国际条约或与我国有协议/协定规定必须经检验检疫的（国际条约或协定等），对外贸易合同约定须凭海关签发的证书进行交接、结算的商品（合同约定）都必须进行检验检疫，具体内容如下：进出口商品检验、进出境动植物检疫、进口商品认证管理、进口废物原料装运前检验、出口商品质量许可、食品卫生监督检验、出口商品运输包装检验、外商投资财产鉴定、货物装载和残损鉴定、卫生检疫与处理。

法律依据如下：《中华人民共和国进出口商品检验法》及实施条例；《中华人民共和国进出口进出境动植物检疫法》及实施条例；《中华人民共和国国境卫生检疫法》及实施细则；《中华人民共和国食品安全法》。

**2）报检流程**

涉及法定检验检疫要求的进口商品进行申报时，在报关单随附单证栏中不再填写原通关单代码和编号。企业可以通过“单一窗口”（包括通过“互联网+海关”接入“单一窗口”）报关报检合一界面向海关一次申报。具体报检流程如下。

（1）入境：报检报关/申报—海关受理/审单—实施检验检疫—签证放行—提货。

提交的单据。收货人或货运代理人应填写入境货物报检单，并提供合同、发票、提单等有关单证。其他情况报检应当提供相关证明，如国家实施许可制度管理的货物，应提供有关证明；报检入境废物原料时，还应当取得装运前检验证书；报检限制类废物原料时，应当取得进口许可证明。申请残损鉴定的还应提供理货残损单、铁路商务记录、空运事故记录或海事报告等证明货损情况的有关单证等。

时限和地点。入境货物应在入境前或入境时向入境口岸、指定货到达地的海关报检；入境货物需对外索赔出证的，应当在索赔有效期前不少于20天内向到货口岸或货物到达地的海关报检。入境货物应于口岸通关放行后20天内向目的地海关报检。

输入微生物、人体组织、生物制品、血液及其制品，应在货物入境前30天报检。

申请人向海关提交纸面单据和电子报检数据后，检务部门审核后合格的，当场受理报检并出具报检编号，电子报检数据自动转施检部门；检务部门审核不合格的，应一次性告知申请人，待申请人补充或修改后重新提交报检申请。

承诺办结时限：报检信息和资料提供完整、符合报检要求的，在1个工作日内完成报检受理，特殊情况下，可延长至2个工作日；对于不符合报检要求的，需在1个工作日内退回报检申请，并告知企业不予受理的理由。

（2）出境：报检/申报—受理/审单—实施检验检疫—报关/申报—装货。

提交的单据。收货人或货运代理人应填写出境货物报检单，并提供对外贸易合同（售货确认书或函电）、发票、装箱单等必要的单证及其他情况报检时需要的相关文件，如国家实施许可制度管理的货物应提供有关证明；出境货物须经生产者或经营者检验合格并加附检验合格证或检测报告，申请重量鉴定的货物应加附重量明细单或磅码单；凭样成交的货物应提供经买卖双方确认的样品等。

时限和地点。出境货物最迟应于报关或装运前7天向货物生产地海关报检，对于个别检验检疫周期较长的货物，应留有相应的检验检疫时间。需隔离检疫的出境动物在出境前60天预报检，隔离前7天报检。

申请人向海关提交纸面单据和电子报检数据后，检务部门审核后合格的，当场受理报检并出具报检编号，电子报检数据自动转施检部门；检务部门审核不合格的，应一次性告知申请人，待申请人补充或修改后重新提交报检申请。

承诺办结时限：报检信息和资料提供完整、符合报检要求的，由中国电子检验检疫主干系统根据审单规则自动受理报检，企业可在申请提交10分钟后收取报检号；不符合报检要求、报检信息填写不完整的，经人工判定后，在0.5个工作日内退回报检申请，并告知企业不予受理的理由，特殊情况下，延长至1个工作日。

### 2. 报关的实施

报关是指进出境运输的工具负责人、进出口货物的收货人及发货人、进出境物品的所有人或者他们的代理人，向海关办理运输工具、货物、物品进出境手续的全过程。电子报关是指进出口货物的收货人及发货人或其代理人通过"单一窗口"（包括通过"互联网+海关"接入"单一窗口"）报关报检合一界面向海关一次申报。

**1）报关业务**

报关业务包含的内容如下：办理填制报关单及其进出境备案清单、提交报关单证等海关手续；办理缴纳税费和退税、补税手续；办理结关、海关证明联等手续，以及配合海关对进出口货物的查验等；办理进出口货物减税、免税等手续；办理加工贸易合同手册的设立、变更和核销及保税监管等手续；应当由报关企业办理的其他事宜。

**2）海关监管制度**

根据海关进出口监管制度，海关监管货物可分成 5 类：一般进出口货物、保税进出口货物、减免税进出口货物、暂准进出境货物、其他进出境货物。报关程序按时间的先后顺序和海关管理要求分成三个阶段——前期阶段、货物进出境阶段、后续阶段，分别对应海关通关管理的三个阶段——前期管理、现场作业管理、后续管理。全国海关通关一体化改革打破了通关申报的地域限制，通过设置税收征管和风险防控两个中心，将关键业务集中统一智能处置，使同一企业在不同海关享受统一通关待遇。改革催生了企业通关业务布局的调整，许多企业将关务业务集中在一处，取消了原来多点分兵的布局，进一步降低了通关代理成本。改革使纳税手续更加简便，企业可选择“自报自缴”“汇总征税”等新方式缴纳税款，在报关单申报环节即可进行计税并得知税款金额，可以提前通知客户做好资金安排。另外，改革还使海关现场减少了审价和归类作业，绝大多数进口货物都可以通过两个中心自动判断是否放行。

**3）报关单的填制**

进出境货物的收货人及发货人或其代理人向海关申报时，必须填写并向海关递交进出口货物报关单。申报人在填制报关单时，应当依法如实向海关申报，对申报内容的真实性、准确性、完整性和规范性承担相应的法律责任。

（1）报关人必须按照《中华人民共和国海关法》《中华人民共和国海关进出口货物申报管理规定》《中华人民共和国海关进出口货物报关单填制规范》的有关规定和要求，向海关如实申报。

（2）报关单的填报必须真实，要做到“四个相符”。一是单单相符，即一票货物所有的商业单据和货运单据必须是相符的；二是单证相符，即所填报关单各栏目的内容必须与合同、发票、装箱单、提单及批文等随附单证相符；三是单货相符，即所填报关单各栏目的内容必须与实际进出口货物的情况相符，不得伪报、瞒报、虚报；四是单机相符，即电子数据报关单与提交的纸质报关单的内容必须是相符的。

（3）报关单的填报要准确、齐全、完整，报关单各栏目的内容要逐项详细准确填报，随附单证必须有效、合法。填报时涉及尖括号（<>）、逗号（,）、连接符（-）、冒号（:）等标点符号及数字的，都必须使用非中文状态下的半角字符。

### 5.4.2 保险业务

#### 1. 国际货物运输保险的定义

国际货物运输保险是指以对外贸易货物运输过程中的各种货物作为保险标的的保险。对外贸易货物的运送有海运、陆运、空运及邮政运输等多种途径。国际货物运输保险的种类根据其保险标的的运输工具种类相应地分为 4 类：海洋货物运输保险、陆上货物运输保险、航空货物运输保险、邮包保险。有时一批货物的运输全过程使用两种或两种以上的运输工具，这时往往以货运全过程中主要的运输工具来确定投保何种国际货物运输保险。

#### 2. 国际货物运输保险涉及的损失

以海洋货物运输保险为例，海上货物运输的损失又称海损，指货物在海运过程中由于海上风险而产生的损失，海损也包括与海运相连的陆运和内河运输过程中的货物损失。海上损失按损失的程度可以分成全部损失和部分损失。

**1）全部损失**

全部损失，又称全损，是指被保险货物全部遭受损失，有实际全损和推定全损之分。实际全损是指货物全部灭失或全部变质而不再有任何商业价值。推定全损是指货物遭受风险后受损，尽管未达到实际全损的程度，但实际全损已不可避免，或者为避免实际全损所支付的费用和继续将货物运抵目的地的费用之和超过了保险价值。推定全损需经保险人核查后认定。

**2）部分损失**

部分损失是指不属于实际全损和推定全损的损失。按照造成损失的原因可分为共同海损和单独海损。

海上货物运输的风险分为海上风险和外来风险。

（1）海上风险包含恶劣气候、地震、海啸、火山等自然灾害及搁浅、触礁、沉没、碰撞、爆炸等意外事故。

（2）外来风险包含货运途中失窃、下雨、渗漏、破碎、受潮、受热、霉变、串味、玷污、生锈、碰损等一般外来风险，以及战争、罢工、军事管制等特殊外来风险。

海洋货物运输保险责任开始后，被保险人不得要求解除保险合同。如果客户在一定期间内分批装运或者国际货运代理企业分批接收货物，则国际货运代理企业应协助客户与保险人订立预约保险合同，提高操作效率。预约保险合同须逐票核实并以起运通知的形式在客户与保险人之间建立完备的通知机制。

#### 3. 国际货物运输保险程序

在国际货物买卖过程中，由哪一方负责办理国际货物运输保险，应根据买卖双方商订的价格条件来确定。例如，按 FOB 价格条件和 CFR 价格条件成交时，应由买方办理国际货物运输保险；按 CIF 价格条件成交时，应由卖方办理国际货物运输保险。

办理国际货物运输保险的一般程序如下。

**1）确定投保国际货物运输保险的金额**

投保金额（保险金额）是计算保险费的依据，又是货物发生损失后计算赔偿的依据。按照国际惯例，投保金额应按发票上的 CIF 价格条件的预期利润计算。但是，各国市场情况不尽相同，对进出口贸易的管理办法也各有特点。例如，向中国人民保险公司办理进出口货物运输保险，有两种办法：一种是逐笔投保；另一种是按签订预约保险总合同办理。

**2）填写货物投保单**

投保单是投保人向保险人提出投保的书面申请，其主要内容包括被保险人的姓名，被保险货物的品名、标记、规格、数量及包装，保险金额，运输工具名称，开航日期及起讫地点，投保险别，投保日期及签章等。

**3）支付保险费，取得保险单**

保险费按投保险别的保险费率计算。保险费率是根据不同的险别、不同的商品、不同的运输方式、不同的目的地，并参照国际上的费率水平而制定的。它分为一般货物费率和指明货物加费费率两种。前者是一般货物的费率，后者是特别列明的货物（如某些易碎、易损商品）在一般费率的基础上另行加收的费率。

交付保险费后，投保人即可取得保险单。保险单实际上是保险人与被保险人之间的保险契约，是保险人对被保险人的承保证明。在发生保险范围内的损失或灭失时，投保人可凭保险单要求赔偿。国际货运代理企业禁止擅自变更保险条款，提高或降低保险费率；禁止利用职业便利强迫、引诱投保人购买指定的保险；禁止使用不正当手段强迫、引诱或者限制投保人、被保险人投保或转换保险人；禁止串通投保人、被保险人或受益人欺骗保险人；禁止对其他保险机构、保险代理机构做出不正确的或误导性的宣传；禁止挪用或侵占保险费。

**4）提出索赔手续**

当被保险的货物发生属于保险责任范围内的损失时，投保人可以向保险人提出赔偿要求。按国际贸易术语 2020 版 E 组、F 组、C 组包含的价格条件成交的合同，一般应由买方提出索赔要求。按国际贸易术语 2020 版 D 组包含的价格条件成交的合同，则视情况由买方或卖方提出索赔要求。

在保险期间发生保险事故，国际货运代理企业有义务尽力协助客户向保险人索赔。既负责协助投保又负责办理接货手续的国际货运代理企业，在接货时应注意以下内容。

（1）认真验收货物，及时检查货物外观、清点货物数量。

（2）发现货损、货差应协助客户联系目的港或目的地商检机构或保险人、公估人处理有关货损、货差检验事宜，同时协助客户进行货物检验，提出检验报告，确定损失程度。

（3）协助客户同有关责任方（如海、陆、空运的承运人或多式联运经营人、港务当局等）进行交涉，并向有关责任方或理货公司索取货损、货差证明等有关索赔单证。

（4）当发现货损有可能扩大时，应协助客户采取必要的合理措施，防止或降低损失。

当被保险的货物发生属于保险责任范围内的损失时，被保险人可填写索赔清单，连同提单副本、装箱单、保险单正本、磅码单、修理配置费凭证、第三者责任方的签证或商务记录，以及向第三者责任方索赔的来往函件等向保险公司索赔。索赔应当在保险有效期内提出并办理，否则保险公司可以不予赔偿。2017 年 9 月，全球航运巨头马士基联手微软公司和四大会计师事务所之一的安永共同宣布，在航运保险领域部署应用区块链技术，使用微软云服务 Microsoft Azure 构建一个共享数据库，记录货物的相关信息和潜在风险，帮助航运公司遵守保险法规。区块链的发展使保险理赔更为简单，只要触发电子保险合同的相关条件，理赔过程就会自动完成。相关单证不需要提供纸质版，网络会进行自动核对。

## 本章小结

本章作为国际货运代理操作的引导篇，除介绍国际货运代理操作的整体业务外，还把订舱作为重点内容进行了详细介绍。当国际货运代理企业的业务人员接单后，托运人根据出货计划，提前将托运单传递给国际货运代理企业，操作员便开始了忙碌的工作。操作员先审单，在审单无误后，向承运人订舱确定运输工具名称和起运时间，确认无误后再通知托运人。当然，本章也介绍了租船、包机、包舱包板等业务，还简单说明了报检、报关、保险等业务。

## 推荐阅读

1．中外运集装箱运输有限公司网站 http://www.sinolines.com。

2．中华人民共和国海关总署网站 http://www.customs.gov.cn。

3．BIMCO https://www.bimco.org/。

4．携保保险网 http://byt.xiebao18.com/。

## 思考题

**1．选择题**

（1）在航空货运中，下面货物中必须预订舱位的有（　　）。

A．活螃蟹　　B．活鹦鹉　　C．皮鞋　　D．打火机

（2）美国海关 24 小时预申报规则要求船公司或无船承运人在装货港装货前 24 小时以电子数据方式向美国海关递交（　　）。

A．装货清单　　B．载货清单

C．货物积载图　　D．集装箱装箱单

（3）根据 1994 版金康合同的含义，船舶出租人在任何时候，只要估计船舶不能在受载期内抵达装货港，就可以向承租人提出询问。船舶出租人提出询问之后，承租人必须在 48 小时内做出回答，否则会被自动当作另有一新修改过的新的解约日，即船舶出租人提出的新的估计可装货日起再加上（　　）。

A．3 天　　B．6 天　　C．7 天　　D．9 天

（4）海上集装箱运输中的国际中转货物是我国海关中规定的（　　）。

A．进口货物　　B．过境货物　　C．转运货物　　D．通关货物

（5）卸货地订舱的货物在实践中称为（　　）。

A．契约货　　B．非契约货　　C．指定货　　D．揽货

2．判断题

（1）在集装箱班轮运输中，进口货物的收货人没有在规定的时间内及时将空箱交还给船公司，则收货人要向船公司支付滞箱费。（　　）

（2）集装箱装载危险货物托运订舱时，必须随附危险货物说明书或危险货物技术证明书。（　　）

（3）在国际航空运输中，国际航班的国内段不属于国际运输范围，因此适用该国的国内航空法，而非《华沙公约》。（　　）

（4）按航次租船时，通常由船东负责营运费用。（　　）

（5）航次期租的特点及费用和风险的划分基本上与程租方式的内容相同。（　　）

3．简答题

（1）简述订舱的程序。

（2）简述包舱包板的含义和意义。

（3）出口报关一般要准备哪些文件？

（4）简述国际铁路运输中《国际货约》与《国际货协》的内容。

（5）简述报检的实施。

## 实训

### 1. 实训目的

掌握国际货运代理企业订舱的方法。

### 2. 实训要求

每个班的学生分成 5 个学习小组制订运输方案，特别注意意外状况。选择作为客户的小组要负责准备货物，提供货物的资料；选择作为国际货运代理企业的小组要负责接受委托，并向承运人订舱。

### 3. 实训操作规范

表 5-1 是香港二程船的船期表，小组翻译，分组讨论，要充分利用所学的专业知识。

表 5-1　香港二程船的船期表

**APL Eagle Phone**

**2957 3888**

**A 24-hour customer information service that provides fast and accurate answers to questions about the status of your shipments**

**www.apl.com**

**OUTBOUND SERVICE**　　**CUSTOMER HOTLINE：29573888**

| **PNW** | VOY | Closing | ETD | ETA | | | |
|---|---|---|---|---|---|---|---|
| | | CY0800 | Hong Kong | Seattle | Vancouver | Toronto | Montreal |
| **H.Admiral** | 140E | 12/30 | 12/31 | 01/15 | 01/16 | 01/21 | 01/21 |
| **H.Commander** | 140E | 01/06 | 01/07 | 01/22 | 01/23 | 01/28 | 01/28 |
| **H.Baron** | 141E | 01/13 | 01/14 | 01/29 | 01/30 | 02/04 | 02/04 |
| **H.Duke** | 141E | 01/20 | 01/21 | 02/05 | 02/06 | 02/11 | 02/11 |
| **H.Emperor** | 141E | 01/27 | 01/28 | 02/12 | 02/13 | 02/18 | 02/18 |

**PNW service does not accept Seattle local & MLB cargo**

| **PS1** | VOY | Closing | ETD | ETA | | | | | | | |
|---|---|---|---|---|---|---|---|---|---|---|---|
| | | CY 1200 | Hong-Kong | Sea-ttle | Van-couver | Oak-land | Chi-cago | New York | Dal-las | Toro-nto | Mon-treal |
| **APL England** | 142-1 | 01/01 | 01/02 | 01/12 | 01/14 | 01/17 | 01/18 | 01/18 | 01/21 | 01/21 | 01/21 |

续表

| PS1 | VOY | Closing | ETD | ETA | | | | | | | |
|---|---|---|---|---|---|---|---|---|---|---|---|
| | | CY 1200 | Hong-Kong | Sea-ttle | Van-couver | Oak-land | Chi-cago | New York | Dal-las | Toro-nto | Mon-treal |
| **APL Canada** | 137-1 | 01/08 | 01/09 | 01/19 | 01/21 | 01/24 | 01/25 | 01/25 | 01/28 | 01/28 | 01/28 |
| **APL Scotland** | 141-1 | 01/15 | 01/16 | 01/26 | 01/28 | 01/31 | 02/01 | 02/01 | 02/04 | 02/04 | 02/04 |
| **APL Belgium** | 139-1 | 01/22 | 01/23 | 02/02 | 02/04 | 02/07 | 02/08 | 02/08 | 02/18 | 02/18 | 02/18 |

### 4．实训硬件设备准备

建议使用有上网条件的实训室，引导学生实时查询 APL 的船期表。

# 第 6 章

# 国际货运代理仓储与配送

**关键术语**

重大件；交接方式；过磅与量方；轻泡货物；重量货物；集运；电子拼车

**学 习 目 标**

- 熟悉货物配送与交付业务。
- 掌握集拼业务、集装箱货物交接地点与方式。
- 掌握仓储、仓储管理、包装的概念。

作为独立经营人的国际货运代理企业，其责任始于货物的接管，终于货物的交付。散货的交接工作涉及进出仓、储存和包装等问题；如果是整箱货、整车货的交接，则国际货运代理企业更关心与托运人商定的货物交接方式。

## 6.1 货物的分类

### 1. 按货物装运形态分类

**1）件杂货**

件杂货（Break Bulk Cargo）是指可以按件计量的货物，一般分为以下几类。

（1）包装货物（Packed Cargo）：包装为箱、桶、包、捆、盒等的货物。

（2）裸装货物（Non-packed Cargo）：不加包装而成件可数的货物。

（3）成组化货物（Unitized Cargo）：采用一定的办法，把分散的单件货物组合成规格化、标准化的大件货物，如托盘货物（Pallet Cargo）。

（4）集装箱货物（Container Cargo）。

**2）散装货**

散装货（Bulk Cargo）有别于常说的散货，它是指没有包装，一般无法清点件数，散装在运输工具内的粉状、颗粒状、块状或液体货物，一般分为以下几类。

（1）干质散装货（Solid Bulk Cargo），如铁矿石、煤炭、小麦等。

（2）液体散装货（Liquid Bulk Cargo），如石油等。

### 2. 按货物性质分类

**1）普通货物**

（1）清洁货物（Clean Cargo）。

（2）液体货物（Liquid Cargo）。

（3）粗劣货物（Rough Cargo）：指具有油污、水湿、扬尘和散发异味等特性的货物。

**2）特殊货物**

（1）危险货物（Dangerous/Hazardous Cargo，DC；Dangerous Goods，DG）。

（2）冷藏货物（Reefer Cargo）。冷藏货物大致分为冷冻货物和低温冷藏货物两种。冷冻货物是指在冻结状态下进行运输的货物，如冷冻鱼、冷冻肉、冷冻虾等，低温水果、蔬菜、干酪等货物，以及某些药品等，运输温度一般为−20℃～−10℃。低温冷藏货物是指在还未冻结或表面有一层薄薄的冻结层的状态下进行运输的货物，运输温度一般为−1℃～−16℃。货物要求低温运输的目的主要是保持货物的新鲜度。有时为了维持货物呼吸和防止箱内产生水滴，需要保持通风状态。

（3）贵重货物（Valuable Cargo）。贵重货物包括黄金、白金、铱、铑、钯等稀贵金属及其制品，各类宝石、玉器、钻石、珍珠等制品。

（4）活动植物货物（Livestock and Plant Cargo）。活动植物货物须由动植物检疫局颁发动植物检疫证书。

（5）笨重长大货物（Heavy Lift and Length Cargo）。笨重长大货物也称重大件，一般是指超重货（Over Weight Cargo）、超高货（Over Height Cargo）、超宽和超长货（Over Width and Over Length Cargo）。海运或陆运的重大件一般是指每件超过 5 吨的货物（如成套的机械设备）或长度超过 9 米的货物。航空运输中的重大件一般是指需要一个以上的集装板方能装下的货物。非宽体飞机载运的货物，一般不超过 80 千克/件，体积不超过（40 厘米×60 厘米×100 厘米）/件；宽体飞机载运的货物，一般不超过 250 千克/件，体积不超过（100 厘米×100 厘米×140 厘米）/件。由于重大件的重量和体积较大，一般不需要包装，但货物必须固定或放在距地面一定距离（5 厘米）的平台上，以方便操作。在国际展品运输中，如果展品长度超过 3 米、宽度超过 2 米、高度超过

课程资源 5：
重大件

1.8 米或单件重量超过 3 吨，则会被视为重大件。每个承运人对超限的基准都有具体的规定，实际要咨询承运人的客服。

（6）航空运输中的其他特种货物。

① 生物制品，如疫苗、菌苗、抗生素、血清等生物制品，须托运人提供有关部门出具的无菌、无毒证明。

② 骨灰：应装在密封的塑料袋或者其他密封容器内，外加木盒，最外层用布包装。

③ 鲜活易腐货物：托运人应提供最长允许运输时限和运输注意事项，以及有关部门出具的检疫证明。包装要适合其特性，不能污染和损坏飞机、设备及其他货物。某些航空公司的客运机不允许装载有不良气味的鲜活易腐货物。

④ 枪械、弹药：必须出具出发地或目的地县、市公安局核发的准运证或国家主管部委出具的许可证明。包装必须坚固、严密，枪械和弹药应分开包装。

### 3．按是否适合集装箱运输分类

将货物装载于集装箱中进行运输，在技术上是否可行、在经济上是否合理，按其适应程度可分为以下几类。

#### 1）最适宜货物

最适宜货物（Prime Suitable Containerizable Cargo）一般都是价值较高、海运运价也比较高的货物，且易于破损和被盗，如酒类、医药用品、收音机、纺织品、服装、打字机、照相机、电视机、光学仪器、各种小型电器及小五金等。

#### 2）适宜货物

适宜货物（Suitable Containerizable Cargo）的本身价值并不很高，海运运价也比最适宜货物的低一些。这类货物破损和被盗的可能性较小，如电线、电缆、铅丝、纸浆、袋装面粉、咖啡、生皮、炭精及各种轻工产品等货物。

#### 3）临界货物

虽然在技术上将临界货物（Marginal Containerizable Cargo）装入集装箱是可行的，但是因为它们本身的价值和海运运价都较低，受损和被盗的可能性也很小，将它们装入集装箱进行运输的经济效益并不显著，而且它们的形状、重量和包装也难以实现集装箱化，如钢锭、生铁、原木等。

#### 4）不适宜货物

不适宜货物（Unsuitable Containerizable Cargo）包括因货物的物理性质而不能装入集装箱的货物，使用散装货专用船运输的大批量散装货，使用滚装船运输大批量的卡车，使用矿山、工程车辆运输反而能提高运输效率的货物，如废钢铁、长 40 英尺以上的桥梁、铁塔、大型发电机等钢铁结构物等。

## 6.2　货物交接方式

国际货运代理企业的责任期间自从发货人处接管货物时起，直至货物交付收货人时止。货物运到目的地后，国际货运代理企业将与接管货物时相似的、表面状况良好和数量相同的货物卸交收货人后，国际运输代理合同即履行完毕，国际货运代理企业、委托人双方的权利义务即告终止。在实务中，国际货运代理企业最关心的是货物交接方式。

### 6.2.1　装箱装车方式

货物装箱装车应根据出口业务员编制的预配清单，在集装箱货运站或发货人的仓库进行。装箱装车方式分为整箱装或整车装和拼箱装或拼车装两种。在港口系统的集装箱状态中，F 为整箱，L 为拼箱。发货人装箱完毕后，缮制装箱单（Packing List，P/L）和场站收据，在装箱单上标明装卸货港口、提单号、集装箱号、封条号及所装货物的名称、重量、件数、尺码等。

装箱完毕后一般要封上承运人提供的封条[①]。封条上印有承运人的名字（多为缩写，如 COSCO、MSC、PIL）及阿拉伯数字。通常，承运人将其封条交给其船代保管。船公司的封条通常为子弹封，很牢固，开启箱门时须用大铁剪方可剪断。有人将承运人封条称为大封条。通常，封条加在后门的右半边，因此若先打开左半边门是无法打开右半边门的，相反则可。大部分集装箱后门有 4 个耳朵（理论上至多可加 4 个封条），中转集装箱可以在后门上加两个封条，若遇海关查箱则两个封条同时被剪，查完后须重新施封（拿两个新封条加上），单证上要显示新封条号。

课程资源 6：
集装箱封条

因为封条是一次性的，封条号在提箱时已经打印在各种单证上，所以一旦锁上就不得解下，除非报关时要检查。如果遇上漏装货物或海关查箱拆封，则须向承运人或堆场重新要一条封条，海关查箱后也会给集装箱加封条，但承运人并不允许以海关加的封条来代替其封条。实际上装货时海关人员监装的情况很少，所以实际操作中可以先用普通的锁锁住箱门，等确认没有问题或海关没有查箱再加封，这样可以省去多要封条和改单的额外费用。

① 封条是用来标识和保护集装箱内所装货物不被他人搬动的工具，上有号码，一旦锁上一拆即坏，材质可以是铅、铝、塑料、铁皮等，因早期用铅，故称铅封。子弹封是指形状像子弹的封条，牢固不易损坏。

在内陆发货人仓库装箱运输至集装箱码头的整箱货，应有内地海关施加关封[①]，并应向出境地海关办理转关手续。

### 1．整箱货或整车货

整箱货（Full Container Load，FCL）也称柜货，是指货主自行将货物装满整箱以后，以集装箱为单位托运的货物。除有些货主自己备有集装箱外，一般货主都是向承运人或集装箱租赁公司租用一定的集装箱。整箱货通常在堆场进行交接。业界称为“门到门”的交接方式，是指拖车司机去箱场提空箱时就从承运人的船代处拿到封条，并把空箱运到发货人门点后，发货人把货物装入箱内、计数、加锁、做柜后封上封条，取得场站收据，最后凭场站收据换取提单或运单，拖车司机将重箱拖回堆场[②]，到达目的地再把重箱运到收货人门点后由收货人自行拆箱。

整箱货的拆箱一般由收货人自己进行，也可以委托承运人在货运站拆箱。承运人运输整箱货或非承运人货运站装箱的拼箱货的责任与传统运输完全不同，其只负交箱责任，即负责封条完好，集装箱外表与接运时相似。至于集装箱内所装货物的数量与质量，在一般情况下，承运人概不负责。在整箱货的提单上，承运人通常加上“发货人装箱、计数并加封条”和“据称内载”的反映承运人不知内载物的免责条款。

整车货是指货方自行将货物装满整个车（厢式车）的车厢以后，以整车为单位托运的货物。

**企业实践**

捷达货运代理有限公司对整车整箱的货量标准：若体积和重量在 15 立方米/2 吨以下可包 3 吨车，22 立方米/3.5 吨以下可包 5 吨车，32 立方米/5.5 吨以下可包 8 吨车，38 立方米/7 吨以下可包 10 吨车，48 立方米/12 吨以下可包 12 吨车，52 立方米/15 吨以下可包 15 吨车；体积在 25 立方米以下包 20 英尺集装箱，55 立方米以下包 40 英尺平箱，65 立方米以下包 40 英尺高箱，72 立方米以下包 45 英尺集装箱。

### 2．拼箱货或拼车货

拼箱货（Less than Container Load，LCL）或拼车货是指装不满一整箱（车）的单个货主的小票货物，这类货物通常与其他货主的货物拼装在同一个集装箱内。拼箱通常是指承运人接受货主托运的数量不足整箱的小票货物后，根据货物性质和目的地进行分类整理，

① 这里的关封并非封条，而是海关内部单证流转的大信封，内装转关手续的相关单证，信封上盖骑缝章，交当事人转交下一个海关办事部门。

② 此行为即外拖，也称吉出重回（多见于广东地区）或当地装箱（Local Vanning，Local Stuffing），而广东以外的地方通常称为拖装。

把送往同一目的地的货物集中到一定数量后拼装入箱。

拼箱货通常是由货主运至码头或集装箱货运站内进行装箱，广东地区称这一方式为内装，广东以外的地方通常称之为场装。其操作如下：码头单证科依据承运人的封条号在开理货记录的同时配发封条，将散货装箱后立即施封。货主将不足整箱的货物连同事先缮制的场站收据送交集装箱货运站，集装箱货运站核对货主缮制的场站收据和送交的货物后，在场站收据上签收。如果集装箱货运站在接收货物时，发现货物包装外表有异状，则应在场站收据上按货物的实际情况做出批注。在拼箱货装箱前，货主必须办理好货物出口报关手续，之后集装箱货运站应在海关人员的监督下将货物装箱，同时还应按货物装箱的顺序编制装箱单。

拼箱货的分类、整理、集中、装箱（拆箱）、交货等工作均在承运人码头的集装箱货运站或内陆集装箱中转站进行。对于这种货物，承运人要负责装箱与拆箱作业，装箱与拆箱的费用则向发货人收取。承运人的货运站或场站的拼箱与传统货运一样，即承运人负有交货责任，负责货物件数和完整的货物包装外表，货物包装外表必须与在出口港接货时相似。

### 3．装箱的注意事项

装箱人在装箱前应按规定认真检查箱体，发现集装箱不适合装运货物时，应拒绝装箱，并立即通知集装箱所有人。

装箱完毕后，应使用合适的方法对集装箱进行固定、绑扎，并关闭箱门；如果货物的加固材料是木材，且目的地是澳大利亚、新西兰等国家，则应在箱体外表明显处贴上有关部门出具的木材经免疫处理的证明。集装箱内积载良好可节约运输费用，保证货物运送安全，减少货损、货差。如果一票货物装完了若干个集装箱后，只剩下一小部分时，由于不能把不同卸货港的货物混装在一个集装箱内，或者集装箱虽然适合大部分不同货物的运输，但并不是所有货物都能装入同一集装箱内，所以即便剩下的货物件数不多，也只能另装一个集装箱。因此，装箱人在提取空箱之前应全面考虑，编制好集装箱预配清单，按预配清单的需要提取空箱。

### 4．装箱和掏箱中使用的装卸器材

装箱和掏箱的时间取决于货物的种类、尺码及重量，采用的手段（人工或机械），参与装箱和掏箱的工人数。装箱通常比掏箱所用的时间长。

通常采用人工或机械的手段将货物从地面提起并放置在底盘（载重架）或平车（敞篷车）上的集装箱中。斜面传送带有时用于从地面向集装箱门口传递货物，滚筒传送带则用于把货物从集装箱门口传到集装箱的内部。如果叉车一类的装卸机械能进出集装箱，则集装箱装托盘货通常会很快。如果托运人门点有集装箱斜面传送带并使用叉车，叉车的升

课程资源 7：
集装箱掏箱作业

降面必须固定并低于 7 英尺 6 英寸，以便货物可以被叉入标准干货集装箱。

### 6.2.2 交接地点

货物运输中的交接地点是指承运人与托运人交接货物，划分责任、风险和费用的地点。

#### 1．船舶

船舶的吊绳、货钩、吊钩下或船舷边及船舱都可以成为交货地点。如果交货地点在船舱，可用如下术语：FO 全称为“Free Out”“Free Over Side”“Free Over Board”，意为船公司不负责目的港的卸船费；LO 全称为“Liner Out”，意为按班轮方式卸船；FI 全称为“Free In”，意为船公司不负责起运港的装船费；LI 全称为“Liner In”，意为按班轮方式装船。

#### 2．集装箱装卸区

集装箱装卸区（Container Terminal）俗称集装箱码头，是集装箱运输中，集装箱或货物装卸交换保管的具体经办部门。它受承运人的委托，进行下列各项业务：负责整箱货的交换、保管；设有集装箱货运站者，负责拼箱货的交接；安排集装箱船的靠泊，装卸集装箱，针对每航次编制配载图；负责有关货运单证的编签；负责集装箱及运载工具、装卸工具的检查、维修，以及空箱的清扫、熏蒸等工作；负责空箱的收发、存储和保管；安排空箱和重箱在堆场的堆码，编制场地分配计划；其他有关业务工作。

课程资源 8：
集装箱码头

集装箱装卸区又分为堆场、中转站或内陆站及门点。

**1）堆场**

（1）集装箱前方堆场（Marshalling Yard）是指在集装箱码头前方，为加快装卸速度，暂时堆放集装箱的场地。在集装箱船舶到港前，相关人员有计划、有次序地按积载要求将出口集装箱整齐地集中堆放在前方堆场，或在卸船时将进口集装箱暂时堆放在前方堆场，以加快装卸速度。

（2）集装箱后方堆场（Container Yard）是交接、中转、保管和堆存集装箱的场所。有些国家并不分前方堆场和后方堆场，而将其统称为堆场。集装箱后方堆场是集装箱装卸区的组成部分，是采用“场到场”交接方式的整箱货进行交接的场所（实际上是在集装箱装卸区大门处进行交接的）。

（3）空箱堆场（Van Pool）是专门办理空箱收集、保管、堆存和交接的场地。空箱堆场不办理重箱和货物的交接。它可以在集装箱装卸区内设立，也可以在集装箱装卸区外另设。在有些国家，设立空箱堆场须向航运公会声明。

**2）中转站或内陆站**

中转站或内陆站（Container Depot or Inland Depot）是港口外的集装箱中转站或集散地。除不能进行装卸作业外，其作用与集装箱装卸区的作用相同。中转站或内陆站包括集装箱装卸港的市区中转站，内陆城市、内河港口的内陆站。

集装箱货运站（Container Freight Station，CFS）是拼箱货装箱和拆箱及船货双方办理交接的场所。承运人在一个港口或内陆城市只能委托一个集装箱货运站的经营者，由其代表承运人办理下列业务：拼箱货的理货和交接；对货物外表进行检验，如有异状应做好批注；拼箱货的配箱积载和装箱；进口拼箱货的拆箱、理货和保管；代承运人加封条并签发场站收据；办理各项单证等。

课程资源 9：
铁路集装箱堆场

有的托运人的营业场地里有火车旁轨，可以直接让铁路承运人把火车开进去装货，在特定的时间开车将货物运到出口港以装船。这种场地是一种多式联运终端。与海运集装箱运输类似，这里也有滞期费。船公司只负责将货物运至收货人所在地附近的、与船公司有合约的托运人专用多式联运终端内，而从终端至收货人的那段运输则由收货人自行安排。美国把这类终端称为 Ramp，芝加哥为所有承运人提供运输至内陆的 Ramp。如果收货人当地（如凤凰城）并无 Ramp 可供放置重箱或空箱，则承运人通常会提供全程服务，其拖车免费等待时间通常为 2 小时，便于收货人掏箱，超过后每小时收取 45 ~ 50 美元的费用。

### 3. 门点

门点是贸易合同中所说的营业场所，即委托人的工厂或仓库或其他营业场所（如办公地点）。

## 6.2.3　交接方式

### 1. 整箱交、整箱接

整箱交、整箱接（FCL-FCL）是指发货人在其工厂或仓库把装满货后的整箱交给承运人，收货人在目的地同样整箱接货。换言之，承运人以整箱货为单位进行交接。货物的装箱和拆箱由发货人和收货人负责。

整箱交、整箱接适用于以下交接方式。

（1）CY-CY：从装货港的集装箱堆场至卸货港的集装箱堆场交货。

（2）CY-FO 或 CY-LO：从装货港的集装箱堆场至卸货港但不负责卸货或从装货港的集装箱堆场至卸货港交货。此条款常用于去中东、西亚地区的偏港，如以色列的海发、阿斯杜德，土耳其的伊兹密尔、伊斯坦布尔，黎巴嫩的贝鲁特，地中海西岸的班加西。有些国家的港口水位浅，船无法靠岸，只能使用 CY-FO 交接方式，如地中海东岸的一些港口。

（3）CY-TACKLE 或 CY-HOOK：从装货港的集装箱堆场至卸货港并卸货到接货车上。许多码头不允许危险品于港口久留，因此对危险品多采用现提的交接方式，又称“船边交货”（指卸货港船边）。

（4）CY-DOOR：从装货港的集装箱堆场至收货人的工厂或仓库交货。

（5）DOOR-CY：从发货人的工厂或仓库至卸货港的集装箱堆场交货。

（6）DOOR-FO 或 DOOR-LO：从发货人的工厂或仓库至卸货港的船舱交货或从发货人的工厂或仓库至卸货港交货。

（7）DOOR-TACKLE：从发货人的工厂或仓库至卸货港的船舶吊钩下交货。

（8）DOOR-DOOR：从发货人的工厂或仓库至收货人的工厂或仓库交货，称为“门到门”交接方式。

（9）FI-CY：从装货港船舱至卸货港的集装箱堆场交货。LI-CY：承运人负责装船，并负责将整箱货运至卸货港的集装箱堆场交付收货人。

（10）FI-FO：从装货港船舱至卸货港船舱交货。

（11）FI-TACKLE：从装货港船舱至卸货港的船舶吊钩下交货。

（12）FI-DOOR：从装货港船舱至收货人的工厂或仓库交货。LI-DOOR：承运人负责装船，并负责将整箱货运至收货人的工厂或仓库交付收货人。

（13）TACKLE-CY：从装货港的船舶吊钩下至卸货港的集装箱堆场交货。

（14）TACKLE-FO：从装货港的船舶吊钩下至卸货港的船舱交货。

（15）TACKLE-TKL：从装货港的船舶吊钩下至卸货港的船舶吊钩下交货。

（16）TACKLE-DOOR：从装货港的船舶吊钩下至收货人的工厂或仓库交货。

（17）CY-FOR：从装货港的集装箱堆场至目的地铁路交货。

（18）CY-RAMP：从装货港的集装箱堆场至目的地的铁路堆场交货。

（19）DOOR-RAMP：从发货人的工厂或仓库至目的地的铁路堆场交货。

（20）RAMP-CY：从起运地的铁路堆场至卸货港的集装箱堆场交货。

（21）RAMP-RAMP：从起运地的铁路堆场至目的地的铁路堆场交货。

（22）RAMP-DOOR：从铁路堆场至收货人的工厂或仓库交货。

### 2．整箱交、拆箱接

整箱交、拆箱接（FCL-LCL）是指发货人在其工厂或仓库把装满货后的整箱交给承运人，承运人将整箱运至目的地的集装箱货运站或内陆中转站并进行拆箱，拆箱后，将货物交给各收货人。

整箱交、拆箱接适用于以下交接方式。

（1）CY-CFS：从装货港的集装箱堆场至卸货港的集装箱货运站交货。
（2）DOOR-CFS：从发货人的工厂或仓库至卸货港的集装箱货运站交货。
（3）FI-CFS：从装货港船舱至卸货港的集装箱货运站交货。
（4）TACKLE-CFS：从装货港的船舶吊钩下至卸货港的集装箱货运站交货。

#### 3. 拼箱交、整箱接

拼箱交、整箱接（LCL-FCL）是指发货人将不足整箱的小票托运货物在集装箱货运站或内陆中转站交给承运人，由承运人分类调整，把同一收货人的货物集中拼装成整箱，运到目的地后，以整箱交给收货人。

拼箱交、整箱接适用于以下交接方式。
（1）CFS-CY：从装货港的集装箱货运站至卸货港的集装箱堆场交货。
（2）CFS-DOOR：从装货港的集装箱货运站至收货人的工厂或仓库交货。
（3）CFS-FO：从装货港的集装箱货运站至卸货港的船舱交货。
（4）CFS-TACKLE：从装货港的集装箱货运站至卸货港的船舶吊钩下交货。

#### 4. 拼箱交、拆箱接

拼箱交、拆箱接（LCL-LCL）是指发货人将不足整箱的小票托运货物在集装箱货运站或内陆中转站交给承运人，由承运人负责拼箱和装箱，运到目的地的货运站或内陆中转站，并进行拆箱，拆箱后，将货物交给收货人。货物的装箱和拆箱均由承运人负责。

拼箱交、拆箱接只适用于以下交接方式。

CFS-CFS：从装货港的集装箱货运站至卸货港的集装箱货运站交货。

#### 5. 其他货物交接方式

（1）PORT-RAMP：从装货港接收货物并负责运至目的地的铁路堆场交货。
（2）PORT-PORT：从装货港接收货物并负责运至卸货港交货。
（3）PORT-DOOR：从装货港接收货物并负责运至收货人的工厂或仓库交货。

## 6.3 接管与包装

### 6.3.1 接管与包装货物

#### 1. 接管货物

接管货物是指国际货运代理企业接管托运人委托运送的货物。接管货物的方式分为两种：国际货运代理企业在仓库接管直接客户或同行客户送来的货物；国际货运代理企业到直接客户或同行客户的门点去接管货物。对于散货运输来说，接管货物是第一个货运环节，也是十分重要的环节，接货员是第一个直接与客户面对面交流的企业职员，从接货、搬货，到引导客户进行托运等，接货员的一举一动都影响着客户体验。因此，热情的服务态度、优良的业务素质是每位接货员所要具备的必要条件。接货员要注意以下事项。

（1）主动接货，热情接待客户，接货时轻拿轻放，切忌抛扔货物。

（2）仔细清点客户的货物，检查货物的名称与货物是否相符，防止假报品名、夹带禁止或限制运输的物品、危险品和其他违禁物品。如查有危险品或敏感货物（液态、粉状货物等），应立即与客户联系，确定是否托运。

（3）检查货物的件数、重量、包装（特别是汽车挡风玻璃、手机、海鲜等）是否符合标准。

（4）检查货物的状况是否良好，货物的包装能否保证货物安全运送，特别注意精密易碎物品，必要时轻轻摇动，检查内部有无破碎的声音。检查包装和标志是否相符，如有不符应立即通知柜台，由柜台及时向承运人和客户反映。

（5）检查货物的包装是否符合托运要求，即确认货物包装有无破损、污渍、水渍、不明粉末及箱内有无异响，另外，要尽量满足客户的特殊要求。发现货物包装有破损、污渍、水渍、不明粉末、特殊标志及箱内有异响等情况时，应详细记录，拍下照片留存并发给客户。发现货物包装有缺陷或没有包装时，应提醒托运人重新包装或进行包装，否则要求托运人在托运单上声明责任自负。检查货物包装的具体流程如图 6-1 所示。

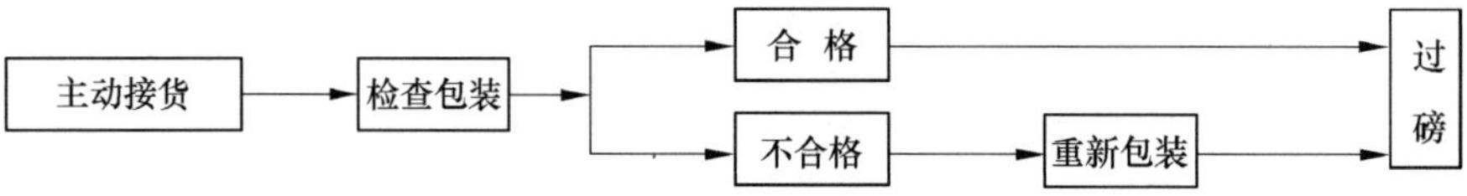


图 6-1　检查货物包装的具体流程

### 2. 贴签与包装

查货员要开箱查验货物。对于不同客户、批次、货名、规格的货物，查货员都应量尺寸、称重、拆箱抽查货物，并在查货单上清晰、准确地记录每项内容。特殊货物的查货除以上要求外，还有一些特别要求：机器须称净重，每批抽查 5%，仔细检查包装盒、机壳上标示的名称及每台机器附带的配件，并如实写在查货单上；而服装，如果没有报关要求，一般不用拆箱查货，只需量尺寸和称重即可。

**1）贴签**

（1）查货后，查货员应在每板货上贴一张标签纸，标明货主、唛头、板数、日期、品牌、查货人等。

（2）查货员仔细核对标签上的件数、重量、目的站等与货运单及托运书上的内容是否相符，及时将不符的情况告知柜台，以便查明原因。

（3）查货员要正确贴挂标签，标签贴挂在货物的侧面，不得贴挂在货物的顶部或底部；贴签用一个，挂签用两个，挂签必须牢挂在编织袋或竹筐等包装物上，并用透明胶带贴好，以防脱落；如货物包装形状特殊，则应将标签贴挂在明显的部位。一件货物上贴挂两个标签时，一个标签在规定的部位贴挂，另一个标签贴挂在包装另一面的相对部位处；货物标签不能贴挂在绳索或其他捆扎材料的上面。对于航空合票的货物要贴挂两种标签，即货运代理企业小标签（见图 6-2）和航空公司主标签。航空公司主标签不能覆盖货运代理企业小标签。国际货运代理企业可以用不同颜色的标签来代表不同的目的地。

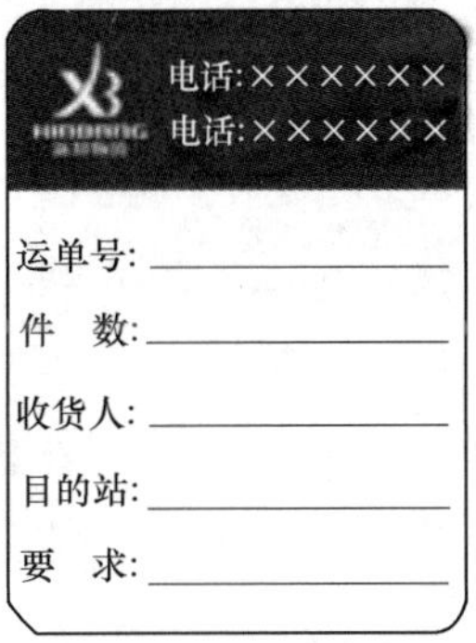


图 6-2　货运代理企业小标签

（4）查货员要及时将代单或正单资料送至总调。

**2）包装**

货物包装对保证货物的安全运送具有十分重要的作用。以航空货物运输为例，航空货物运输具有中转及装卸次数较多和兼在地面运送的特点。为了保证飞行安全、运输质量和操作便利，接货员应认真执行货物包装的有关规定，并根据货物的性质、大小、轻重、形状，以及气候、运输环境等条件，要求托运人选择适用的材料及合适的包装方法，进行妥善包装。

（1）服装、鞋类：一般采用纸箱、纤袋包装，包装内一定要有塑料为内包装。

（2）液体胶状货物：无论是瓶装、罐装，还是桶装，都要加钉木架，并要求货主附上说明该货物性质的有效证明资料。

（3）玻璃易碎品：应在查货单上清楚注明，再在包装上加贴易碎标志。内部要有泡沫或纸屑等防撞击材料隔离。

（4）裸装货物：不怕碰压的货物，如轮胎等，可不用包装，但如果是不易清点件数、形状不规则或易碰坏承运工具的货物，应用绳索加固、麻布包扎，或外加包装。

（5）贵重物品：手机、精密仪器等贵重物品，必须以密封式木箱包装。

相关链接

### 关于航空货物运输包装的建议

**1．了解货物处理环境**

空运货物会遇到以下几种风险，如震动（包裹被抛下或被其他物体碰到）、振动（包裹在机动设备上传送）、压缩（包裹受到上方或侧面另一包裹的压力）及气候条件（如特别冷、热或潮湿的环境）。考虑到这些风险，美国航空货运业建议货物的包装必须经得起 8～12 次的人工处理，允许任意面滑动，每平方英尺（1 平方英尺≈0.09 平方米）经得起

60 磅（1 磅≈0.45 千克）的压力，能防雨 30 秒等。

托盘货物通常在空运集装箱或集装器中拼箱，且轻货在上。在这种情况下，应确保货物没有伸出托盘外，以免被理货设备碰坏。过载、失衡或结构较差的托盘倒塌，不仅会使该托运人的货物损坏，也会连带损坏箱中其他托运人的货物。另外，包裹内部过于宽松，空隙太大，叠压在上面的货物会把包裹压扁。

理货机械化。在机动环境中，每个人都尽可能快地移动包裹。如果是小件包裹，可能被抛来抛去。当包裹通过中枢辐射配送系统时，可能多次经过传送带、下斜坡和入箱或入袋。目前，运输机的包裹重量上限提高到了 150 磅，因此重型货可能碰撞较小的包裹。

### 2. 了解你的货物

交运的货物是如何运转的及强度和脆度如何？如果托运人有特别的理货考虑，可以向公司的产品工程、包装和采购等相关专业人员取经。这些专业人员真正了解托运人所发运的货物，并且可以帮助托运人了解这些货物。托运人甚至可以参与到设计过程中来，因为运输中的损坏可能源自产品内部的脆弱而非因为包装不够好。

### 3. 注意天气

因为空运的速度较快，所以货物可能在一两天内就从炎热、潮湿的地区被运送到寒冷、干燥的地区。如果某类货物对气候条件敏感，则必须采用强度适当的内外包装，以保护货物免受自然环境的影响，但又不能包得太紧以至不能“呼吸”。有些托运人会在包裹内放置小包干燥剂以加强保护。

### 4. 和专家沟通

和货运代理及航空公司沟通以确保你的货物得到足够的保护。托运人托运一种新货物或到一个新地方之前，符合国际货运代理企业建议的包装可以帮助托运人最大限度地减少潜在的货损。

包装制造商也可以提供有帮助的建议，但他们可能仅建议使用他们的产品。另外，包装顾问也可以提供有帮助的建议。

另外，保护货物不应该只关注包装。使用国际标准标志，在运输单据或包装上列出特别的理货要求，可以减少货损事故的发生。

### 5. 做出正确的权衡

要对成本进行考量。轻货、大宗货是基于货物密度或体积与重量计算运费的。国际航协在第 502 号决议中计划改变密度计算方式，以让托运人减小包装尺寸时低密度商品的运费更低些。

如果托运的货物为危险品，则国际航协会规定其内外包装，以保护货物，减少泄漏、溅出、起火或爆炸的机会。

一些鲜活易腐货物受制于保证食物安全的规则，许多空运承运人有它们自身的鲜活易腐货物包装规则。另外，包装材料本身也可能受到严格限制。澳大利亚、中国、日本和欧洲一些国家禁止使用原木来包装海运和空运货物，还有些国家要求木质框箱和托盘用特定的方法处理后采用特定的符号进行标记，主要是为了防止虫害的扩散。

### 6.3.2 过磅与量方

货物的运输数量（重量、体积）是通过过磅和量方来获得的。空运接货时要重新过磅，特别是在一些有限重的航线上，如北美航线，要重新过磅，防止客户虚报重量。接货员应在每票货物中抽取一件，开箱检查货物与托运单是否相符，复核尺码并计件，在不同规格包装的货物中抽样一至两件，以满尺丈量法复核尺寸，精确到 0.5 厘米。

#### 1. 过磅

接货员在接货过磅时要注意轻拿轻放，切忌丢货、扔货、抛货。另外，过磅后，接货员应正确地在托运书中填写件数、重量。如果重新进行包装，则接货员要填写包装后的重量，并注明包装材料（方便柜台人员收取费用），再签上自己的名字，协助客户填写托运书，如果货物为轻泡货物，则应在托运书上注明。之后，接货员将填写好的托运书交给柜台人员。

过磅货物时，注意货物的重量和体积是否超过托运限制。重大件的规定见前文，小件货物每件的长、宽、高之和不小于 40 厘米。

过磅程序如图 6-3 所示。

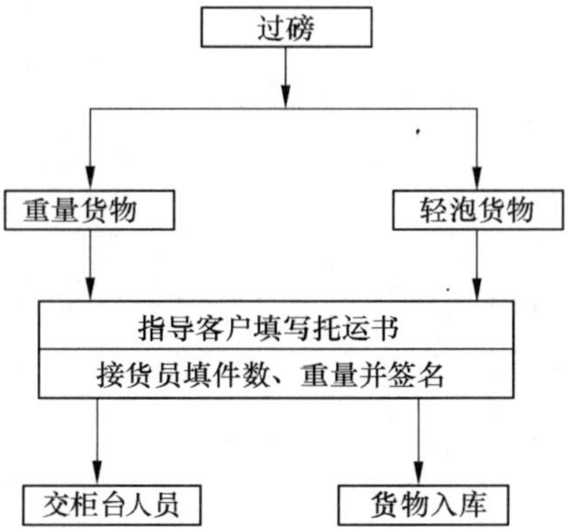


图 6-3 过磅程序

#### 2. 测量轻重货

货物密度（Cargo Density）是货物单位体积的重量，以平均每立方英尺（1 立方英尺≈

0.03 立方米）或每立方米货物的重量作为货物的密度。对于集装箱来说，集装箱的最大载货重量除以集装箱的容积，所得的商为集装箱的载货容积系数（或称单位容重）。要使集装箱的容积和重量都能满载，就要求货物的密度等于集装箱的单位容重。实际上，集装箱装货后，箱内或多或少会留有空隙，因此集装箱内实际利用的有效容积应为集装箱容积乘箱容利用率。通常在计算时，箱容利用率取 85%。

表 6-1 是国际海陆空轻重货的标准。

**表 6-1 国际海陆空轻重货的标准**

<table>
<tr><th>运输方式 ①</th><th>重量（Weight）②</th><th>体积（Measurement）③</th></tr>
<tr><td rowspan="3">海运</td><td>1 吨</td><td>1 立方米</td></tr>
<tr><td>1 英吨（长吨）</td><td>42 立方英尺</td></tr>
<tr><td>1 美吨（短吨）</td><td>40 立方英尺</td></tr>
<tr><td rowspan="2">陆运（火车、汽车）<br>美国内陆使用的标准是：<br>363 千克/立方米，即 1 吨同 2.75 立方米<br>北欧和加拿大内陆使用的标准是：<br>333 千克/立方米，即 1 吨同 3 立方米<br>也有公司使用 250 千克/立方米，即 1 吨同 4 立方米<br>中国内地使用的标准是：<br>公路：205～210 千克/立方米，有些线路也用北欧和加拿大的标准，如北京—天津<br>铁路：500 千克/立方米</td><td>1 吨</td><td>3.3 立方米</td></tr>
<tr><td>1 磅</td><td>91.3 立方英寸</td></tr>
<tr><td rowspan="2">空运</td><td>1 吨</td><td>6 立方米（快递：按 5 立方米计）</td></tr>
<tr><td>1 磅</td><td>166 立方英寸</td></tr>
</table>

如果货物密度大于表中②除以③之商，则货物为重量货物（高密度货，High Density Cargo 或 Heavy Cargo）；如果货物密度小于表中②除以③之商，则货物为轻泡货物（低密度货，Low Density Cargo 或 Light Cargo 或 Volumetric Cargo）；如果货物密度等于②除以③之商，则货物为临界货物。测量轻重货的目的在于计算计费重量。合理搭配轻重货，最大限度地利用舱容是国际货运代理企业盈利的关键。

应用货物密度和集装箱的单位容重来计算所需集装箱的数量的方法如下。

（1）如果货物密度大于集装箱的单位容重，则用货物重量除以集装箱的最大载货重量，即得所需集装箱的数量。

（2）如果货物密度小于集装箱的单位容重，则用货物体积除以集装箱的有效容积，即得所需集装箱的数量。计算体积时以最长、最宽、最高的尺寸计算，单位为立方米或立方英尺。

（3）如果货物密度等于集装箱的单位容重，则按重量计算或按体积计算都可求得所需集装箱的数量。

航次租船合同中一般规定租船人应提供满舱满载的货物。满舱是指租船人提供的货物应装满船舱。满载是指租船人提供的货物应达到船舶的最大载重能力，即货物装船后，应使船舶的吃水达到允许的最大限度。满舱满载的货物是指船舶所能装运的最大限度数量的货物。一般来说，如果是轻泡货物，则租船人提供的货物应达到满舱；如果是重量货物，则租船人提供的货物应达到满载。

## 6.4　入库与仓库管理

### 6.4.1　基本概念

#### 1. 仓

“仓”除有仓库的含义外，还常指堆存。中国香港用“开仓日”“开仓期”来指堆场截关日；免仓期（Free time）则指免费堆存期或承运人允许国际货运代理企业做箱时免费使用集装箱的期限，或者集装箱到达目的地后，收货人从提重箱至还空箱的免费期限。仓租则指应该支付的仓储费。

课程资源 10：
仓储管理系统

我国内地的“仓”通常指仓库（Warehouse，W/H），分为普通仓库和监管仓库。监管仓库经海关批准设立，主要存放的是海关监管的货物，其在海关的监控下运行，进出仓的货物必须与海关的记录相符。监管仓库分为保税仓库和出口监管仓库。保税仓库是专门存放保税货物及其他未办结海关手续货物的仓库；出口监管仓库存放的是已经办结海关出口手续并经海关同意存放的货物，存放期限为 6 个月，除特殊情况外货物均为出口货物。空运根据进出港货物的运输量及货物特征，分别建立普通货物、贵重货物、危险货物、鲜活易腐货物仓库。对于贵重货物、危险货物仓库，应指定专人负责货物出入仓库的管理、核对和销号工作。国际货运代理企业可以通过出口监管仓库把多个发货人的散货拼装成整箱出口。所有进入出口监管仓库的货物都必须接受海关监管，办理相应的出口报关手续。进入出口监管仓库的货物视为出口，国际货运代理企业未经海关同意不得随意对货物进行现场加工。另外，货物退出出口监管仓库需办理退关手续，解除海关监管。

### 2．打托

打托是指把货物置于托盘（货盘或托板）上便于装卸。如果托盘为木制托盘，则集装箱须进行熏蒸或植检。

### 3．仓单质押

仓单质押是以仓单为标的物而成立的一种质权。它作为一种新型的服务项目，为仓储企业拓展服务项目，开展多种经营提供了更多可能，特别是在传统仓储企业向现代物流企业转型的过程中，仓单质押作为一种新型的服务项目应该得到广泛推广。

## 6.4.2 散货入仓

### 1．开具散货进仓单

关于货物的最佳入仓时间，如果是一般货物，则客户可在截关日的前一天将货物与报关单证送到仓库并安排报关。马士基公司要求货物必须先报关再入仓，即客户在将货物送到仓库的前一个工作日必须将报关资料送到报关行，报关通过后才可以送货入仓。仓库卸货入仓需要 0.5 个工作日。仓库收到拼箱资料后，需要 0.5 个工作日进行拼箱、配货、装货、出仓等。货物入监管仓库后，报关出仓需要 1.5 个工作日。如果货物需要在特定时间出口，则客户需尽早提供报关资料，以免产生额外费用。由于出口应税货物（如服装类）的通关手续较一般货物的通关手续复杂，涉及的部门较多且不在同一地点，建议客户提前 2～3 天办理入仓。出口应税货物在递交报关资料时，要按相应比例预交关税押金。客户将货物送到码头后，到办证大厅办理散货进仓单（或直接用装货单代替）。办单员根据订舱编号在计算机中建立入仓号，将送仓截止期、仓库地址和联系人、货名、提单号、数量、货物交接方式、其他要求等填在散货进仓单上，打印后在上面签名、盖章。通过 EDI 系统，各部门可以随时查到这批散货的情况，为以后的工作做准备。

同样，货物运到国际货运代理企业的仓库后，操作员接受客户填写的货物托运书/进仓凭证，填入仓单[①]或托运单给客户，并在货物外包装上贴上唛头做标记。另外，操作员还要收集客户的随货文件，询问客户有无特殊要求，如送达时限、是否出口退税等。

出口货物报关所需资料如下：① 商检资料；② 配额资料；③ 许可证件；④ 产地证；⑤ 商标授权、商标品名；⑥ 运到香港地区的货值超过 10 万美元、其他地区超过 50 万美元的货物，核销时需提供结汇水单（复印件）；⑦ 商会核价章。

### 2．送货入仓，理货堆码

客户在拿到散货进仓单后，安排货物装车时，要将货物按顺序整理好，以便仓库正确

① 仓单是提取仓储物的凭证。客户或者仓单持有人在仓单上背书并经保管人签字或盖章的，可以转让提取仓储物的权利。

卸车和理货。客户可以自送也可委托国际货运代理企业派车。送货时注意保持货物包装的完好。雨天送货务必注意防潮，仓库会拒收外包装潮湿或变形的货物。理货员在货物卸车入仓时，要认真计数，做好记录。同一运输工具中发现混装时，理货员要分票、分规格型号来理货、堆码、打托，堆码时要定量定型，箭头向上、向外，并且在明显的位置贴上货物堆放记录。

理货员要在每个托盘进仓时在上面贴上一张写着仓位、数量和提单号的堆码纸，方便管理和记数，在出仓时将其撕下，核对进出仓的数量是否一致。理货员根据不同的唛头分开计数，填好散货理货记录，然后编制散货进仓清单。如果在理货过程中，理货员发现货物有破损，应填制货物暂收证明让客户签名，证明货物在收到前已经有破损。理货员应在散货进仓清单上签名，并应让客户签名，之后撕下散货理货记录第 3 联作为暂收证明交给客户。理货员再把散货进仓清单、散货理货记录交给单证部。

#### 3. 建立健全保管制度

仓库应当建立健全保管制度，严格规定货物交接手续。对于出入仓库的货物，必须按照“三核对”原则进行操作，保证货物、货运单、交接单三者的内容完全一致；对于库存货物，应当合理堆码、定期清仓，做好防火、防盗、防鼠、防水、防腐、防冻等工作。

从保证货物安全和便于操作出发，要根据各类货物的堆码要求，对堆码形式、堆码方法、堆码技术进行标准化管理。

（1）货物按收运先后整齐排放，按目的站分区域堆码。

（2）普通货物和特种货物分开，贵重货物入专库。

（3）同一单货物应集中，退回的货物应放在一个固定位置。

（4）大不压小、重不压轻、木不压纸，标志或标签朝外。

（5）做好货物出入仓库的登记、核对和交接工作，所有库存货物要进行白晚班交接。

收货单、场站收据和货运代理收据签发的条件分别如下：将符合要求的货物送至指定仓库（散货）或送至指定堆场（整箱货）；将符合要求的报关、清关文件按时送达国际货运代理企业；结清相关费用。如果运输方式为海运，则国际货运代理企业一般在船开后 48 小时内传真场站收据与客户确认，如有任何修改，客户应在 24 小时内回复以免延误取单。确认完毕后国际货运代理企业将正副本货运代理收据交给柜台备客户自取，也可通过快递寄给客户。

### 6.4.3 散货出仓

所有经海关放行的监管货物，自放行日起，必须在监管仓库存放 24 小时后方可拼箱出仓，特殊情况须经海关特批。散货出仓一般在集装箱货运站装箱。装箱时，装箱员应根据查货单和货物本身的物理化学性质，以及清关的要求配载装箱，确定装载顺序，做出装箱单，根据装箱单到仓库核对装箱货物的数量等是否准确，并予以确认。如果一板货物中仅装走一部分，则应在仓储标签纸中用笔写清楚。如果发现装箱单与仓库剩余货物不符，发货员应立即与该次装箱负责人、仓库值班人员联系，查清后予以更正。装箱时，如人手充足，应由一人负责点数，一人负责监督装箱。装完后封箱施加封条，起运准备通关。发货及点货员要及时从总调打制交接单，没有交接单，货物不允许出仓。装车完毕后，发货人应同司机交接清楚，并签字确认。

转关出库有 3 种形式：陆路转关货物拼箱后通过陆路海关转关到目的地；海运转关货物拼箱后由起运地海关监管到码头海关办理验放手续后上船；空运转关货物拼箱后由起运地海关监管到机场海关办理验放手续后上飞机。出库应核对的资料包括做箱时间、海关放行条、监管货物出仓清单及司机资料（司机簿、合格证、准载证三证应对照一致）。

监管货物实际离境后，海关再签发核销联及退税联，已实行国内货物入仓环节出口退税政策的出口监管仓库除外。

### 6.4.4 拼箱集运

集货、集运、合票是指把小批量零散的货物集中为成组货物进行运输。这样可以使委托人取得优惠运价，节省运杂费，也可以使国际货运代理企业从中赚取利润。从事集货的国际货运代理企业称为集货商。小批量散货用火车或汽车运输时称为零担，用集装箱运输时称为拼箱。

以海运为例，除大件散货外，大部分的散货都要先拼箱再装船。码头单证部在接到国际货运代理企业的拼箱指令或拼箱计划（包括要拼的箱号、箱型、各票货的提单号）后，应检查货物的重量、体积与集装箱是否匹配。在收到船公司的放箱指令后，码头单证部应向码头操作部发出拼箱指令，同时开出接受委托服务单或理货进仓记录并配发封条。码头操作部根据拼箱指令安排拼箱的人员和机械设备，使拼箱可以以最高效率进行。装不完的已拼货物，立即通知单证部请示国际货运代理企业或船公司，依其指示处理；装完货将理货进仓记录交码头单证部并在 EDI 系统上消数。单证部在整个码头运作中处于中枢地位，指挥着码头各部门的运作。

海运拼箱货物想合签一票提单的，国际货运代理企业可以在提单确认截止前开并单保函，申请并单，承运人把各个分票信息累加起来作为总票（注意：件重尺是根据装箱信息累加的）。通常情况下，并单后的提单号与此拼箱货的最小提单号相同，但仅仅是提单号相同，二者内容并不相同。申请并单后的所有更改必须以书面形式更改。

一般来说，合票优于分票，现以航空货运为例来进行说明。一批货单独开票时，收货人必须到机场提货，不能货到付款；合票运输把几批货合在一起，也叫合大票，运费比较低，还可以货到付款，且收货人不必到机场提货。

通常，拼箱运输的方式可分为直拼运输和混拼运输。直拼运输是指拼箱货在中转港不拆箱，从一条船（或一架飞机）卸下后直接装上另一条船（或另一架飞机）。在直拼运输时，提单上通常会显示集装箱号。混拼运输是指拼箱货在中转港拆箱后，重新拼箱运到卸货港交货。在这种情况下，提单可以不显示集装箱号。直拼运输比混拼运输在运输路线、相关手续、收费项目等方面更为简单，相关费用更低一些。危险品不能采用拼箱运输。

**企业实践**

混拼运输：一个 40 英尺集装箱装有 A、B、C 三种货（中山—香港），另一个 20 英尺集装箱装有 D、E 两种货（顺德—香港），还有一个 20 英尺集装箱装有 F、G 两种货（长安—香港），3 个箱于中国香港卸下并拆箱。然后将运往鹿特丹的 B、D、F 三种货重拼于一箱中，拼好后装船运往欧洲；把运往洛杉矶的 A、C、E、G 四种货重拼于一箱中装船运至美国。

### 6.4.5　电子拼车

近年来，电子报关的兴起也促进了新的集运形式——电子拼车的产生。针对自己有进出口经营权，又是通过电子报关的工厂，国际货运代理企业为其提供电子报关散货拼车的运输服务，就是把几个工厂的电子报关的散货拼成一个整车发出，这相对包车来说节约了很多成本。

## 6.5　配送与交付货物

货物的交付也称放货，是指将货物交给收货人，或者按运输代理合同、交付地适用的法律或特殊贸易习惯将货物置于收货人的支配之下，或者根据交付地适用的法律或规定将货物交给当局或第三方。

### 6.5.1　海运集中卸载

#### 1．卸货准备

装货港船代根据提单副本编制出口载货运费清单，将其连同提单副本送交船公司，并邮寄或送交卸货港船代。单证部收到已清关的舱单后计算船方费用；然后由财务部办理即收或月结手续，开出接受委托服务单并通知总调；总调安排理货员卸船；单证员将集装箱货物、封条等的相关信息录入公司的 EDI 系统。

根据我国有关规定，对进口集装箱货物，承运人应在船舶抵港前一定时间内（近洋航线为船舶抵港前 24 小时，远洋航线为船舶抵港前 7 天），以传真、电传、邮寄方式向卸货港船代提供完整、准确的提单副本、舱单、集装箱装箱单、场站收据副本、积载图、危险货物集装箱清单、危险货物说明书、冷藏集装箱清单等必要的卸船资料，并于 24 小时内制作船舶预计到港通知书、到货通知书、集装箱舱单等单证，将这些资料和单证分送港口、外轮理货公司、海关等单位。

卸货港船代根据装货港船代寄来的货运单证，编制进口载货清单等卸货单据，办理船舶进口报关手续，并将相关单证送交装卸公司、集装箱堆场或货运站，约好装卸公司，联系好泊位，做好卸货准备工作；装卸公司、集装箱堆场或货运站的经营人接到上述单证后，为船舶进港和卸货做好准备。

### 2. 卸货

卸货时，理货员必须核对集装箱封条与舱单的记录是否相符，如有不符应立即通知船方，并向总调报告。如果为海关监卸，则卸货后由船方施加码头封条，理货员必须记录当时情况并将新封条记录在卸货记录中，并交由海关监卸人员签章，然后交船方签章确认。船舶抵港后，理货公司凭舱单理货，凭货物积载图指导卸货。当货物溢短或残损时，理货员应编制货物溢短单或货物残损单，经大副签章确认后，提供给有关单位。

在运输中，集装箱如因箱体损坏、用错箱等需要倒箱时，船代应出具联系单给码头和海关（注明费用结算方法）。如果在码头外倒箱，码头应根据海关许可证，安排进场计划和出场计划；如果在码头内倒箱，则在倒箱时，要有海关人员、船代、理货员在场，倒箱结束后，由海关人员加封条。其他运输方式的配载和卸载流程同海运的流程是类似的。

### 3. 换取提货单

承运人或其代理人应根据提单上注明的或收货人提供的交货地点，在规定的时间内（远洋航线为船舶抵港前 7 天，近洋航线为船舶抵港前 36 小时）向收货人或其代理人发出到货通知书，收货人或其代理人应在收到到货通知书后凭提单办理提货手续。

**1）凭正本提单换取提货单**

在信用证贸易方式下，收货人或其代理人收到到货通知书后，应及时向银行付清应付款项，取得有关单证，凭正本提单和到货通知书向船代换取提货单①（Delivery Order，D/O），

---

① 提货单俗称小提单，但小提单在业界有三个含义：提货单，如先凭正本提单去船公司换取提货单，再凭提货单提货；相对于 MB/L（Master—B/L）大提单、主提单的货运代理提单（House—B/L，HB/L）；驳船提单（Feeder B/L）。

等一式五联单证，如运费为到付，还应结清运费。船代核对正本提单后，在提货单（交货记录第一联）上盖章。收货人或其代理人持提货单到海关办理进口报关手续，然后持海关放行的提货单到码头仓库提货。

**2）凭银行及收货人的共同保函换取提货单**

在提单邮寄延误，或者作为押汇的跟单票据的提单未到达进口国银行，或者虽然提单已到达进口国银行，但因为汇票的兑现期限，货物运抵卸货港时，收货人或其代理人还无法取得提单的情况下，收货人或其代理人可向船公司出具银行及收货人的共同保函，以换取提货单。船公司应及时要求收货人履行解除担保的责任，即要求收货人在取得提单后及时交给船公司，以恢复正常提货的条件。

**3）电放**

电放（Telex Release，T/R）是指在装货港将货物装船后，承运人应托运人的请求，收回已签署的全套提单或不签发提单，而以电子报文或电子信息方式授权其在卸货港的代理人在收货人不出具提单的情况下，将货物交付给托运人指定的收货人。

电放作业流程如下。

（1）托运人向承运人返还全套正本提单并提供填写完整的电放申请函，托运人电邮电放申请函（Telex Release Application，T/R Letter）给承运人或先在承运人官网申请，再书面出具正本电放保函，在实际操作中通常申请函就是保函。如果“收货人”栏处为“To Order”或“To the Order of Shipper”，则托运人需提供托运人正本保函，以明确收货人；如果“收货人”栏处为“To the Order of Bank”或“To the Order of 第三方”，则托运人需提供指定银行或指定第三方的正本保函，以明确收货人。托运人和收货人都要出具保函，托运人在电放完成后要履行解除担保的责任，而收货人不需要。

（2）承运人若同意为托运人电放，确认托运人已经支付电放费后，在电放保函上签字并将其电邮至卸货港代理人。

（3）收货人凭之前收到的提单传真件，向代理人报出电放号（T/R No.）并出具 ID 证明（业务员身份证、工作证）后提货。若收货人委托报关行的人员提货，则报关行的人员应向代理人出示报关行证明。

**4）使用海运单**

与提单相比，海运单（Sea Waybill）也具有承运人收到货物和运输合同成立的证明作用，但它不是物权凭证，不可转让。在使用海运单的情况下，收货人无须出具海运单，承运人只要将货物交给海运单上注明的收货人，即可视为已经做到了谨慎处理。通常，收货人在取得提货单之前，应出具海运单副本及自己确实是海运单上注明的收货人的证明材料。实践中应注意的问题：海运单通常只签发一份正本；收货人提货时无须出具正本海运单，而只要证明其是海运单上注明的收货人即可。

签发海运单的申请程序如下。

（1）托运人需提供给承运人固定格式的申请签发海运单的总保函。

（2）由承运人总部审核确认后，通知口岸分公司或代理人可以签发海运单的托运人名单。

（3）请托运人注意以下内容。

- 订舱委托书上的收货人必须有名称和详细地址。
- 订舱委托书上必须加注“Sea Waybill”字样（不必单票申请，但必须单票标注）。
- 签发海运单后，不得就同一票货再签发海运提单。
- 海运单不能做电放处理，在收货人向承运人请求提货之前，只要符合要求，托运人有权更改收货人。
- 美西线的海运单在船开航后的更改可以参照海运提单的更改规则。
- 日本航线、韩国航线的海运单在船开航后不允许进行更改。

#### 4. 装卸注意事项

在杂货班轮运输中，船舶承运的货物种类多、票数多、包装样式多、停靠港口多，如果要求每个托运人将自己托运的货物直接送到码头船边，就可能发生待装货物不能按规定的装船次序送到船边的情况，从而使装货现场发生混乱，影响装货效率。同样，如果所有收货人在船抵港后同时来到码头船边接收货物，也会使卸货现场发生混乱，影响卸货效率，由此延长船舶在港停泊的时间，延误船期，也容易造成货损、货差。为了避免以上情况，除危险货物、鲜活易腐货物、贵重货物和重大件等特殊货物外，通常采取仓库收交货，集中装卸船。

无论采用何种装卸方式，船公司的责任均以船边为界，责任期间即从货物装上船到卸下船为止。但在集中装卸船的情况下，从托运人交付货物时起到货物装上船及从货物卸下船到收货人接收货物为止的责任由货运代理人承担。

### 6.5.2 集装箱货物的提运

#### 1. 整箱货提运

对于进口整箱货，收货人应于集装箱卸入堆场后 10 天内提运。如果超过 10 天不提运，港口装卸公司可将集装箱转栈堆放，由此发生的费用由收货人负担；在 10 天内，由港口造成的集装箱转栈堆放的费用由港口负担。收货人超过规定期限不提运或不按期限向指定地点归还集装箱的，应当按照有关规定或合同约定支付集装箱堆存费及集装箱超期使用费。自整箱货进境之日起 3 个月以上不提运的，承运人或港口可报请海关按国家有关规定处理货物，并以处理货物所得的款项支付有关费用。

收货人提取进口整箱货时，应持海关放行的提货单到承运人指定地点办理集装箱交接手续。收货人将整箱货提离码头堆场前，需先向承运人委托的管箱单位办理放箱手续。经管箱单位在集装箱设备交接单上加盖放箱章后，收货人再办理整箱提离手续。通常，堆场是承运人和收货人责任、费用划分的场所，故要求收货人结清所有有关费用，留下提货单，然后签署交货记录。收货人在码头堆场提取整箱货时，要出具承运人签发的交货记录、集装箱设备交接单。经核对无误后，码头堆场才能将整箱货交给收货人，双方应在交货记录上签字并办理集装箱交接手续。对一些特殊货物，如冷冻货物、危险货物或重大件等，往往在船边办理交接手续。

若集装箱在码头直接通过铁路或水路向内陆运输，中转地的收货人还要持交货记录、集装箱作业申请单、铁路计划申请单或水路托运单向码头堆场或铁路部门办理托运手续。为此，提单上除填写通知方外，还必须填明实际收货人。码头堆场加盖受理章并先与铁路部门、水运船公司取得联系后，再把集装箱交给相应的接收人。

#### 2. 拆箱货提运

当交货地点不具备整箱运输条件而必须拆箱运输时，收货人需凭经海关放行的交货记录填写整箱拆箱申请单，并向码头陆运机构申请。经码头陆运机构审核同意拆箱并加盖认可章后，方可在海关监管下进行拆箱作业。同时，收货人与码头堆场办理交接手续。

收货人在集装箱货运站提拼箱货前，应先与船公司委托的集装箱货运站取得联系，凭提货单从集装箱货运站提取货物。集装箱货运站将提货单记载内容与货物核对无误后，即可交货。交货时，集装箱货运站与收货人应共同在交货记录上签字。

拼箱货应在卸船后或集装箱运抵内陆中转站、货运站后 4 天内拆箱完毕。空箱要按时返还，如果不能按时还空箱，则收货人要承担滞期费。

集装箱货运站拆箱人员根据装箱单和目录对拼箱货进行拆箱、分货，之后将货物运入仓库，然后通知收货人。有些货物由收货人自提，即由国际货运代理企业的工作人员办妥手续后收货人自己提货；有些货物是送货上门的，这时拆箱人员要注明收货人的名称、地址、电话，同时把单证打印出来并分好，并安排车队送货。如果是中转货，则拆箱人员把单证分好后将货物运到中转国际货运代理企业处；若收货人委托代运，则与传统进口货物相似，国际货运代理企业的工作人员可根据交接方式做好代运工作。若整箱货在其他非承运人集装箱货运站拆箱提货时，可按整箱货提运至集装箱货运站，集装箱货运站在海关监管下拆箱并与收货人进行交接，然后将空箱运回。

### 6.5.3 航空运输的配送

国际货运代理企业的航空配送中心专门负责处理航空货物到达航空港后的提取、配送，以及周边城市的中转和运送工作。

#### 1. 机场提货

提货员在航班进港 2 小时内凭有效提货凭证，到机场办理提货手续，完成货物交接。在机场提货时，提货员应认真检查货物的情况，按提单认真核对货物件数，同时确定货物是否处于正常状态。若发现货物存在破损、淋湿、少货、散包及开包等不正常现象，提货员应立即到机场提货处进行调查，办理相关证明。出现拉货情况时，提货员需第一时间通知配送中心柜台当班组长或主管，核实拉货情况，再与提货处协商先提已到货物。货物装卸时，提货员应与装卸人员交接清楚，并签名确定。装卸人员应主动避免践踏货物，严禁扔、摔、抛、踩、推、倒置货物，做到轻拿轻放、文明装卸，杜绝野蛮装卸。

#### 2. 柜台操作

提货员向业务员发送客户资料，业务员收到后应认真核对，准确无误地将资料输入系统以便提货人查询。传真资料要求注明提货人的姓名、地址、电话。如果提货人要求签收单原件返回、扣货、待放货等，业务员必须在备注栏内注明。国际货运代理企业可以这样规定：货物入仓 2 小时之内，必须通知提货人，并做好记录；确定配送的货物应在航班进港后 5 小时内配送完毕；自提货物应通知提货人在第二天 9:00 到网点提取，派送货物到市区的应在 12:00 前派送完毕，边远地区的在 16:00 前派送完毕。办单人员必须认真核对提货人的有效证明，提货人需交纳相关费用后方可办理提货手续。提货的规定如下。

（1）提货人为收货人的，提货时必须出示本人的身份证原件或驾驶证、户口本、护照、军官证等。

（2）提货人不是收货人的，提货时必须同时出示收货人和提货人的身份证原件。

（3）收货人为单位时，提货人必须出示加盖收货人单位公章的提货证明和提货人的身份证原件。提货处员工需在运单存根联上记录提货人的证件号码，留存提货证明。

提货人在提货时必须当场清点货物件数，并在提货单（以新邦物流为例，见图 6-4）上签名确认。查询人员在接听客户查询电话时，语气要热情，要有耐心，必要时还要做好记录，查询货物到达情况。对公司要求回签的签收单，业务员必须于次日把签收单传真给对方。记录清单可以参考表 6-2 样式设计。

<table>
<tr><td colspan="5">新邦物流 XINBANG　　广州市新邦物流服务有限公司<br>53563/0</td></tr>
<tr><td>广州市新邦物流服务有限公司</td><td colspan="4">到达日期 11-11-4 承运现金　　代理上海蓝鹏<br>运单 4913××××/491××××<br>航班/车次 35××　　去向 市内 自提：自提　分单 010203</td></tr>
<tr><td rowspan="5">新邦物流配送中心：<br>位于广州市白云机场南门侧，是专业处理白云机场进港货物的提取、派送、分流及中转的物流中心，派送地域遍及整个珠三角，无论空运、汽运、快递，只要您一个电话，剩下的事情由我们来帮您完成。<br>咨询热线：020-86129489 86131712 61052664<br>查询热线：61052666，61052667，61052669，86129489<br>传真：020-61052665 86130721<br>发货热线：020-86130868（五条线）</td><td>收货人地址电话<br>Consignee's Name，Address</td><td colspan="3">邱××8638××××/3625241××××<br>530××××</td></tr>
<tr><td>件数/重量<br>Number/Weight</td><td>1 件/17 kg</td><td>到付运费<br>Charge</td><td>50+0 元</td></tr>
<tr><td colspan="3">机场费、分拣费、装卸费、地运费<br>仓储费、路运费、超重费、送货费（_项/几项）</td><td>10 元</td></tr>
<tr><td>收银员 Casher<br>时间 Date</td><td>何××<br>03-11-5<br>8:10:34</td><td>合计<br>Total</td><td>60 元</td></tr>
<tr><td>证件和客户签字<br>Con.& Sign.</td><td colspan="3"></td></tr>
</table>

图 6-4　新邦物流的提货单

**表 6-2　记录清单**

运单号：　总件数：　总重量：　航班号：　起飞时间：

| 分单号 | 件　数 | 收货人资料 | 到　付 | 预　付 | 备　注 |
|---|---|---|---|---|---|
| | | | | | |
| | | | | | |
| | | | | | |
| | | | | | |

### 3. 仓库保管

仓管人员应与司机妥善交接，认真清点入仓货物，对所提货物进行复查，出现异常情况应立即向当班主管汇报。仓管人员应根据提货单及时发货，在提货联加盖本人印章号，并协助提货人进行装载。仓管人员应每天在规定的时间内把货物库存情况汇总报至柜台。

### 4．货物配送

在货物配送前，配送员须提前通知客户。如果需延迟送货，配送员必须将通知情况（包括通知时间、确认人姓名）在反馈信息中注明。交付货物时，配送员应主动、认真地引导客户按规定进行签收（注明客户身份证号码、收货日期）。配送完毕，配送员应将签收单交至柜台以便查询，并交货款。如果配送货物时出现电话错误、客户拒付货款等特殊情况，配送员不得自作主张，应及时反馈到柜台，由当班主管负责处理。货物配送流程如图 6-5 所示。

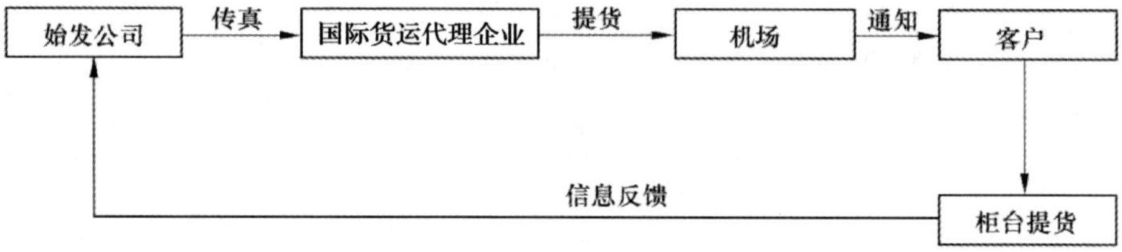


图 6-5　货物配送流程

### 5．转运

国际货运代理企业的代理公司（网络公司）必须按协议时间到国际货运代理企业接货，确认货物数量正确、外包装处于正常状态，确保货物安全交给客户。对于自提货物，网络公司应及时通知客户自提；对于需配送的货物，市区的应早上派完，其他地区的应下午派完；对不正常货物及积存 3 天以上的货物，网络公司必须尽快通知国际货运代理企业，以便国际货运代理企业及时解决问题。所有签收原件必须于次日晚上带回公司。对于有规定的签收单，网络公司必须让客户签字盖章。转运流程具体如图 6-6 所示。

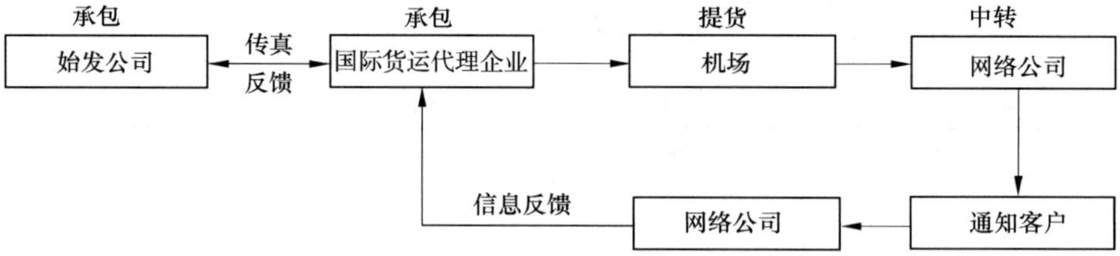


图 6-6　转运流程

## 本章小结

本章详细描述了国际货运代理企业接管和交付货物的细节。货物的交接方式是国际货运代理业务中的重要内容，整箱货的交接较为简单，拼箱货或散货则会涉及过磅量方、入库、仓储、包装等问题。

## 推荐阅读

1．锦程物流网 http://www.jctrans.com。

2．蛇口集装箱码头有限公司网站 http://www.szports.org.cn/cn/about/member/item/10-sct.html。

## 思考题

### 1．选择题

（1）对小五金、绸缎、呢绒等货物，堆码方式通常采用（　　）。

A．散堆方式　　B．堆垛方式

C．货架方式　　D．成组堆码方式

（2）以下货物适合采用货架方式堆码的是（　　）。

A．煤炭　　B．矿砂　　C．医药品　　D．木材

（3）“门到门”运输最适合的交接方式是（　　）。

A．整箱交、整箱接　　B．整箱交、拆箱接

C．拼箱交、拆箱接　　D．拼箱交、整箱接

（4）用于存储某一类特定商品的仓库称为（　　）。

A．特种仓库　　B．专用仓库　　C．专业经营仓库　　D．通用仓库

（5）货物仓储管理中，货物堆码要求必须做到（　　）。

A．正确、安全、快捷、低耗等　　B．合理、安全、简明、方便等

C．正确、安全、低耗、方便等　　D．合理、安全、低耗、方便等

### 2．判断题

（1）在货物验收入库的过程中，如果超过规定的损溢范围，经核对查实后，按照入库通知单的记载数量入库，然后交涉处理。（　　）

（2）仓单是提取仓储物的凭证。存货人或仓单持有人在仓单上背书并经保管人签字或盖章的，可以转让提取仓储物的权利。（　　）

（3）货物出库时可以采取货主自提或送货上门的方式。为避免出现差错，货主不能委托第三方办理提货。（　　）

（4）在货物堆码中，对于箱、桶、麻袋装的货物及木材、钢材等货物，一般采用成组堆码方式。（　　）

（5）根据规定，海关监管仓库必须全部由海关自行管理，不得交由其他仓储企业管理。（　　）

### 3. 简答题

（1）简述 FCL 和 LCL 的区别。

（2）集装箱货物的交接方式有哪些?

（3）简述仓储合同中保管方的权利与义务。

（4）简述仓单质押业务的流程。

（5）简述电放的流程。

# 第 7 章

# 国际联运与展品运输

**关键术语**

拖车服务；设备交接单；中流作业；多式联运；大陆桥运输；过境货物运输

**学 习 目 标**

- 掌握短途接驳业务。
- 了解大陆桥运输的历史。
- 了解国际展品、私人物品及过境货物运输代理。
- 熟悉大陆桥运输线路。
- 掌握美国大陆桥运输业务、欧亚大陆桥运输业务。

目前，国际货物运输很少以单一运输方式进行。国际货运代理企业或承运人在接管货物后将其装上远程运输工具之前，以及在将货物卸下远程运输工具后交付给收货人之前必然需要进行短途接驳，另外，在全程运输过程中，中转、联运也是很常见的。

## 7.1 短途接驳业务

承运人同意承运后会签发装货单，并要求托运人将货物送至指定的地点。有些托运人需要国际货运代理企业提供短途运输服务，也称为短途接驳，本节将详细介绍短途接驳业务。短途接驳业务按运输通道可分为陆运短驳和水运短驳。

### 7.1.1 陆运短驳的拖车服务

#### 1. 相关基本概念

在由国际货运代理企业提供拖车服务的情况下，操作员审核完装货单和放箱纸（也称放柜纸）等资料后可向拖车行或车队约车。派车是较为烦琐的环节，通常派出的车分为两种：尚未装入集装箱的散货使用吨车；整箱货使用拖车①。派车时，操作员要根据货量来配合适的车，时间安排也要合适。

**1）内地香港拖车**

内地香港拖车同时拥有内地车牌和香港车牌，能从皇岗、文锦渡等口岸无须换装直通香港，这种拖车的运价较高。

内地与香港间的陆运有两种方案：先用内地车将货物运至香港与其他省区的分界卸下，再将货物装上香港的拖车；用内地香港拖车直接将货物从内地运至香港。

**2）双拖**

双拖是指一辆拖车上运两个 20 英尺集装箱。双拖可以节省费用，但出于安全考虑，有的货主不允许双拖。

**3）司机纸**

司机纸即中华人民共和国海关出境汽车载货清单，一式两份，分别由起运地和出境地海关留存，是驾驶员向海关出具的身份证明与此辆车该次所载货物的情况证明。司机纸所载内容包括车牌号、箱号、司机姓名、货物名称与数量、起运地、目的地等，还需运输公司和海关盖章，以及海关主管人员签名。司机纸主要反映了此辆车该次所载货物的情况。

**4）司机簿**

司机簿全称为海关车辆监管簿，是经海关严格审批的转关准载证书，以证明司机及所属企业有从事转关货物运输的资格。转关时，司机必须带司机簿受海关和交通管理部门的双重管理。司机簿和司机纸在转关时均是报关必需的单证。

**5）自理拖车**

自理拖车是指客户自行负责向拖车行或车队约车。

**6）代理拖车**

代理拖车是指由国际货运代理企业负责提供拖车服务。

除拖车费或吨车费外，拖车服务还可能产生隧道费、码头费、换单费、堆场提箱费、修箱费、无偿修补费、营运检测和二级维护费、海关司机簿年审费等费用。另外，内地与香港间的运输经常会产生一些相关的杂费，如入仓登记费、停车费、隧道费、查车费、过桥费等，其中大部分费用有原始票据为证，国际货运代理企业可凭此向客户报销。

① 拖车分为拖头（Tractor）和挂车（Trailer），英文也用 Haulier、Dray 来表示。

### 2．拖车服务流程

**1）派车**

操作员同客户确认出货时间，在客户出具书面通知后派车。合理的派车时间应该是装货之日前一至两天，以免临时无车或拖车晚到工厂。操作员接到客户的书面通知后在货运计算机系统[①]中根据客户提供的资料和承运人回复的装货单打出派车通知单（或称集卡联系单、拖车订单、拖车通知书），将装货单连同派车通知单传真给公司固定的合作车行。如果涉及转关，则要求司机携带司机簿等证件。传真之后，操作员要和拖车行确认能否在客户要求的装货之日前赶到工厂做箱[②]。如果客户要求比较急，则操作员要提前两到三天通知拖车行。当拖车行收到派车通知单后，会根据里面的资料和装货单到码头提空箱和封条，同时拖车行回传有关司机和车辆的资料给操作员，操作员将其回传给客户，以便客户安心地将货物交给拖车行做箱。派车在不出意外的情况下操作是比较容易的，但偶尔会有意外发生，操作员要学会处理突发事件。

**2）提取空箱**

提取空箱[③]是指从集装箱堆场或集装箱货运站提空箱送至客户装货地。

操作员在装货前一天与拖车行联系，确定拖车是否安排妥当。装货当天，操作员必须追踪拖车是否顺利提到空箱，是否准时到预定的地点装货。通常，集装箱是由船公司无偿借给货主或集装箱货运站使用的。操作员传真集装箱放箱通知书及集装箱出场设备交接单给拖车公司，拖车公司派司机带司机簿据此单到集装箱堆场或集装箱货运站提取空箱。

设备交接单（Equipment Interchange Receipt，EIR）分为出场（Out）设备交接单和进场（In）设备交接单。空箱出场的设备交接单是承运人指示集装箱堆场或集装箱货运站将空箱或其他设备交与本单持有人的书面凭证。一般货物要从哪个港口出口，集装箱就应是该港口指定承运人的集装箱，切不可提错箱，否则将会造成无法报关的严重后果。如果承运人本身没有集装箱，则涉及向控箱公司租箱的问题。

拖车到达集装箱堆场或集装箱货运站时，司机向集装箱场站提交放箱通知书。在检查桥或门卫处，双方在集装箱设备交接单上签字交接并各执一份。提取空箱后，操作员将司机的资料、箱号、封号、装货单传真给客户。

**3）做箱**

拖车提箱后，将吉柜拖到客户的工厂或仓库等门点装货。

**4）还重箱**

还重箱，也称还重或返重，指将装完货的重箱运回集装箱堆场或集装箱货运站。装满

① 常用的货运计算机系统包括 CARGO 系统、SHIPPING2000 系统等，很多公司也设立 IT 部门进行自主开发。

② 做箱也称做柜，即将空箱拖到门点装货。

③ 提取空箱也称拣柜、拖柜。

货物的集装箱叫作重箱或重柜。

拖车凭行车小票进闸口后，集装箱堆场或集装箱货运站会给货运代理或托运人一张签收的场站收据。如在码头还重箱，则称为码头收据。重箱回场后集装箱堆场或集装箱货运站给的场站收据及散货入散货仓后仓库给的收货单都是报关的基本单证，有人将其称尾纸、重箱纸、码头纸、场单。承运人一般委托集装箱装卸区、中转站或内陆站收到整箱货或拼箱货后签发收据。同一批货物装有几个集装箱时，先凭装箱单验收，直到最后一个集装箱验收完毕后，再由场站管理员在场站收据上签收。在收到的整箱货或拼箱货的包装外表有异状时，场站管理员应加批注。场站收据的作用相当于传统运输中的大副收据，它是发货人向船公司换取提单的凭证。场站收据由报关行根据装货单、提单申请指示单（或其他出口运输指示）与装箱单内的指示和信息填写，份数依实际情况而定。有些国家的份数是固定的，至少返还已签发的一份给国际货运代理企业或托运人作为交货凭证。拖车司机将场站收据交给客户指定的报关代理作为出口报关的单证。

### 7.1.2 水运短驳的优缺点

我国南方的进出境短途接驳主要发生在珠江三角洲地区，以下以内地与香港间的运输为例来说明与陆运短驳相比，水运短驳的优缺点。

#### 1．水运短驳的优点

**1）避免额外费用的产生**

陆运短驳常常会产生香港进出口税费、入车场费用及种种因查货而发生的拖车过夜、逾时费等不可预见的额外费用；水运短驳则可省去诸如此类不必要的开支。如果客户不需要在香港卸货，要求直接把货物送到指定地点，则按照香港运输惯例需要加收专车直接交仓费用；如遇到客户在香港加货的，一定要预先通知加货情况，还要收加货费。

**2）免除重复报关的困扰**

陆运短驳是以逐箱申报形式报关的；而水运短驳是以整批货申请报关的。如此可免除因重复报关而产生的额外费用，尤其是一次性货量较大时，水运短驳的优点更加明显。

**3）了却二次查验的烦恼**

因为陆运短驳要跨越不同的海关辖区，所以货物经常遭遇不同海关的查验，耗时、劳神，且常延误拖车到厂时间，致使人员、机械耗费时间在等待卸货上；而水运短驳在当地一次通关即可，简便易行，确保了货物运输的时效。

**4）可享受免费堆存期，便于一般贸易报关及合同的周转**

货到后，内地码头可提供约 5 天的免费堆存期（不同港口有不同天数），便于一般贸易报关及合同的周转，同时客户也可视其人力及仓库容量，于货物放行后预订进箱的时间及箱数，十分方便。若不慎发生逾时或过夜压车现象，其发生的费用也比内地香港拖车便宜很多。

2．水运短驳的缺点

**1）运送时间会较陆运短驳的时间长**

因为二程船大多于晚间开船，第二天抵大陆口岸，且由于航速限制，所以其运送时间会比陆运短驳的时间长 1～2 天，对有较高时间要求的客户缺乏吸引力。

**2）部分地区中转运输的成本较陆运短驳的高**

珠江东岸距香港较近，无论是深圳还是东莞，仍以内地香港拖车方式为主流，速度快且便宜。如果进口箱是先卸于香港集装箱堆场后再通过海运进行中转运送，则其除支付香港本地费用（如码头处理费、单证费）外，还需支付在香港的中转费用。如果靠水位交收箱，则需支付水位费。如果客户头程安排的船公司允许以中流作业方式到船边接箱，一般只需支付 1/2 的香港码头处理费，可节省部分成本。至于东岸的大批量货物与珠江西岸的货物，只能使用水运短驳方式。

**3）港口海关的拆箱、查验较陆运关口的烦琐**

因为陆路关口的查验方便，所以对于进出口货物的品名、货类较杂的客户来说，陆运短驳比水运短驳快捷。但如果出现问题卡关时，则陆路关口的压车费、劳务费十分高昂。

揽货员和操作员必须充分熟悉水运短驳及陆运短驳的优缺点，结合客户喜好给客户推荐合适的短途接驳方式。

## 7.2 中转业务

### 7.2.1 概念

中转是指货物从起运地到目的地最少经由一个港口或/和地点的连接运输。按地域，中转可分为过境、国内中转、国际中转；按运输方式，中转可分为水路中转、道路中转、铁路中转、空路中转，以及不同运输方式的结合。国际中转不经中转国境内陆地运输的也称转运[①]。空路中转是指货物在始发站到目的站的航程中，经过两次或两次以上换航班或换机型的过程。在中转运输中，用“via”“by the way of ”“care of ”“C/O”等表示经由。

① 在实际业务中使用“转运”并没有那么严格，有时其仅是中转的代名词，本书中有些地方仅指为托运人代办下一程托运。

**示　例**

- 货物从中国基隆出发经由巴拿马运河驶往纽约（Shipment from Keelung to New York via Panama Canal or Shipment from Keelung via Panama Canal to New York）。
- 货物从上海出发于洛杉矶卸船后转火车运至底特律（Shipment from Shanghai to Detroit via Los Angeles）。
- 货物从深圳出发在西雅图卸船后经由陆桥运输并在保税下，运至波士顿（Shipment from Shenzhen to Seattle via Land-Bridge in bond to Boston）。
- 用船将货物运至美国太平洋沿岸港口再通过陆运，运至纽约（Shipment to Pacific Coast via Overland to New York）。

一些进出口商拒绝接受转运，他们认为转运与直达运输相比费用高且速度慢；有些进出口商则认为在某些目的地使用转运，费用会更低并比直达运输速度快。例如，船到某一地点的直达运输每 2 周 1 次，而转运则每周有 1～2 次。这样发运越早，进口商就越早收到货物。换句话说，转运可能节省成本和时间。货物如运往没有直达船舶的港口，或者虽有直达船舶但船期不定或航次间隔时间太长的港口，进口商为便于装运，则会要求在合同中订立“允许转运”的条款。按《跟单信用证统一惯例》规定，除非信用证有相反的规定，否则准许转运。为明确责任，交易双方商定合同时，应就是否同意转运的问题做出明确规定。

大多数的现代远洋货运都已集装箱化，加上各国之间的多边协议，使转运成为可能。集装箱转运不需要中途重装货物，因此减少了费用，节约了时间。转运费用通常包含在以直达费率计算的运费中，但托运人必须向承运人确认不会向收货人加收额外的转运费用。

随着各国贸易的日益频繁，产生了许多新的转运路线。例如，从亚洲和欧洲到中南美洲及反方向的运输，通常需要在北美港口转运。因为远洋船到达不了一些内陆国家，所以进出口货物必须在其他国家通过卡车或火车或内陆水路（河流、运河或湖泊）转运。

### 7.2.2　香港中转

香港是我国国际货运重要的中转港，特别是对于珠江三角洲地区的国际货运代理企业而言，在香港中转是必不可少的。珠江三角洲地区地域辽阔，河道遍布，其进出口运输常涉及多式联运方式。珠江东岸的深圳、东莞、惠州（东）等地区毗邻香港，故内地香港拖车很方便，成了主要的中转运输方式。然而，随着盐田、蛇口及东岸各小港口的扩充投产，海运驳船运输逐渐占据一席之地。珠江西岸及北部流域地区，陆路到香港较远且驳船服务十分成熟，故以海运驳船方式为主。以下就香港的中转运输作业方式及业务做一些介绍。

### 1. 香港中转的一些概念

（1）中检。中检是指少数特殊货物于香港中转时必须经过检验，检验合格取得“中检证”后方可续运。例如，进口至广东省各港口的废金属、废电器于香港须中检，且需提供国家的环保批文。

（2）港销货与中转货。港销货是指运至香港后不再中转就地销售的货物，驳船将箱（货）运至香港卸下后转内陆拖车运至目的地。中转货是指经香港转往第三地的货物，也有人称其为“远洋货”。

（3）TTR（Textiles Trader Registration）证。TTR 证是指纺织品贸易许可证，纺织品于香港中转时，必须将 TTR 证递交给香港海关及承运人。

（4）落驳。落驳是指将集装箱吊起装入驳船中。与之相反的概念是上驳（上箱或起箱），即卸离驳船。

（5）接驳船。接驳船是指紧接上一程的船，它未必是驳船。

（6）渡空。渡空是指空箱从香港通过驳船运至珠江三角洲地区。

（7）双靠。双靠是指在同一关区内，经海关批准，驳船停靠在两个码头。

### 2. 香港港口状况概述

香港位于珠江三角洲的出口，本身的地理位置十分优越，在我国实行改革开放且全力发展经济贸易的过程中，占有相当重要的地位。香港是亚洲地区重要的经济中心，由于本身拥有国际水准的经贸设施及国贸网络，其重要性不言而喻。香港是较繁忙和效率较高的国际集装箱港口之一，现有 80 多条国际班轮为香港港口每周提供约 500 班集装箱班轮服务，连接香港港口与全球 500 多个目的地。香港以国际转运业务为主，其港口包括集装箱码头、内河码头、中流作业区、公众货物装卸区。

### 3. 香港中流作业模式及驳船运输作业流程

中流作业（Mid-stream Operation）也称锚地过驳，是指直接在货船上分派集装箱，并利用趸船将集装箱运送到附近的中流作业区起卸。

课程资源 11：趸船

#### 1）香港中流作业模式

（1）卸本场[1]。卸于本堆场让收货人提取整箱货，主要针对的是港销货。流程为大船—趸船—仓码—拖车。

（2）水位[2]交收。对部分支线船，愿意来本堆场的泊位靠泊交收箱的，

---

① 本场指大船（或驳船）公司租用的水位或泊位边的集装箱堆场（相对于水位而言）。

② 水位（Waterfront）是滨海区的意思，是大船公司（偶尔驳船公司）租用一片水域专为自己的船收箱用，空闲时也为其他公司服务。

可将集装箱拉至两边均不着岸，用浮筒固定于某水位的趸船旁，以吊杆交/收支线船。流程为大船—趸船—仓码—支线驳船。

（3）拖车转仓。对部分全程转运货，亦由船公司以拖车方式转仓，拖至二程公司小水位交箱中转。流程为大船—仓码—拖车—趸船—支线驳船。

（4）船边交收。船边交收即直接由船边吊杆进行船对船的过舶作业，速度快、操作成本低，极适合中转运作。大船停于锚地中，驳船靠于大船边，大船与驳船间可以停靠一带吊机的趸船；若大船本身有船吊则无须趸船。流程为大船—趸船—大船或支线驳船。

（5）公趸交收。公趸交收即交趸船，趸船上均配有吊机，而通常驳船无吊机，趸船挂在拖轮上可移动。对部分量少或无法在船边交收的集装箱，为节省成本，可将其卸于大型驳船中以待支线船公司进行交收箱作业，且费用成本也不高。流程为大船或趸船—大船客户委托的趸船或驳船。

以上中流作业模式的成本比较：（3）>（2）>（1）>（5）>（4）。另外，香港对危险货物或重大件的场内仓期限制极为严格，国际货运代理企业在揽收此类货物时应注意。

**2）驳船运输作业流程**

（1）进口流程。装货港至香港由承运人运输；承运人在船到前，将待转运的客户资料交予支线船，并预先通知收货人，确认进口资料，制作二程舱单、提货单等；支线船在获得承运人提货单后，派驳船至指定地收箱（船边/水位），完成后航行至大陆水域；驳船向海关报到，递交舱单，完成输单及查船等封关放行动作，驶抵目的港；驳船抵码头经边检查验后，报当地海关进行拆封，海关扫码并与电脑资料核对无误后，进行清关及清船作业，待完成后，支线船取得卸货纸在码头进行卸箱入场作业；当天或隔日，报关人员带齐报关资料（如合同、进口报关清单、商品编码本、公章、装箱明细等），先到支线船码头办公室领取提单，后至报关行打单，并至海关综合科报关；海关经审单、查验后放行，并由支线船或收货人调派拖车送箱至工厂，将集装箱拆箱后，再将空箱拖返码头交还。

（2）出口流程。同上所叙，将流程倒推即可。

**3）中流作业和码头作业优缺点比较**

中流作业和码头作业的优缺点比较如表 7-1 所示。

**表 7-1　中流作业和码头作业优缺点比较**

| 比较项目 | 中流作业 | 码头作业 |
| --- | --- | --- |
| 操作成本和收费 | 较便宜 | 极为昂贵 |
| 船边操作 | 速度较慢 | 极快 |
| 作业方式 | 以驳船的吊杆起卸 | 以起重机起卸 |

续表

| 比较项目 | 中流作业 | 码头作业 |
| --- | --- | --- |
| 受环境客观因素影响 | 暴雨、强风、大浪会影响操作，甚至导致无法作业 | 较不受影响 |
| 堆场提箱时间和方便性 | 非 24 小时作业，一般为 8:00—19:00，提货较不方便，开仓速度较慢 | 24 小时作业，开仓快，进而提货也快 |
| 船边作业时间限制 | 可 24 小时作业，但午夜后不适合，且收费较高 | 24 小时作业 |
| 堆场提箱地点 | 中流仓分布各地，部分路途较远者，因跨区而拖车费较高 | 交通方便 |
| 对货物 / 集装箱的伤害 | 较大 | 较不受影响 |
| 中转货物的操作安排 | 适合中流拖车，不适合中转驳船 | 适合中转海运 |
| 场内仓期规定 | 较宽松 | 极严格 |

### 4. 内地与香港间陆运拖车运输作业流程

#### 1）进口流程

承运人负责由装货港至香港运输，并卸存进口货物于集装箱堆场；承运人通知收货人，并约定集装箱的拖送日期及交收报关事宜；运送当日或前日由拖车公司将待运箱从承运人在香港境内的集装箱堆场拉出，经过边境口岸，并于清关后拉箱入厂卸货；空箱拖返香港交回承运人的集装箱堆场，完成进口业务。

#### 2）出口流程

内地香港拖车出口依工厂指示，于指定时间内将空箱拖抵装箱地点装货；托运人与报关人员同时进行出口报关，经海关放行后出境，并寄交指定结关地点；托运人提供正确出货资料予船公司制单，当船只装船后结束出口流程。内地与香港间运输的一般流程都是港车装货过港后，送到运输公司自己的仓库（如果不是直接交仓的），按照截关时间派送。当然，有时候收货人会自己派人来提货，则国际货运代理企业免收仓库杂费。

内地香港拖车的运输成本及涉及金额大，故操作员在跟踪货载时务必小心谨慎，以免发生巨额损失。

## 7.3　联运业务

联运是由两段或两段以上的运输构成的连贯运输。联运按其组织方式可分为传统联运和国际多式联运。

### 7.3.1 传统联运

传统联运也称一般联运、一贯运输，通常简称为联运，各段承运人联营运输但各负其责，中途由托运人自行转运或由第一程承运人代办转运。联运可以使用同一份单证，也可以使用不同的单证，分段计算运杂费、分段投保。货物需经两段或两段以上运输运达目的地，如果其中有一段运输是海运，则此时所签发的提单称为联运提单（Through B/L），其中海海联运所签发的提单称为转船提单（Transhipment B/L）。

#### 1．国际铁路联运

发货人在始发站托运，使用一份铁路运单，铁路部门便根据运单将货物运往终点站交给收货人。

**1）托运前的工作**

在托运前，发货人必须严格按照合同中的有关条款和国际条约中的条款对货物进行包装和标记。

（1）货物的包装应能充分防止货物在运输中灭失和腐坏，保证货物经过多次装卸不致损毁。

（2）货物标记、标示牌及运输标记、标签的内容主要包括货物的编号、件数及站名、收货人名称等。字迹应清晰，不易擦掉，保证在多次换装中不致脱落。

**2）货物托运和承运的一般程序**

发货人在托运货物时，应填制货运单作为货物托运的书面申请。车站接到货运单后，应进行认真审核，检查货运单各项内容是否正确。

整车货物办理托运时，车站应检查其是否有批准的月度、旬度货物运输计划和日要车计划。经确认可以承运的，车站应在货运单上签证时写明货物应进入车站的日期和装车日期，以示受理托运。整车货物的发货人按指定的日期将货物搬入车站或指定的货位。车站根据货运单的记载核实，认为符合国际条约和有关规章制度的规定的，在发站装车完毕后在货运单上加盖承运日期戳，即为承运。

零担货物的发货人在托运时，无须提交月度、旬度货物运输计划，即可凭货运单向车站申请托运。车站受理托运后，发货人按指定的日期将货物搬入车站或指定的货位，经查验过磅后交由车站保管。车站将货物连同货运单一同接受完毕，在货运单上加盖承运日期戳，即为承运。车站对承运后的货物负保管、装车发运责任。

承运是车站负责运送货物的开始，表示车站开始对发货人托运的货物承担运送义务，并负运送上的一切责任。

**3）货运单据**

（1）国际铁路联运运单（International Through Rail Waybill）。国际铁路联运运单是发货

人、收货人与铁路部门缔结的运输契约，它规定了铁路部门与发货人、收货人在货物运送中的权利、义务和责任豁免，对铁路部门和发货人、收货人都具有法律效力。

（2）随附文件。我国出口货物必须附出口货物明细单、出口货物报关单及出口外汇核销单，另外根据规定和合同的要求还要附出口许可证、品质证明书、商检证、卫生检疫证，以及装箱单、化验单、产地证和发运清单等有关单证。

**4）货物交接的一般程序**

（1）货物交接准备。货物实际交接在接收路国境站进行。国际货运代理企业接收到运送票据后，依据国际铁路联运运单审核其附带的各种单证份数是否齐全、内容是否正确。遇有矛盾、不符等情况，则根据有关单证的内容进行修改、补充。

（2）报关报检。运送单证经审核无误后，国际货运代理企业将出口货物明细单截留 3 份（易腐货物截留 2 份），然后将有关运送单证送各联检单位审核。

（3）货物的交接。单证手续齐备的列车出境后，邻国国境站的交付路工作人员会同接收路工作人员进行票据和货物交接，依据交接单进行对照检查。交接分为一般货物铁路方交接和易腐货物贸易双方交接。

#### 2．对港澳地区的铁路联运

对港澳地区的铁路联运不同于一般的国内运输，货物在内地和港澳间进出，需办理进出口报关手续。

对香港地区的铁路联运，货物由内地装车至深圳中转，深圳以南经罗湖桥到香港九龙，东莞常平经深圳笋岗口岸到香港葵涌码头卸车交货。其特点为租车过轨、两票联运，两段运费分开结算，即内地段使用铁路运单，香港段由外运公司签发货物承运收据。京九铁路和沪港直达铁路通车后，内地至香港的运输更为便捷。

对澳门地区的铁路联运，先将货物运抵广州南站、吉山站再转船运至澳门。

### 7.3.2　国际多式联运

#### 1．国际多式联运的概念和特征

**1）国际多式联运的概念**

国际多式联运（Multi-modal Transport/Inter-modal Transport）也称为联合运输（Combined Transport）。国际多式联运是在集装箱运输的基础上产生并发展起来的。其以集装箱为媒介，把海上运输、铁路运输、公路运输、航空运输和内河运输等传统的单一运输方式有机地结合起来，构成一个连贯的过程，来完成国际货物运输。

**2）国际多式联运的特征**

（1）多式联运经营人对全程运输负责。因为其不仅是订立多式联运合同的当事人，也是多式联运单证的签发人。

（2）国际各式联运使用全程提单（Combined Transport Bill of Lading），即全程一张单证，一票到底。

（3）多式联运经营人以单一费率（Single Factor Rate）向货主收取全程运费，即多式联运经营人一次计费，托运人一次付费。

（4）国际各式联运必须是不同国家或地区间的货物运输。

（5）国际各式联运必须是由两种或两种以上不同运输方式衔接组成的连贯的运输过程。

由于我国幅员辽阔，而国际航空口岸主要集中于北京、上海、广州等城市。虽然省会城市和一些主要城市每天都有班机飞往上海、北京、广州，但班机所带的货量有限，费用也比较高。如果采用国内包机，则费用会更高。因此，在货量较大的情况下，往往采用陆运将货物运至航空口岸，再与国际航班衔接。

中国内地出口货物通常采用陆空联运方式。陆空联运是火车、飞机和卡车的联合运输方式，简称 TAT（Train-Air-Truck），或者是火车、飞机的联合运输方式，简称 TA（Train-Air）。汽车具有机动灵活的特点，因此 TAT 方式较为普遍。

**企业实践**

长江以南的中外运分公司目前办理陆空联运的具体做法是用火车、卡车或船将货物运至香港，然后利用香港航班多、到欧美国家运价较低的条件（普通货物），将货物从香港运到目的地，或者运到中转地，再通过当地代理，用卡车送到目的地。长江以北的中外运分公司多用火车或卡车将货物送至北京、上海航空口岸出运。中外运的陆空联运货物在香港的收转人为合力空运有限公司。发运前，中外运公司要事先与它们联系，满足它们对单证的要求，便于提前订舱。各地发货时，可使用中外运公司的航空分运单，也可使用承运货物收据。有关单据上要注明货物是转口货，并加盖“陆空联运”字样的标记，以加速周转和避免香港税务局征税。

### 2. 多式联运单据

多式联运提单（Combined Transport B/L，Multimodal Transport B/L，Intermodal Transport B/L）的性质与作用同普通海运提单的性质与作用一样，其是承运人或其代理人签发的货物运输收据，是货物的物权凭证，即货物所有权的支配文件，是承运人与托运人之间运输契约的证明。在实际业务中，不少船公司的联运提单与多式联运提单使用的是同一格式。多式联运提单表面上和联运提单相仿，但联运提单承运人只负责自己的运输区段，而多式联运经营人对全程负责；联运提单由船公司签发，包括海洋运输在内的全程运输，多式联运提单则由多式联运经营人签发，可以不包括海洋运输。

### 3．多式联运经营人的责任类型

国际多式联运通常采用单一责任制，即在运输过程中，由多式联运经营人对全程运输承担责任。在单一责任制下，因各运输区段的责任内容不同，又可分为网状责任制和统一责任制。

**1）网状责任制**

网状责任制是指承运人在各个运输区段中所承担的责任内容并不相同，需根据各个运输区段适用的法规来确定。

**2）统一责任制**

统一责任制是指在运输全程中，多式联运经营人承担同样的责任。

### 4．大陆桥运输

**1）大陆桥概述**

（1）大陆桥。大陆桥运输（Land Bridge Transport）是指两个大洋之间以陆运连接，它是多式联运的一种特例。大陆桥运输是将货物从托运人国家的一个港口或内陆点通过第三国的内陆地区运到收货人国家的一个港口或内陆点的一种方式，通常以海陆、空陆或海陆空运输来代替全程海运或空运，使用多式联运单据。例如，利用北美的大陆桥或海陆海运输或空陆海运输，即利用远洋船或飞机运货到北美西海岸港口或地区再利用铁路运送集装箱（或转装到海运集装箱的空运货物）到北美东海岸港口或地区，然后通过船运到欧洲。利用俄罗斯的欧亚大陆桥或海陆运输或空陆运输，即利用远洋船或飞机运货到俄罗斯的东海岸港口（如位于亚洲的纳霍德卡港）或地区再利用西伯利亚铁路运送集装箱（或转装到海运集装箱的空运货物）到欧洲的边境站，然后经火车或卡车运到欧洲国家。

北美大陆桥：亚洲东部地区—美国或加拿大西部沿岸—美国或加拿大东西铁路或公路干线—美国或加拿大东部沿岸—欧洲（海/陆/海）。例如，从日本神户到德国汉堡的货物，可在美国洛杉矶卸货通过铁路运到纽约，然后通过海运运到汉堡。

欧亚大陆桥（Siberian Land Bridge，SLB）又称西伯利亚大陆桥：东亚及东南亚地区（日本、中国、韩国、朝鲜、菲律宾等）—西伯利亚铁路—欧洲、中东（伊朗、阿富汗）、地中海东部沿岸地区。欧亚大陆桥主要有 3 种运输方式：海铁海、海铁卡、海铁铁。

第二亚欧大陆桥由江苏连云港经新疆阿拉山口与哈萨克斯坦铁路连接，贯通俄罗斯、波兰、德国，至荷兰的鹿特丹。运程比全程海运缩短了约 9000 千米，比经由西伯利亚大陆桥缩短了约 3000 千米。第二亚欧大陆桥是中欧班列行走的线路。2019 年 7 月，我国在这条大陆桥的基础上开启了“连云港—哈萨克斯坦—土耳其”铁空联运模式，集装箱搭乘连云港中欧班列至阿腾科里站后，通过汽车运至阿拉木图，然后通过航空运输运至伊斯坦布尔。

渝新欧国际铁路于 2012 年 8 月正式开通运营，为我国西部地区的货物开辟了一条经铁路进入欧洲市场的黄金通道。渝新欧铁路从重庆西站始发，经西安、兰州、乌鲁木齐，从边境口岸新疆阿拉山口进入哈萨克斯坦，再经俄罗斯、白俄罗斯、波兰到达德国的杜伊斯堡，全程约 11 179 千米。渝新欧铁路实行一站通关的运营模式，大大节省了运输成本。与传统的水路运输相比，时间从过去的 40 天左右缩短到 16 天。

**相关链接**

大陆桥的主要优势是运输速度快，因为陆运和空运通常快于海运。在冬季，北半球的一些港口由于积雪和冰冻而关闭，而大陆桥却能持续不断地运输。大陆桥另辟捷径突破了传统从亚洲到北美东海岸及西欧的海上航线，取代了如下航线。

1）跨太平洋路线。传统从亚洲到北美东海岸地区的东向远洋货运路线是先通过太平洋，然后通过巴拿马运河（巴拿马中部）进入加勒比海，然后到大西洋。船舶穿过巴拿马运河要行驶 7～8 个小时。

巴拿马运河的大约载货限度，即船舶通过巴拿马运河时最高可运载 3500TEU（标准箱）。现代集装箱船舶的载货量超出了巴拿马运河的大约载货限度，无法通过运河。将来的远洋集装箱船舶预计将比现有船舶更大。因此，利用北美西海岸港口的大陆桥在跨太平洋路线上显得尤为重要。

已有计划建立一条干运河（集装箱货运铁路路线），利用大陆桥联系太平洋和中美国家（如尼加拉瓜）的加勒比海，以应对东亚和北美及拉丁美洲之间增长的货运量。

2）跨地中海路线。传统的从亚洲到西欧或北美东海岸地区的西向远洋货运路线是通过印度洋、红海（介于非洲和中东之间）、苏伊士运河（位于埃及东部，连通几个湖且无任何闸门的运河），然后进入地中海，服务于地中海国家和它们的邻近内陆国家。从地中海继续通过直布罗陀海峡（在欧洲的西班牙和非洲的摩洛哥之间）进入大西洋，服务于北美东海岸地区；从大西洋向北到北海和波罗的海，服务于北海和波罗的海的邻近内陆国家。

（2）小陆桥（Mini-Land Bridge，MLB）。小陆桥又称迷你路桥、小型大陆桥，是指从一个国家的港口通过其内陆地区到另一国家的港口。就美国来说，即从美国西部沿岸通过美国东西大铁路或公路至美国东部沿岸或南部墨西哥湾（海/陆，陆/海），或者从美国东部沿岸跨到美国西部沿岸再到亚洲东部地区。例如，货物从美国西雅图运到荷兰鹿特丹，先用铁路运到纽约，然后通过水路运到鹿特丹。美国内陆运输通常要换 3～4 次火车，但只需 5～7 日即到，比起全水路要节约很多时间。水路经巴拿马运河绕行至东岸或墨西哥湾各主要港口需 10～20 日，全水路航线全程需 27～32 日。

（3）微型陆桥。微型陆桥（Micro Bridge）又称微型大陆桥（Micro-Land Bridge①）、半

① 不可简写为 MLB。

陆桥（Semi Landbridge）、内陆点多式联运（Interior Point Intermodal，IPI），是从一个国家的口岸到另一国家内陆点或相反方向的运输。例如，从亚洲港口到美国中西部目的地，货物在美国西南岸港口卸货并在同一张提单下通过铁路运到终点，而非通过东向的巴拿马运河或西向的苏伊士运河到美国东海岸港口然后运到中西部目的地，即从太平洋沿岸（西海岸）到美国东西大铁路（公路）再到美国中、东、南部内陆城市。

如果是东海岸（East Coast，E/C）或墨西哥湾（Gulf Coast，G/C）卸船后转内陆运输，此种情况称为反向内陆点多式联运（R-IPI）。例如，于东海岸港口萨瓦纳港（Savannah）拖车到内陆点亚特兰大港（Atlanta）。

**2）陆桥港口及内陆公共点**

（1）太平洋美国西海岸港口（West Coast，W.C.）：① 美西北岸濒太平洋（Pacific North West，PNW），包括西雅图（Seattle，SEA or STL，WA）、波特兰（Portland，OR）、塔科马（Tacoma，WA）；② 美西南岸濒太平洋（Pacific South West，PSW），包括洛杉矶（Los Angeles，CA）、长滩（Long Beach，CA）、旧金山（San Francisco，CA）、奥克兰（Oakland，CA）；③ 加拿大不列颠哥伦比亚省温哥华（Vancouver）。

（2）大西洋美国东海岸港口（East Coast，E.C.）：纽约（New York，NY）、萨凡纳（Savannah，GA）、巴尔的摩（Baltimore，MD）、诺福克（Norfolk，VA）、迈阿密（Miami，FL）、查尔斯顿（Charleston，SC）、休斯敦（Houston，TX）、波士顿（Boston，MA）、费城（Philadelphia，PA）、新奥尔良（New Orleans，LA）、波特兰（Portland，ME，美西美东各有一个 Portland）。

（3）墨西哥湾沿岸，即美国南部港口（Mexico Gulf，Gulf Port or Gulf Coast，G/P or G/C，从大范围讲，这些港口也可划入东岸）：休斯敦（Houston，TX）、新奥尔良（New Orleans，LA）、迈阿密（Miami，FL）、坦帕（Tampa，FL）、莫比尔（Mobile，AL）、蒙彼利埃（Montpelier，VT）。

（4）IPI 运输条款下的内陆公共点（Inland Common Points，Interior Points）：芝加哥（Chicago，IL）、亚特兰大（Atlanta，GA）、达拉斯（Dallas，TX）、底特律（Detroit，MI）、丹佛（Denver，CO）、圣路易斯（St Louis，MO）、密尔沃基（Milwaukee，WI）、华盛顿（Washington，WA）、里士满（Richmond，VA）、堪萨斯城（Kansas，MO）、夏洛特（Charlotte，NC）、辛辛那提（Cincinnati，OH）、盐湖城（Salt Lake City，UT）、圣迭戈（San Diego，CA）、萨克拉门多（Sacramento，CA）、孟菲斯（Memphis，TN）、菲尼克斯或称凤凰城（Pheonix，AZ）。

**3）3 种运输方式的区别**

大陆桥、小陆桥和微型陆桥 3 种运输方式的区别如表 7-2 所示。

表 7-2　3 种运输方式的区别

| 运输方式 | 大　陆　桥 | 小　陆　桥 | 微 型 陆 桥 |
|---|---|---|---|
| 多式联运 | 是 | 是 | 是 |
| 贸易术语 | 采用 FCA 或 CIP，具体应视合同约定 | CIF/CFR 美国东海岸港口/墨西哥湾港口/内陆城市 | CIF/CFR 美国东海岸港口/墨西哥湾港口/内陆城市 |
| 运输通道 | 不受限制 | 途经美国东海岸港口、墨西哥湾港口、内陆城市 | 途经内陆公共点 |
| 运输主体 | 一次托运，多式联运经营人全程负责 | 一次托运，多式联运经营人全程负责 | 一次托运，多式联运经营人全程负责 |
| 运输保险 | 一次全程投保 | 一次全程投保 | 一次全程投保 |
| 运输单证 | 一张单证 | 一张单证 | 一张单证 |
| 运输费用 | 一次计费 | 一次计费 | 一次计费 |

### 5. 海空联运

海空联运又被称为空桥运输（Airbridge Service）。在运输方式上，空桥运输与陆桥运输有所不同：陆桥运输在整个货运过程中使用的是同一个集装箱，不用换装；而空桥运输的货物通常要在航空港换入航空集装箱。不过，两者的目标是一致的，即以低费率提供快捷、可靠的运输服务。

## 7.3.3　传统联运与国际多式联运的比较

表 7-3 将传统联运与国际多式联运进行了比较，归纳出了国际多式联运的优点。

表 7-3　多式联运与传统联运的比较

| | 多 式 联 运 | 传 统 联 运 | 多式联运的优点 |
|---|---|---|---|
| 运输主体（托运人与承运人） | 负责全程的多式联运经营人 | 各段承运人各负其责，托运人自行转运或由第一程承运人代办转运 | 责任统一，实现了“门到门”运输 |
| 运输对象 | 集装箱 | 各种货物 | 货损、货差少，货运质量高 |
| 运输方式 | 至少两种以上不同运输方式的连续运输 | 至少两段以上的连续运输 | 提高运输组织水平，综合利用各种运输优势，实现合理运输 |
| 运输单证 | 一份多式联运单证① | 多票或一份联运提单 | 手续简单，提早结汇 |

续表

| | 多式联运 | 传统联运 | 多式联运的优点 |
|---|---|---|---|
| 运输费用 | 全程单一费率 | 多费率 | 节省运杂费，降低运输成本 |
| 运输保险 | 一次保险 | 多次保险 | 安全迅速（中间环节减少，时间缩短） |

注：① 在 UCP600 中，多式联运单证是指“至少包括两种不同运输方式的运输单据”。

## 7.4　国际展品、私人物品及过境货物运输代理

### 7.4.1　国际展品运输代理

#### 1．国际展品的运输

国际展品的各参展商接到国际货运代理企业的通知后，应尽早确定运输方式、路线及时间，将展品清单在开展前传真到国际货运代理企业。国际展品通过海运方式运抵的不得迟于开展前 8 个工作日，通过空运方式运抵的不得迟于开展前 7 个工作日。展品在开展前 7 天到开展前 2 天清关；展品在开展前 2 天于仓库集结；开展前 1 天，运送展品至展台；展会结束后 1 周内展品回运。国际货运代理企业负责展品二程内陆运输时，如果第一程未在指定时间内到达，国际货运代理企业在所有收费标准的基础上另加收加急费。国际货运代理企业对大件展品另加收服务费。展品如果在节假日期间到达，国际货运代理企业另加收服务费。对于留购展品，应由参展商自行准备报关所需资料，服务费按票计。国际货运代理企业建议参展商对展品全程投保一切险，如果展品损坏或丢失，将很有益处。

展品经长途运输，可能会被多次装卸，故展品包装需坚固、防潮。对于可重复利用的包装，可以于闭幕时对展品进行复包装。展品外包装通常应清晰标明的唛头内容有展会名称、参展商、展馆号码、展台编号、件数、特殊标记等。

#### 2．国际展品的报关

国际货运代理企业根据参展商提供的展品清单到国际商会申请 ATA 单证册，并到海关办理清关手续。展品清单必须真实、准确、详尽，并以英文填写，国际货运代理企业负责翻译成中文并连同原件一同递交海关。展品清单内容包括展品名称、装饰品、布展材料、宣传海报（照片）及相关材料、宣传册、杂志及其他印刷材料、参展所需办公设备、电影、录像带、录音带、幻灯片（请注明主题、使用语言、长度、播放时间等资料）、自带食品、饮料、酒、香烟及其他需申报的物品。根据中国海关的规定，海关工作人员将会审查所有宣传册、电影、录像带、录音带、幻灯片、光盘，只有通过审查，上述资料才会被同意在

展览期间使用。因此，建议对此类物资最好能有备份。所有赠品及消耗品（宣传册除外）都必须缴纳关税，如计算器、电子表、收音机、录音机、闹钟、剃须刀、照相机、饮料、酒、香烟等。

随身展品要提前将发票、装箱单、参展邀请函、航班号码、到达日期及人员姓名传真给国际货运代理企业，以便向海关做预申报。参展商到达后，海关工作人员会根据预申报，对随身展品进行查验并根据发票金额收取一定的保证金。如果自带物品数量较大，不能即时申报随行带走，应通知海关予以临时监管并通知国际货运代理企业展品运输部，企业有专门人员负责运送展品事宜。国际货运代理企业在布展期间将根据参展商的要求及时交付展品。交付展品时，应由参展商或指定代理人当面签收。

### 7.4.2 私人物品运输代理

出境私人物品主要包括留学生的行李和移民货物两种。移民货物比较特殊，通常全家移民要跨国搬家，东西太多，随身带不走，所以要另想办法。虽然是私人物品，但也要报关，只是要提供的单证不同于货物报关要提供的单证。

### 7.4.3 过境货物运输代理

#### 1. 过境货物

过境货物是指由境外起运，通过某国境内陆路运输，继续运往境外的货物。货物自输出国运往输入国，需经第三国时，则对第三国而言，该货即为过境货物，货物于第三国卸下后依海关事先核定的路线以保税运输方式运往输入国目的地。例如，蒙古国—中国—日本，对我国而言该货为过境货物。我国的过境货物主要包括以下两种。

（1）对于与我国签有过境货物协定国家的过境货物，或者由与我国签有铁路联运协定国家收货、发货的过境货物，按有关协定准予过境。

（2）对于与我国未签有上述协定国家的过境货物，应当经国家经贸、运输主管部门批准，并向入境地海关备案后准予过境。

#### 2. 过境货物承运人

过境货物承运人是指经国家运输主管部门批准从事过境货物运输业务的企业。过境货物经营人是指经国家经贸主管部门批准、认可，具有国际货运代理业务经营权并确定过境货运代理业务经营范围（国际多式联运）的企业。一般而言，下列货物禁止过境。

（1）来自或运往我国停止或禁止贸易的国家和地区的货物。

（2）各种武器、弹药、爆炸品及军需品（通过军事途径运输的除外）。

（3）各种烈性毒药、麻醉品和鸦片、海洛因、可卡因等毒品。

（4）我国法律、法规规定禁止过境的其他货物。

### 3. 内贸货物跨境运输

内贸货物跨境运输是指国内贸易货物由我国海关境内一口岸起运，通过境外运至我国海关境内另一口岸的业务。

内贸货物仅限于除国家禁止进出境货物及许可证管理货物外的货物。内贸货物仅限使用集装箱装载，由海关在绥芬河口岸施加关锁，经铁路直接运送至俄罗斯口岸，使用中国籍船舶整箱（不拆、不换集装箱）运至我国东南沿海港口。集装箱箱体必须符合《中华人民共和国海关对用于装载海关监管货物的集装箱和集装箱式货车车厢的监管办法》的规定。

## 本章小结

本章从国际货运代理的短途接驳业务谈起，在比较了陆运短驳和水运短驳后，自然地进入对转运的介绍。转运中着重介绍了香港的中流作业，对长江以南的国际货运代理企业有相当的现实参考意义。从转运发展到多式联运，我们较为关心的是国际多式联运，其中又以北美的陆桥运输为重点进行介绍。近年来，国际快递增长迅猛，国际展品、私人物品及过境货物运输代理逐渐增多，这是不少国际货运代理企业的利润增长点，本章就此内容也进行了一定的介绍。

## 推荐阅读

1. 吾爱航运网 http://www.52shipping.com/forum.php。
2. 航运在线网站 http://www.sol.com.cn。
3. EMS 官站 http://www.ems.com.cn。

## 思考题

### 1. 选择题

（1）以下国际铁路联运规章中只适用于铁路运输部门的是（　　）。

A.《国际货协》

B.《国际铁路货物联运统一过境运价规程》

C.《统一货价》

D.《国境铁路协定》

（2）多式联运经营人在集装箱货运站收货后并签发提单，意味着（　　）。

A. 发货人应自行负责货物报关　　B. 多式联运经营人负责货物报关

C. 发货人负责联系海关监装及加封　　D. 多式联运经营人负责制作装箱单

（3）国际多式联运下的网状责任制是指（　　）。

A．对全程运输负责，且对各运输区段承担的责任相同

B．对全程运输负责，且对各运输区段承担的责任不同

C．对全程不负责任，由实际承运人负责

D．仅负责自己的运输区段

（4）多式联运经营人是（　　）。

A．国际多式联运合同的当事人　　B．国际多式联运合同的委托人

C．国际多式联运合同的代理人　　D．国际多式联运合同的经纪人

（5）多式联运经营人应托运人的要求签发了不可转让多式联运单据，则该单据的收货人栏应为（　　）。

A．记名抬头　　B．不记名抬头

C．指示抬头　　D．上述三者中任选一个即可

### 2．判断题

（1）欧亚大陆桥运输是指集装箱从东亚、东南亚国家或地区由海运或陆运进入我国口岸，再经公路运往欧洲、中东等国家和地区或相反方向的过境运输。（　　）

（2）多式联运经营人根据发货人的要求，可签发转让或不可转让的多式联运单证。（　　）

（3）《联合国国际货物多式联运公约》对运输方式的种类未做限制，可以由陆海、陆空、海空等运输方式组成。（　　）

（4）在网状责任制下，多式联运经营人按多式联运合同统一规定的标准进行赔偿。（　　）

（5）国际多式联运运费的计收，可以采用单一费率，也可以分段计费，由承运人视具体情况而定。（　　）

### 3．简答题

（1）香港的中流作业有何优越性？

（2）欧亚大陆桥、小陆桥、微型陆桥运输的含义及其主要区别是什么？

（3）欧亚大陆桥运输的基本方式是什么？

（4）如何理解国际道路联运中货物的承运与交接？

（5）简述国际多式联运的构成要素。

### 4．案例分析

2019 年 10 月 23 日（星期三），深圳某进出口公司将一份空运的产地证于当天下午委托深圳的快递公司送往香港。24 日下午（当中的间隔时间已有完整的一天时间），香港的收件

人并没有收到该产地证。25 日上午，广州货运公司追问深圳进出口公司其快件是否已经寄到香港收件人的手上，深圳进出口公司通过电话询问后答复说，快递公司当天早上已有业务员负责送到香港收件人的办公室，但由于收件人本人不在办公室导致快件无人签收。25 日下午，快件被退回快递公司，并同下一批快件一起再次派送。但 26 日已是周末（星期六），因此快递公司宣称，本公司的业务员周末休息，必须等到 28 日（星期一）早上才能派送。快递公司一直强调已有派送过的事实，没有收件人签收才导致快件一再延误。至此，23 日下午寄出的快件到 26 日的上午仍没有收到，时间间隔整整 3 天，完全违背了快递公司快速、及时派送的宗旨，导致货物没有赶上 27 日的飞机航班。28 日，经快递公司确认，该产地证已经遗失，由于产地证没有及时送达，导致航班延误一星期，广州客户直接损失达人民币 19 864.9 元。为此，广州客户委托广州货运公司（原告）对深圳进出口公司和快递公司（被告）提起了诉讼。

问题：

（1）快递公司导致快件退回的理由成立吗？

（2）案例中谁应该为广州客户的损失负责？

（3）法庭应如何判决？

# 第 8 章

# 国际集装箱运输

**关键术语**

集装箱标准；集装箱种类；集装箱运输设备；集装箱运输信息流；装箱方式

**学 习 目 标**

- 熟悉集装箱的标记和集装箱运输信息流。
- 掌握集装箱的定义、种类，集装箱的选择与检查。

集装箱运输是一种现代化运输方式，与传统的货物运输有很大不同。随着集装箱运输越来越成熟，国际货运代理的主要业务都与它密切相关。

## 8.1 集装箱的基础知识

### 8.1.1 集装箱的定义与标准化

#### 1．集装箱的定义

集装箱，又称货柜或货箱。关于集装箱的定义，国内外的专家学者存在一定分歧。现借鉴国际标准化组织（ISO）对集装箱的定义做以下介绍，即集装箱是一种运输设备，应满足以下要求。

（1）具有足够的强度和耐久性，可长期反复使用。

（2）适于一种或多种运输方式，在途中转运时箱内的货物无须换装。

（3）适应快速装卸作业，便于从一种运输方式转换为另一种运输方式。

（4）便于货物的装满和卸空。

（5）具有不小于 1 立方米的内容积。

集装箱不包括车辆和一般包装。

使用集装箱运送货物时，可直接在发货人的仓库装货，再运到收货人的仓库卸货，中途更换车船时，无须将货物从箱内取出。

目前，中国、日本、美国、法国等国家全面地引进了 ISO 的定义。除 ISO 的定义外，还有《国际集装箱安全公约》、英国国家标准和北美太平洋班轮公会等对集装箱下的定义，内容基本上大同小异。

集装箱计算单位（Twenty-Feet Equivalent Unit，TEU）又称 20 英尺换算单位，是计算集装箱箱数的换算单位，其他规格的集装箱可以折算成 TEU，以统一计算集装箱箱数。

### 2．集装箱标准化

为了有效地开展国际多式联运，必须强化集装箱标准化，进一步做好集装箱标准化工作。集装箱的标准按使用范围分，有国际标准、国家标准、地区标准和公司标准 4 种。目前适用及认证的标准有 ISO、CSC、TIR、UIC、TCT、ABS、BV 等。

各种用途集装箱的尺寸与重量如表 8-1 所示。

表 8-1　各种用途集装箱的尺寸与重量

| 分　类 | 型号 | H（高）毫米 | W（宽）毫米 | L（长）毫米 | 最大重量（千克） | 备注 |
|---|---|---|---|---|---|---|
| ISO 668：2020，系列 I 标准集装箱 | IEEE | 2896 | 2438 | 13 716 | 30 480 | |
| | IEE | 2591 | 2438 | 13 716 | 30 480 | |
| | IAAA | 2896 | 2438 | 12 192 | 30 480 | |
| | IAA | 2591 | 2438 | 12 192 | 30 480 | |
| | IA | 2438 | 2423 | 12 192 | 30 480 | |
| | IAX | <2438 | 2438 | 12 192 | 30 480 | |
| | IBBB | 2896 | 2438 | 9125 | 30 480 | |
| | IBB | 2591 | 2438 | 9125 | 30 480 | |
| | IB | 2438 | 2438 | 9125 | 30 480 | |
| | IBX | <2438 | 2438 | 9125 | 30 480 | |
| | ICCC | 2896 | 2438 | 6058 | 30 480 | |
| | ICC | 2591 | 2438 | 6058 | 30 480 | |
| | IC | 2438 | 2438 | 6058 | 30 480 | |
| | ICX | <2438 | 2438 | 6058 | 30 480 | |
| | ID | 2438 | 2438 | 2991 | 10 160 | |
| | IDX | <2438 | 2438 | 2991 | 10 160 | |
| 铁路行业标准集装箱 | 10 t | 2650 | 2500 | 3070 | 10 000 | 非 ISO 箱 |

续表

| 分　类 | 型号 | H（高）毫米 | W（宽）毫米 | L（长）毫米 | 最大重量（千克） | 备注 |
|---|---|---|---|---|---|---|
| 北美洲内陆集装箱 | 48 ' | 2896 | 2438 | 14 630 | 30 480 | 非 ISO 箱 |
| | 45 ' | 2896 | 2438 | 13 716 | 30 480 | |
| | 53 ' | 2896 | 2438 | 16 154 | 30 480 | |
| 格栅货板兼容集装箱，即 CPC 箱 | 40 ' | 2591/2896 | 2438～2460 | 12 192 | 34 000 | 非 ISO 箱 |
| | 20 ' | 2591 | 2460 | 6058 | 34 000 | |
| 宽体兼容集装箱 | 40 ' | 2591 | 2484 | 12 192 | 34 000 | 非 ISO 箱 |
| | 20 ' | 2591 | 2484 | 6058 | 30 480 | |
| 交换车体 Swap Body 集装箱 | | 2670～2930 | 2440～2500 | 7150 | 18 000 | 非 ISO 箱 <P<IV> |
| | | | | 7500 | 13 600 | |
| | | | | 12 200 | 30 000 | |
| | | | | 13 600 | 30 000 | |

注：'为英尺。

## 8.1.2　集装箱的种类

依据结构设计、适宜的运输方式和适宜装载的货物等，可对集装箱进行各种分类。以下按 ISO 类型代码来排列。

### 1．通用集装箱

通用集装箱（General Purpose Container, GP, G0～G9）也称杂货集装箱、干货集装箱（Dry Cargo Container, DC），用以装载除液体货物、需要调节温度的货物及特种货物以外的一般货物。这种集装箱的使用范围极广，常用的有 20 英尺集装箱和 40 英尺集装箱两种，其结构特点如下：常为封闭式，一般在一端或侧面设有箱门。适宜装载的货物非常多，包括日用百货、纺织品、服装、食品、机械、仪器、家用电器、医药及各种贵重物品等。不适宜装载的货物有如下几种。

课程资源 12：通用集装箱

（1）冷藏货物或严格要求保持一定温度的货物。

（2）不能用人力或叉车装箱的货物。

（3）不能从箱门开始进行装卸作业的笨重长大货物。

（4）产生的集中负荷超过箱底承受强度的货物。

（5）散货或液体货物。

（6）在集装箱中不能系紧的货物。

（7）需要特别通风的货物。

（8）活动物等。

## 2. 专用集装箱

为适应特种货物运输的需要，人们在集装箱的结构和配套设施方面进行了特殊设计，这种集装箱为专用集装箱（Special Container）。因所适用的货物种类不同，专用集装箱分为许多种类，主要有以下几种。

**1）通风集装箱**

通风集装箱（Ventilated Container, VH, V0～V9）一般在侧壁或端壁上设有通风孔，适于装载不需要冷冻而需通风、防止汗湿的货物，如水果、蔬菜及兽皮等，以及一些会引起潮湿的货物。这种集装箱也可以由设有通风孔的冷藏集装箱代替。如果将其通风孔关闭，则可作为通用集装箱使用。使用通风集装箱时，须于有关单证中写明“Ventilated open××%”，如“Ventilated open 50%”指通风口开启 50%（一半）。

**2）干散货集装箱**

干散货集装箱（Dry Bulk Container，BU, BK, B0～B9）除有箱门外，箱顶部还设有 2～3 个装货口，适于装载粉状或颗粒状货物。使用时要注意保持箱内干净，两侧保持光滑，便于卸货。这是用以装载大豆、大米、麦芽、面粉、饲料，以及水泥、树脂、硼砂、化工原料等散装粉状或颗粒状货物的集装箱。使用这种集装箱可以节约包装费用，并提高装卸效率。

对一些需要进行植物检疫的货物，如进口粮食，有的需要在港外锚地进行熏蒸消毒，这时可以在干散货集装箱上设置投入熏蒸药物的开口及熏蒸气体排出口，并且这种集装箱在熏蒸时能保持完全密闭。

**3）按货物命名的集装箱**

（1）动物集装箱或牲畜集装箱（Livestock Carrier or Pen Container）。

这是一种专门用来装运动物的集装箱。为了实现良好的通风，箱壁用金属丝网制造，侧壁下方设有清扫口和排水口，并设有喂食装置。

（2）汽车集装箱（Car Container）。

这是专为装运小型轿车而设计的集装箱。这种集装箱无侧壁，仅设有框架和箱底，可装载一层或两层小轿车。

（3）活鱼集装箱（Live-fish Container）。

（4）挂衣集装箱（Dress Hanger Container）

课程资源 13：
通风集装箱

课程资源 14：
干散货集装箱

课程资源 15：
动物集装箱

课程资源 16：
汽车集装箱

课程资源 17：
活鱼集装箱

这种集装箱是指在通用集装箱中装上挂衣铁架，用来吊挂外衣、外套和高级时装等。

**4）保温集装箱**

保温集装箱（Thermal Container，RE，RT，RS，R0～R9；HR，HI，H0～H9）是一种用导热率低的材料制作箱壁，用来运输需要冷藏和保温的货物的集装箱，通常有以下几种。

（1）冷藏集装箱（Reefer Container，RF；Reefer HQ，RH）。

课程资源 18：冷藏集装箱

这是专为运输要求保持一定温度的冷冻货或低温货而设计的集装箱，温度可保持在–28℃～26℃。冷藏集装箱的造价较高，营运费用也较高，使用时应注意以下几点。

① 集装箱具有其所有人出具的集装箱合格证书或文件。

② 集装箱冷藏设备的启动、停止装置处于正常状态。

③ 集装箱通风孔处于所要求的开启状态，排水管保持畅通。

④ 装箱前，集装箱要经商检机构检验合格，并能达到规定的温度。

课程资源 19：加热集装箱

⑤ 货物装箱时，不能堵塞冷气通道，天棚部分应留有空隙。

⑥ 装载过程中，冷藏设备应停止运转。

⑦ 冷冻货物最好不要混载，必须混载时，只有对运输温度要求相同的货物才能装在一起，并要避免与有恶臭、污染的货物混载。

⑧ 装载完毕，尽快使制冷设备工作，以快速达到运输要求的温度。

（2）加热集装箱（Heated Container），指带加热设备的集装箱。

（3）冷藏和加热集装箱（Refrigerated and Heated Container），指同时带制冷和加热设备的集装箱。

课程资源 20：软顶集装箱

**5）敞顶式集装箱**

（1）软顶集装箱。

软顶集装箱的顶篷由帆布、塑料布或涂塑布制成，并且由可折式顶梁支撑，其他构件与通用集装箱类似。适于装载较高的大型货物和需吊装的重货。装卸货物时，须使用起重机将重货从顶部装入箱内或卸出。将货物装入后，再用顶篷遮盖顶部，以防货物受损。

课程资源 21：硬顶集装箱

（2）硬顶集装箱。

硬顶集装箱的箱顶为可拆卸硬盖。这种集装箱适于装载玻璃板、钢铁制品、胶合板、机械设备等超高货物，利用侧壁可以固定的重货，以及难以从箱门进行装卸而必须从箱顶进行装卸的货物。

课程资源 22：平台式集装箱

**6）平台（和台架）式集装箱**

平台式集装箱（Plat Form Container）是一种仅有底板而无上部结构

的集装箱。该集装箱装卸作业方便，适于装载重大件。

台架式集装箱（Plat Rack Container）或称框架式集装箱没有箱顶和侧壁，有的甚至连端壁也去掉，只有底板和四个角柱。

课程资源 23：
台架式集装箱

**7）罐式集装箱**

罐式集装箱（Tank Container/Liquid Cargo Container，TN，TD，TG，T0～T9）又称液体货集装箱，形状像圆筒或气缸，适于装载液体货物或压缩性气体货物。这是一种专供装运液体货物的集装箱，如酒类、油类及液状化工品等货物。它由罐体和箱体框架两部分组成。装货时，货物从罐体顶部装货孔进入；卸货时，则从排货孔流出或从顶部装货孔吸出。

课程资源 24：
罐式集装箱

**8）航空集装箱**

（1）空运集装箱（Air Container）。

一些航空公司为温度敏感货物提供特殊的集装箱，如冷藏集装箱。

（2）空陆水多式联运集装箱（Air/Intermodal Containers，AS，A0）。

课程资源 25：
空运集装箱

**9）展览亭**

展览亭是由集装箱组成的移动展览馆，参观的人走在集装箱之间，展览作品分别挂在两边的集装箱上。20 英尺展览亭是由 20 英尺标准箱组合而成的，40 英尺展览亭是由 40 英尺标准箱组合而成的。

课程资源 26：
展览亭

**10）房箱**

作为移动房子的集装箱主要用于野外勘测、工程配套、科学研究等，如控制房箱、办公房箱、生活房箱、防火专用箱等非标准集装箱。

课程资源 27：
房箱

### 8.1.3　集装箱的标记

为了便于在流通和使用中对集装箱进行识别和管理，以及编制单据和传输信息，ISO 制定了集装箱的标记。

#### 1．基本要求

每只集装箱的外表面都必须粘贴包含其所有者、箱体型号、系列号、认可标记和作业警示符等内容的标贴，它们一般是按 ISO 6346—1995《集装箱的代码、识别和标记》规定粘贴在箱体特定部位的自粘标贴。

集装箱用的自粘标贴不同于一般的商用标贴，因为它在一般情况下是贴在箱体的外表面上的，在运输过程中，会遭遇各种各样恶劣的外界环境，所以要求其必须能够承受日晒、雨淋、海浪、风沙等的考验。另外，还要求它有相当长的耐久性，在使用中不能褪色更不能脱落。它的使用年限一般是 7 年，也有的箱主要求达到 9 年甚至更长时间，这是一般商用标贴无法与之比拟的。

### 2. 标贴的标示内容

集装箱用的自粘标贴所标示的内容应符合 ISO 6346—1995《集装箱的代码、识别和标记》的规定。这一国际上通用的标准是经过 ISO 集装箱技术委员会会同国际集装箱局、联合国国际海事组织、国际铁路联盟和国际道路联盟等国际机构共同的努力，在总结全世界集装箱运输经验的基础上制定的。

集装箱的标记分为必备标记、自选标记和通行标记，必备标记和自选标记又包括识别标记和作业标记。

**1）必备标记**

（1）识别标记：箱主代码、顺序号和核对数。

① 箱主代码：集装箱所有者的代码，它用 4 位拉丁字母表示：前 3 位由箱主自己规定，并在国际集装箱局登记；第 4 位拉丁字母为 U，是海运集装箱代号。

② 顺序号：又称箱号，为集装箱编号，用 6 位阿拉伯数字表示，不足 6 位的，以 0 补足 6 位。

③ 核对数：用来核对箱主代码和顺序号记录是否准确的依据。它位于顺序号后，用 1 位阿拉伯数字表示，并加方框以醒目。其由箱主代码的 4 位拉丁字母与顺序号的 6 位阿拉伯数字通过以下方式换算而得，具体步骤如下。

首先，将表示箱主代码的 4 位拉丁字母转换成相应的等效数字，字母和等效数字的对应关系如表 8-2 所示。

表 8-2　箱主代码字母和等效数字的对应关系

| 字母 | A | B | C | D | E | F | G | H | I | J | K | L | M |
|---|---|---|---|---|---|---|---|---|---|---|---|---|---|
| 等效数字 | 10 | 12 | 13 | 14 | 15 | 16 | 17 | 18 | 19 | 20 | 21 | 23 | 24 |
| 字母 | N | O | P | Q | R | S | T | U | V | W | X | Y | Z |
| 等效数字 | 25 | 26 | 27 | 28 | 29 | 30 | 31 | 32 | 34 | 35 | 36 | 37 | 38 |

从表 8-2 中可以看出，表中去掉了 11 及其倍数，这是因为后面的计算将把 11 作为模数。

其次，将前 4 位拉丁字母对应的等效数字和后面顺序号的数字（共 10 位）采用加权系数法进行计算求和。公式如下：

$$S=\sum_{i=0}^{9} c_i \times 2^i$$

式中，$S$ 是求和的结果；$i$ 是集装箱从左到右的顺序，依次为从 0 到 9 的 10 位数字，不含最后一位核对数；$c$ 依次为前 4 位字母的等效数字和后面 6 位数字。

最后，用 $S$ 除以模数 11，余数即为核对数。

**示　例**

箱主代码：TGHU，箱主为得克萨斯州船务及租船公司。

顺序号：701635。

计算核对数：$(31\times2^0+17\times2^1+18\times2^2+32\times2^3+7\times2^4+0\times2^5+1\times2^6+6\times2^7+3\times2^8+5\times2^9)/11$，余数为 1，所以核对号为 1。

（2）作业标记包括以下三项内容。

① 额定重量、自重、最大载重和载货容积标记。额定重量即集装箱最大总重（Max Gross Weight）。自重（Tare Weight）即集装箱空箱质量（或空箱重量），ISO 规定应以千克和磅同时表示。

如图 8-1 所示，最大总重、自重、最大载重的数字如下：

30 480KGS，3870KGS，26 610KGS；

67 200LBS，8532LBS，58 668LBS。

可以看出：26 610=30 480−3870；58 668=67 200−8532。

载货容积（CU. CAP.）：7595 CU.M，2681 CU.FT.。

图 8-1　集装箱后箱门的标示

② 空陆水联运集装箱标记。由于该种集装箱的强度仅能堆码两层，ISO 对该种集装箱规定了特殊的标志，该标记为黑色，位于侧壁和端壁的左上角，并规定标记的最小尺寸为高 127 毫米、长 355 毫米，字母标记的字体高度至少为 76 毫米。

③ 登箱顶触电警告标记。该标记一般设在罐式集装箱上，位于登箱顶的扶梯处，以警告登梯者有触电危险。

**2）自选标记**

（1）识别标记。

① 国家和地区代码，如中国用 CN，美国用 US。

② 尺寸代码和类型代码（箱型代码）。

集装箱尺寸代码引用 ISO 6346—1995《集装箱的代码、识别和标记》的规定，由两位字符表示，如图 8-2 所示。

```
X      X
---    ---
|      |
|      --- 箱高和箱宽代码
 -    ----------- 箱长代码
```

图 8-2　集装箱尺寸代码

集装箱类型代码引用 ISO 6346—1995《集装箱的代码、识别和标记》的规定，由两位字符表示，如图 8-3 所示。

```
X      X
---    ---
|      |
|      --- 箱型编号
------------ 箱型标识符
```

图 8-3　集装箱类型代码

图 8-1 中的集装箱的尺寸代码是 45，即箱长 40 英尺，箱高 9 英尺 6 英寸（1 英寸=2.54 厘米），箱宽 8 英尺。

类型代码是 G1，表示其为货物上方有透气罩的通用集装箱。

（2）作业标记。

① 超高标记，该标记是在黄色底上标出黑色数字和边框。此标记贴在集装箱每侧的左下角距箱底约 0.6 米处，同时还应贴在集装箱主要标记的下方。凡高度超过 2.6 米的集装箱都应贴上此标记。

② 国际铁路联盟标记。凡符合《国际铁路联盟标准》规定的集装箱，都可以获得此标记。该标志是在欧洲铁路上运输集装箱的必要通行标记。

**3）通行标记**

集装箱在运输过程中想要顺利地通过或进入他国国境，箱上必须贴有规定要求的各种通行标记，否则必须办理烦琐的手续，这就延长了集装箱的周转时间。

集装箱上主要的通行标记有安全合格牌照、防虫处理板、检验合格徽及国际铁路联盟标记等。

## 8.1.4　集装箱运输设备

### 1．集装箱船

通常所称的集装箱船一般指吊装式集装箱船中的全集装箱船。此外，按照船舶航行区域分类，集装箱船可分为海上集装箱船、内河集装箱船和江海直达集装箱船。

**1）海上集装箱船**

（1）吊装式集装箱船。

吊装式集装箱船是指利用船上或码头岸边的起重设备将集装箱进行垂直装卸的船舶，可分为全集装箱船、半集装箱船、集装箱/杂货两用船及客箱船。

① 全集装箱船。全集装箱船是一种专门用于装载集装箱的船舶，又称为集装箱专用船。船舱内设有永久性的箱格结构，以便于集装箱进行垂直装卸作业及在舱内定位。大多数全集装箱船不设装卸集装箱的起重设备。

② 半集装箱船。半集装箱船是将船舱一部分（一般在中部）作为集装箱专用舱，而其余船舱部分为普通杂货舱。船上一般不设装卸集装箱的起重设备。因为集装箱和杂货装载于同一艘船上，通常需要在不同码头（集装箱码头和杂货码头）进行装卸，既增加了港口使费，又降低了船舶营运率，故除特殊航线外，已很少被采用。

③ 集装箱/杂货两用船。集装箱/杂货两用船是一种根据运输需要，既可以装载集装箱又可以装载普通杂货的两用船。其主要特点是舱口大、舱盖平，舱盖上也可以装载集装箱，并配有换装的专门设备。

④ 客箱船。客箱船是一种旅客、集装箱兼运船，它是随着集装箱运输发展和现代旅游业的兴起而产生的一种新船型。其中，供旅客居住及进行各种休闲、娱乐、公务、商务活动的上层建筑设在船舶的后部，供装载集装箱的舱位则设在船舶的中前部。

（2）滚装式集装箱船。

滚装式集装箱船，又称滚装船，是利用船侧、船首或船尾的开口，通过自身配备的跳板将集装箱与牵引车连在一起，沿水平方向进行滚动装卸的船舶。远洋航线上使用的滚装船可分为多层甲板滚装船、尾斜跳板滚装船和滚装/吊装两用船。

随着现代旅游业的兴起，出现了一种可搭载旅客的客滚船。客滚船的底舱装载集装箱或车辆，上层建筑可供旅客居住及进行各种休闲、娱乐、公务、商务活动。

课程资源 28：
全集装箱船

课程资源 29：
半集装箱船

课程资源 30：
集装箱/杂货两用船

课程资源 31：
客箱船

① 多层甲板滚装船。多层甲板滚装船是一种包括上甲板在内的多层甲板船。在多层甲板滚装船上，集装箱拖车（或叉车）可以通过跳板驶入船舱，并沿各层甲板间的斜坡道驶到指定位置，各层甲板均设有集装箱系紧装置。

课程资源 32：多层甲板滚装船

② 尾斜跳板滚装船。尾斜跳板滚装船是一种在尾部设有一个活动跳板并使之斜向搭靠码头岸边的滚装船。当载运集装箱的拖车（或叉车）出入船舱时，尾斜跳板可使跳板与码头间的平面夹角不致过大，同时又不扩大码头作业面积。对于采用尾斜跳板的客滚船来说，可以很方便地实现人车（箱）分流。

课程资源 33：尾斜跳板滚装船

③ 滚装/吊装两用船。滚装/吊装两用船是一种舱内利用跳板滚动装卸集装箱，而甲板上用岸边起重设备进行垂直装卸的特殊船型。由于两种方式同时进行，加快了集装箱的装卸速度。为了更好地配合这种船的装卸作业，有些港口还设有滚装/吊装两用船专用码头。

（3）浮装式集装箱船。

浮装式集装箱船是一种把驳船作为浮动集装箱，利用顶轮推着驳船在水面上浮进、浮出母船，或利用母船上的起重设备把驳船从水面上吊起，然后放入母船舱内的特殊船型，又被称为载驳货船。载驳货船大致可分为普通载驳货船、海蜂式载驳货船、双体载驳货船和浮坞式载驳货船等。许多载驳货船的甲板上可装载集装箱。

课程资源 34：普通载驳货船

① 普通载驳货船。普通载驳货船又称拉西型载驳货船，舱内设有许多驳格，利用船上的专用起重机装卸驳船，每驳格一般可堆装 4 层，甲板上可堆装 2 层。

② 海蜂式载驳货船。海蜂式载驳货船又称西比型载驳货船，其特点是在多层（一般为 3 层）全贯通甲板上，不设甲板舱口，利用母船尾部升降平台和小车水平滚动装卸驳船。

课程资源 35：海蜂式载驳货船

③ 双体载驳货船。双体载驳货船又称巴卡特型载驳货船，是船首封闭而船尾分开的双体结构船舶，其甲板可装载 8～10 艘驳船。双体之间设置有升降平台，可用来装卸驳船。双体之间的隧道中还可以绑拖数艘普通载货驳船。

④ 浮坞式载驳货船。浮坞式载驳货船又称巴可型载驳货船，其装卸方式是将母船沉入一定水深，用浮坞方式将驳船浮进、浮出。其可装载多层驳船。

课程资源 36：双体载驳货船

**2）内河集装箱船**

内河集装箱船包括自航驳（又称自行船、机动驳）、自航驳顶推船组和分节驳顶推船队三类。

（1）自航驳。

自航驳是指具有简单上层建筑的大开口机动驳船。一般是机舱设在尾部的尾机型船，多为吊装式集装箱船。双体载驳货船可归于此类。

（2）自航驳顶推船组。

自航驳顶推船组是指由一艘自航驳通过连接装置顶推一艘或两艘驳船所组成的船组。驳船可为甲板驳。

（3）分节驳顶推船队。

分节驳顶推船队是指多艘驳船整齐排列，通过连接装置构成整体，再用推船进行顶推的船队。

需要说明的是，上述三类内河集装箱船与普通内河船的区别主要是其设有集装箱定位和系紧装置，其承载面尺寸（乃至船舶主尺度）受标准集装箱尺寸的制约。

**3）江海直达集装箱船**

江海直达集装箱船按照航区的不同，可以分为江船出海型集装箱船和海船进江型集装箱船两类。

（1）江船出海型集装箱船。

江船出海型集装箱船是在自航驳的基础上发展起来的一种新船型。一般用于河段运距较长或河段运距大于海段运距的航线。此类船也可采用顶推船组的形式。

（2）海船进江型集装箱船。

海船进江型集装箱船是在小型海船的基础上发展起来的一种新船型。一般用于海段运距较长或海段运距大于河段运距的航线。通常为小型集装箱船或多用途船。小型滚装船也可用于江海直达航线。

## 2. 公路集装箱运输车辆

公路集装箱运输车辆也称拖车、专用集装箱卡车、集卡，可分离为拖头（Tractor/Truck）和挂车（Trailer），如图 8-4 所示。

图 8-4 公路集装箱运输车辆

课程资源 37：浮坞式载驳货船

课程资源 38：自航驳

课程资源 39：自航驳顶推船组

课程资源 40：分节驳顶推船队

课程资源 41：江海直达集装箱船

### 3. 集装箱装卸机械

#### 1）集装箱起重机

课程资源 42：岸边集装箱起重机

（1）岸边集装箱起重机（Query-side Container Crane）。

岸边集装箱起重机是集装箱码头前沿装卸集装箱的专用起重机，俗称桥吊，主要利用专用集装箱吊具完成集装箱的装卸作业。为适应个别集装箱船的重件装卸，一些岸边集装箱起重机备有重件吊钩，亦有少数港口的岸边集装箱起重机具有集装箱装卸和抓斗装卸两种功能。

课程资源 43：多用途门座起重机

（2）多用途门座起重机（Multipurpose Gantry Crane）。

多用途门座起重机是通用门座起重机的一种变形产品，其构造和通用门座起重机基本相同。多用途门座起重机配装上不同的装卸工具，配置相应的附加装置，可进行集装箱、件杂货和散货的装卸作业。另外，其也可以配置电磁吸盘，用来装卸废钢铁。进行集装箱作业时，多用途门座起重机可使集装箱质量中心在整个变幅过程中保持水平位移，以利于集装箱进出集装箱船，并进行堆码作业。起重机回转时，吊具具有反向同步回转的能力，以保证集装箱的纵向水平轴线始终与起重机的轨道平行，便于集装箱对位，可以有效提高集装箱的装卸效率。

（3）高架集装箱轮胎式起重机（Rubber Tired High Mast Crane）。

高架集装箱轮胎式起重机是在轮胎式起重机的基础上发展起来的一种码头前沿集装箱装卸机械。它既具有轮胎式起重机机动性强、对场地要求不高的优点，又具有门座起重机货物能水平移动、驾驶室离地面较高、操作方便、方便卸船作业的优点。

课程资源 44：轮胎式集装箱门式起重机

（4）轮胎式集装箱门式起重机（RTG Container Crane）

轮胎式集装箱门式起重机是进行集装箱堆码作业的专用机械，俗称场桥、龙门吊，一般用于堆场交收集装箱。它由门形支架、动力传动系统、起升机构、大车运行机构、小车运行机构及伸缩式吊具等组成。装有集装箱吊具的行走小车沿主梁轨道行走，进行集装箱装卸和堆码作业。轮胎式行走机构可使起重机在货场上行走，并可实现 90° 转向，使起重机可以从一个货场转移到另一个货场，作业灵活。

课程资源 45：轨道式集装箱门式起重机

（5）轨道式集装箱门式起重机（RMG Container Crane）。

轨道式集装箱门式起重机主要用于集装箱铁路转运场和大型集装箱储运场的集装箱装卸、搬运和堆放，其由主梁、刚性和柔性门腿（门式起重机的门柱，因为可移动，称为门腿）、运行小车、起升机构、大车运行机构、电气系统、操作驾驶室等组成。根据堆场作业，在单门腿方向或双门腿方向外伸悬臂则成为单悬臂或双悬臂机型，不外伸则成为无悬臂机型，具体根据场地、集装箱储运工艺流程及装卸的车辆（集装箱卡车或铁路车辆）确定。

**2）其他集装箱专用装卸机械**

（1）集装箱跨运车（Straddle Carrier for Freight Containers）。

集装箱跨运车是一种应用于集装箱码头和集装箱堆场的集装箱专用装卸机械，其作用是实现集装箱的水平运输、堆码及对集装箱半挂车进行装卸作业。

课程资源 46：
集装箱跨运车

（2）集装箱正面吊运机（Reach Stacker for Freight Containers）。

集装箱正面吊运机，俗称吸车，是一种用以完成集装箱装卸、堆码和水平运输作业的集装箱装卸搬运机械。它具有机动性强、作业效率高、安全可靠、操作简便等优点，是一种比较理想的货场装卸搬运机械。

课程资源 47：
集装箱正面吊运机

（3）集装箱叉车（Fork-lift Truck for Freight Containers）。

集装箱叉车，又称铲车，是一种由通用叉车发展起来的适应于集装箱装卸作业特殊需要的专用叉车，主要用于集装箱装卸、堆码及短距离的搬运等作业，是集装箱码头和货场常用的装卸设备之一。它一般在门架前装有一个顶部起吊属具（吊具），借助转锁装置与集装箱连接，从顶部起吊；也可以将货叉插入集装箱底部叉槽内举升搬运集装箱。集装箱叉车按照构造形式分为正面集装箱叉车和侧面集装箱叉车。

课程资源 48：
集装箱叉车

（4）集装箱自装自卸车组（Self-loader for Freight Containers）。

集装箱自装自卸车组由集装箱牵引车、集装箱半挂车和装卸机构组成。

集装箱自装自卸车组可以在没有其他装卸机械的条件下，自行完成集装箱的装卸和运输，适用于集装箱运量小、没有起重装卸机械的场所。由于集装箱自装自卸车组带有的装卸机构自重较大，比较适合中短途“门到门”运输，或作为港口、集装箱场站与公路联运的衔接设备。

课程资源 49：
集装箱自装自卸车组

（5）集装箱滚装车组（Ro Truck for Freight Containers）。

集装箱滚装车组由滚装牵引车、连接装置和滚装半挂车组成。

集装箱滚装车组只适用于专门的滚装式集装箱船，整个车组也只在滚装式集装箱船和码头货场之间行驶。在一般情况下，当滚装式集装箱船到港后，滚装牵引车通过与船首门、船尾门或舷门铰接的跳板进入船舱，把装载集装箱的滚装半挂车拖带到码头货场，或者将滚装半挂车拖带进入滚装式集装箱船的船舱。滚装半挂车一般堆码 2 层集装箱。

# 8.2 集装箱运输的信息流

## 8.2.1 集装箱运输信息流概述

集装箱运输的效率和效益在很大程度上取决于速度。鉴于集装箱船的航速及其他运输工具的运行速度的提高有一定的限度，因此缩短集装箱在集装箱堆场或集装箱货运站的停留时间就显得十分重要。在集装箱堆场或集装箱货运站与货运代理、船代、运输公司、银行、保险、监管等部门的业务活动中，集装箱的验收、提取、装卸、堆存、装箱、拆箱、收费、通关等环节错综复杂，伴随着货物来源、位置信息、运输状态及托运人、收货人、承运人等物流供应链上的全程信息及单证的处理要求，利用区块链技术实现整个物流供应链过程中各节点的信息传递，实现集装箱运输信息和单证的电子化及可认证、可追溯，会大大提高集装箱运输的效率，同时还可以实现跨境资金结算交易，解决供应链金融问题，优化物流方案。在 2019 年，集装箱运输实现了无纸化、即时融资、“门到门”全程跟踪，并以基于区块链的电子提单、提货单实现了快速交货，实现了与银行、税务、海关等单位的对接。

### 1. 集装箱运输信息流程与主要单证

在集装箱运输过程中，集装箱码头是一切有关信息的处理中心。在它处理的信息中，出口信息源于运输合同，从收货、配箱、装箱、订舱，到内陆运输公司向码头集箱的这个过程中所形成的出口装载清单信息，经船公司的授权代理加工后送至码头，它是码头出口集装箱的依据。码头生成的船图信息，经理货公司后，由船代送至船公司，这也是下一停靠港要求船公司必须提供的信息。在进口信息中，进口船图、进口舱单、船期等信息，由船代送至码头，再根据需要提供给集装箱堆场或集装箱货运站，以保证及时疏运。在进出口货箱位移及业务受理过程中的其他信息，如海关的申报与答复、海关货物与运输报告等的流转与上述信息的流转大致相同。

由此可以看出，集装箱运输的信息交换可以分为以下三部分。

（1）船公司、船代与货主的信息交换，主要包括外贸运输合同及说明、订舱及确认、到货通知书、报关、收费、中转及提单等信息或单证。

（2）港口及内陆集疏运（公路、铁路、内河运输等）的信息交换，主要包括拆装箱、空箱调运、场地申请书、运输订单、计划及实际的集装箱交接等信息或单证。

（3）本港、开来港及下一停靠港的信息交换，主要包括船期及直接影响装卸效率的船图、舱单、装载指示等信息或单证。

综上所述，在集装箱运输体系中，各环节流通的主要单证有 50 多种。

### 2. 集装箱运输各环节的具体信息要求

**1）船舶信息**

船代一般在所代理的船舶抵港前 72 小时、48 小时、24 小时向港务局报告船舶抵港预报和确报时间，并及时汇报变更时间。船舶预报、确报的内容如下：船名、国籍、性质、抵港时间、船舶吃水、进出口货名与数量、船舶规范、装卸设备状况及特殊货物装载情况和要求等。港方据此及时做出科学合理的安排，这对缩短船舶在港时间、降低运输成本具有十分重要的意义。另外，船公司也需要及时掌握船舶在港作业动态及离港信息。

目前，上述信息大都是通过传真、电报、电话传送的，但事实上它们均可以通过 EDI 系统生成。如果能实现船期及船舶抵港等动态信息的电子传送，则港航间可相互补充双方所需的信息，提高港口调度的工作效率。

**2）装卸船信息**

按照港口作业规定，船舶必须具备下列条件才能安排作业。

（1）进口。

① 船图、舱单及卸货有关资料必须备齐。

② 具有港口主管部门批准的危险货物作业通知书。

③ 货物流向及接卸方案已做出详细安排。

④ 超高、超宽、重大件货物的具体资料已备齐。

⑤ 特种车做好具体安排。

（2）出口。

① 信用证、商品检验、海关手续办理完毕。

② 备齐货物。

③ 做出配载图及积载图。

④ 能连续作业。

在集装箱装卸作业过程中，进口资料主要是指进口船图和进口舱单，它们是制订卸船计划、安排卸船顺序的依据。出口资料主要是指出口舱单，它是制订收箱计划、检查、收箱、积载、安排装船顺序的依据，以出口舱单为基础编制的出口船图是在下一停靠港停靠的必备资料。

**3）内陆集疏运信息**

内陆集疏运是国际多式联运中的一个极为重要、不可缺少的中间环节。港口通过其向内陆辐射的运输线，将各个内陆场站组成一张覆盖港口内陆腹地的运输网。通过这张运输网，托运人将货物或集装箱交给附近场站，然后再集中起来通过运输网送到集装箱码头。

在整个内陆集疏运进出口业务过程中，需要交接的单证主要有如下几类。

（1）货物托运单，包括货物的名称、件数、包装、体积、重量、起运港、到达港、发货人和收货人等有关货物运输事项。

（2）装箱指示单，货运代理对承运货物的装箱提出的明确要求。

（3）装箱单，箱内货物明细表。

（4）箱体动态单，集装箱进出站、拆装箱信息。

**4）货源组织与管理信息**

（1）出口。船公司通过发货人的暂时订舱与确定订舱了解和掌握货源情况。

（2）进口。为保证集装箱船舶抵达卸货港后，尽快把货物送到收货人手中，船公司主管进口运输业务的工作人员要根据装船港寄来的运输单证做好以下工作。

① 向海关、商检及其他有关部门办理验放手续。

② 办理接收手续，并卸货。

③ 向收货人发出通知。

④ 根据提单签发提货单。

对集装箱的盘存管理在集装箱船舶的营运中占有十分重要的地位。集装箱在港口或内陆腹地停留时间过长，会造成集装箱搬运费用和堆场费用的增加。因此，掌握集装箱在内陆腹地的信息，对加快集装箱周转、提高集装箱运输的营运效果，有着直接的影响。

**5）监管放行信息**

船公司向海关报送的信息主要有海关申报单或货物报告（货物舱单），货主提供的许可证、产地证、发票及商检证等信息或单证。为减少集装箱在港停留时间，提高运输效率，船公司希望海关能尽快返回有关放行信息或单证。

**6）银行、保险信息**

必要时，理货公司要向保险公司提供溢卸、短卸信息及船期信息以核查保险金额。船公司与银行之间存在到款、付款、结汇等信息的传递。

### 8.2.2 集装箱运输信息的 EDI 传送

港口的交通电子口岸数据中心负责处理集装箱的运输信息。根据中国交通部于 1997 年发布的《海上国际集装箱运输电子数据交换管理办法》，用以替代纸面单证的 EDI 报文格式应采用 UN/EDIFACT 国际标准或国家技术监督局颁布的国家标准。无国际标准和国家标准时，可采用行业标准或协议标准。

电子报文是 EDI 的数据交换载体。电子报文是组成一笔完整业务的信息载体，适用于某一业务功能，并且与某一业务单证或其中一部分相对应。与《海上国际集装箱运输电子数据交换管理办法》同时发布的《海上国际集装箱运输电子数据交换电子报文替代纸面单证管理规则》，结合中国国际集装箱运输的实际业务需求，确定以 23 种电子报文替代相应的纸面单证。电子报文替代纸面单证时，电子报文与纸面单证具有同等效力，电子报文的保存期与纸面单证的保存期相同。这些电子报文涉及船舶动态、装卸船信息、内陆集疏运、货源组织与管理、监管部门及银行保险等方面，其中主要有以下几种。

（1）船期表报文（IFTSAI）替代进出口船期预报、船期公告。该报文应包含五日、半月或一个月内的进出口船信息、停靠港信息、联系人信息。

（2）舱单报文（IFCSUM）替代进口舱单、出口舱单。该报文包含一个航次的船舶信息、提单信息、货主信息、收货人信息、通知人信息及货物信息。其中，货物信息包括货物描述和含有运费信息在内的集装箱信息等。

（3）船图报文（BAPLIE）替代进口船图、出口船图。该报文包含船名、航次的信息及含有地点信息、危险品信息和必要注释在内的集装箱信息。

（4）集装箱装/卸报文（COARRI）替代装船清单、装/卸箱清单、理货清单、集装箱清单。该报文应包含船舶信息和含有装/卸交货地信息及残损信息在内的集装箱信息。

（5）危险品通知报文（IFTDGN）替代危险品性能说明书、危险品申报单、危险品准运单、危险品船运申报单。该报文应包含船舶信息、装卸港信息、货物信息和集装箱信息。

（6）装箱单报文（COSTCO）替代装箱单。该报文应包含船舶信息、装卸港信息、货物信息、货物描述、唛头、危险品信息和集装箱信息。

（7）集装箱进/出门报文（CODECO）具有设备交接单的部分功能。该报文应包含船舶信息、集装箱信息、残损信息和多式联运信息。

（8）正式订舱报文（IFTMBF）替代集装箱货物托运单、订舱申请单。该报文应包含订舱号、装货港、可选卸货港、发货人、收货人、通知人、订舱预配箱、订舱货物、集装箱细目、运费条款等信息。

（9）装箱指示报文（COSTOR）替代装箱单、预配清单。该报文应包含与船舶有关的信息、卸货港和交货地点信息、提单号和集装箱细目、货物信息、货物描述、危险品信息。

（10）一关三检申报单报文（CUSDEC）替代海关申报单、商品检验申报单、卫生检疫申报单、动植物检疫申报单。该报文包含船舶信息、货物信息、集装箱信息、提单信息及一关三检当局对在进口、出口、中转过程中所申报的信息做出货物放行、查验、拒绝放行的批示。

23 个电子报文覆盖了将近 90%的集装箱运输单证，尚缺提单及提单副本、运费发票、运费舱单、银行汇票、税单等。这当中主要是与银行部门的信息传递，由于机制、采用标准等，目前实现电子交换尚有困难，需要进一步分析、研究。

# 8.3 集装箱装箱

对集装箱合理地进行搭配装载，可以提高集装箱的装载率，减少集装箱的使用量，无论是对承运人还是对货主都是十分有利的。

在前文谈到了集装箱装箱方式和装箱的轻重货搭配问题，这里进一步讨论集装箱装箱时的配载问题。集装箱的合理配载是要充分利用其容积和载重，合理搭配轻重货，以达到满舱满载，但是必须注意搭配混装在一起的货物不能因串味、化学反应或碰撞等引起货损。本节把重点放在容积的利用率上。

合理利用集装箱容积的本质就是在一个集装箱内尽可能填充较多的货物以交纳尽可能少的运费。如果一个集装箱的容积是 1170 立方英尺，它并不意味着货主能装满 1170 立方英尺，因为受制于货物种类及包装类型和尺寸。通常货物体积占得越多，集装箱单位体积的运费越低。要想通过多次试装来使总体积尽可能接近集装箱容积，装箱人会发现试装的时间和劳动力成本通常高于多装体积所节省的运费。另外，本以为能够装得下的一批货物可能因集装箱剩余的空间与货物包装不符而无法全部装入，因此装箱人需要在装箱之前进行科学的估算。

## 8.3.1 装载量的掌握

集装箱的尺寸决定其载货容积，但外部尺寸一样的集装箱可能内部尺寸并不一样。我们要获取的参数必须是集装箱的内部尺寸。装载体积受货物包装尺寸的影响，会比集装箱容积小 10%～15%。图 8-5 为 20 英尺×8 英尺 6 英寸的集装箱截面，假设内装 20 英寸统一高度的纸箱，长度和宽度比高度长。如果按内部尺寸计算出来的集装箱容积约为 1170 立方英尺，货物堆高 4 层后剩下 14 英寸高的空档，合计 170 立方英尺左右的空间。即使我们的货物还没装完，也无法把 20 英寸高的纸箱塞进只有 14 英寸高的空档。这 170 立方英尺左右的空间则为亏箱。

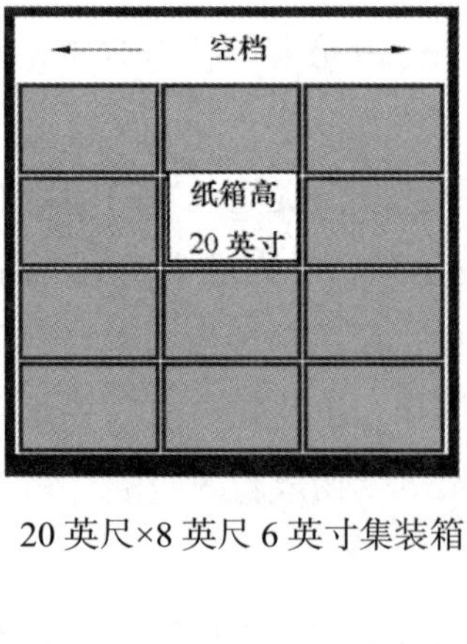


图 8-5　20 英尺×8 英尺 6 英寸集装箱的截面

## 8.3.2 装箱方案的选择

### 1．运输包装为纸箱、木箱或袋子时

货物的总重量及总体积将影响所需的集装箱尺寸及数量。

## 示　例

进口商订购了 1500 箱某产品。每箱毛重为 10.5 千克，长宽高分别为 1.5 英尺、1 英尺、1 英尺。该产品特性要求其装箱时朝上放置。

这批产品总体积为 1.5 英尺×1 英尺×1 英尺×1500 = 2250 立方英尺，一个 20 英尺标准集装箱的容积约为 1170 立方英尺，一个 40 英尺标准集装箱的容积约为 2385 立方英尺，由此来看这批产品只能选择 2 个 20 英尺标准集装箱或 1 个 40 英尺标准集装箱。其实这是错误的，我们被数据误导了，因为我们没有考虑无法使用的集装箱空间。

以下根据标准集装箱和包装数据，对该产品的一些可能装箱方式及一个集装箱能装载的总箱数进行分析。

假设有以下 3 种装箱方式。

装箱方式（A）为所有纸箱的长同集装箱的侧面（长）平行。

装箱方式（B）为所有纸箱的长同集装箱的正面（宽）平行。

装箱方式（C）为（A）和（B）在正面交替排列。

装箱方案如表 8-3 所示。

**表 8-3　装箱方案**

| 箱型 | 20 英尺×8 英尺 6 英寸标准集装箱 | | | | 40 英尺×8 英尺 6 英寸标准集装箱 | | | | 40 英尺×9 英尺 6 英寸超高集装箱 | | | |
|---|---|---|---|---|---|---|---|---|---|---|---|---|
| 装箱方式 | （A） | （B） | （C）CA+ CB | | （A） | （B） | （C）CA + CB | | （A） | （B） | （C）CA + CB | |
| 长（行） | 12 | 19 | 12 | 19 | 26 | 39 | 26 | 39 | 26 | 39 | 26 | 39 |
| 宽（列） | 7 | 5 | 3 | 3 | 7 | 5 | 3 | 3 | 7 | 5 | 3 | 3 |
| 高（层） | 7 | 7 | 7 | 7 | 7 | 7 | 7 | 7 | 8 | 8 | 8 | 8 |
| 分计（箱） | | | 252 | 399 | | | 546 | 819 | | | 624 | 936 |
| 合计（箱） | 588 | 665 | 651 | | 1274 | 1365 | 1365 | | 1456 | 1560 | 1560 | |
| 体积（立方英尺） | 882 | 997.5 | 976.5 | | 1911 | 2047.5 | 2047.5 | | 2184 | 2340 | 2340 | |

注：20 英尺×8 英尺 6 英寸集装箱内部尺寸：5898 毫米×2350 毫米×2390 毫米；40 英尺×8 英尺 6 英寸集装箱内部尺寸：12 032 毫米×2350 毫米×2390 毫米；40 英尺×9 英尺 6 英寸集装箱内部尺寸：12 032 毫米×2350 毫米×2690 毫米。

结论：显然无法把 1500 个纸箱放到 2 个 20 英尺标准集装箱或 1 个 40 英尺标准集装箱中。

解决方法之一是，如果没有 40 英尺超高集装箱，则要求进口商下调订单到 1365 箱（2047.5 立方英尺）以构成一个 40 英尺标准集装箱。

解决方法之二是，向一些具有超高集装箱的船务公司订一个 40 英尺超高集装箱。

然而，不是所有船务公司或航线都有超高集装箱，而且还要注意在一些国家和地区的隧道和地下通道有运输工具的法定限高，同时超高集装箱的整箱运输费率比标准集装箱的运输费率高。

### 2．运输包装为托盘和大木筐时

假设每个托盘的货物垛高为 4 英尺 6 英寸，且托盘自高约为 6 英寸（即每个载货托盘高约为 5 英尺），则集装箱中托盘数和体积重量的关系如表 8-4 所示。

从表 8-4 中可以看出集装箱装托盘货物留有大量的剩余空间，特别是当托盘货物为轻货时，集装箱的单位体积运费很高。鉴于托盘的动态和静态载重变化很大，出于安全考虑，托盘的载重限制在 1000 千克以内。

表 8-4　集装箱中托盘数和体积重量的关系

| 托盘名义尺码 | 托盘数 | | 托盘数合计 | 总体积（立方英尺） | 托盘可装载毛重（千克） | 方式 |
|---|---|---|---|---|---|---|
| | 长（行） | 宽（列） | | | | |
| 20 英尺× 8 英尺 6 英寸标准集装箱 | | | | | | |
| 45 英寸× 53 英寸● | 4 | 2 | 8 | 663 | 2188 | |
| 45 英寸× 45 英寸● | 5 | 2 | 10 | 703 | 1750 | |
| 44 英寸× 52 英寸 | 4 | 2 | 8 | 636 | 2188 | |
| 44 英寸× 44 英寸 | 5 | 2 | 10 | 672 | 1750 | （A） |
| 41 英寸× 49 英寸● | 4 | 2 | 8 | 558 | 2188 | |
| 40 英寸× 48 英寸● | 4 | 2 | 8 | 533 | 2188 | |
| 40 英寸× 40 英寸 | 5 | 2 | 10 | 556 | 1750 | |
| 36 英寸× 45 英寸 | 6 | 2 | 12 | 675 | 1458 | |
| 36 英寸× 36 英寸 | 6 | 2 | 12 | 540 | 1458 | |
| 35 英寸× 44 英寸 | 6 | 2 | 12 | 642 | 1458 | （B） |
| 34 英寸× 45 英寸 | 6 | 2 | 12 | 638 | 1458 | |
| 33 英寸× 44 英寸 | 7 | 2 | 14 | 706 | 1250 | |
| 40 英尺×8 英尺 6 英寸标准集装箱 | | | | | | |
| 45 英寸× 53 英寸● | 8 | 2 | 16 | 1325 | 1500 | |
| 45 英寸× 45 英寸● | 10 | 2 | 20 | 1406 | 1200 | |
| 44 英寸× 52 英寸 | 9 | 2 | 18 | 1430 | 1333 | （A） |
| 44 英寸× 44 英寸 | 10 | 2 | 20 | 1344 | 1200 | |
| 41 英寸× 49 英寸● | 9 | 2 | 18 | 1256 | 1333 | |

续表

| 托盘名义尺码 | 托盘数 | | 托盘数合计 | 总体积（立方英尺） | 托盘可装载毛重（千克） | 方式 |
|---|---|---|---|---|---|---|
| | 长（行） | 宽（列） | | | | |
| 40 英尺×8 英尺 6 英寸标准集装箱 | | | | | | |
| 40 英寸× 48 英寸● | 9 | 2 | 18 | 1200 | 1333 | |
| 40 英寸× 40 英寸 | 11 | 2 | 22 | 1222 | 1091 | |
| 36 英寸× 45 英寸 | 13 | 2 | 26 | 1463 | 923 | （B） |
| 36 英寸× 36 英寸 | 13 | 2 | 26 | 1170 | 923 | |
| 35 英寸× 44 英寸 | 13 | 2 | 26 | 1390 | 923 | |
| 34 英寸× 45 英寸 | 13 | 2 | 26 | 1381 | 923 | |
| 33 英寸× 44 英寸 | 14 | 2 | 28 | 1412 | 857 | |

注：● 指在出口货运中常用的托盘尺寸。

### 8.3.3 有效装箱

#### 1．运输包装为纸箱、木箱或袋子时

货物运输包装按集装箱内部尺寸来设计有利于提高箱容利用率。下面列出有规则形状的货物包装（如纸箱）的 6 种装箱方式，装箱最多的方式就是最有效的装箱方式。

（1）*A*∥*D* *B*∥*W* *C*∥*H*。

（2）*A*∥*D* *B*∥*H* *C*∥*W*。

（3）*A*∥*H* *B*∥*W* *C*∥*D*。

（4）*A*∥*W* *B*∥*D* *C*∥*H*。

（5）*A*∥*H* *B*∥*D* *C*∥*W*。

（6）*A*∥*W* *B*∥*H* *C*∥*D*。

其中，“∥” 意为平行；“*A*”代表纸箱外部长；“*B*”代表纸箱外部宽；“*C*”代表纸箱外部高；“*D*”代表集装箱内部长；“*W*”代表集装箱内部宽；“*H*”代表集装箱内部高。各部分的示意如图 8-6 所示。

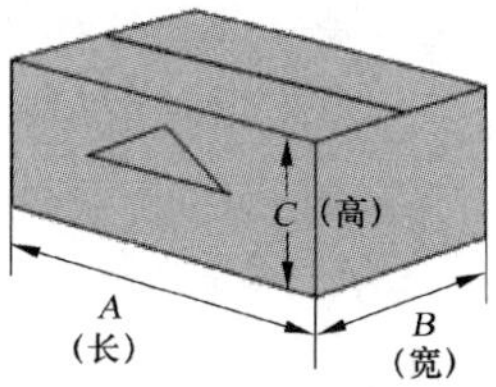


（a）货物包装

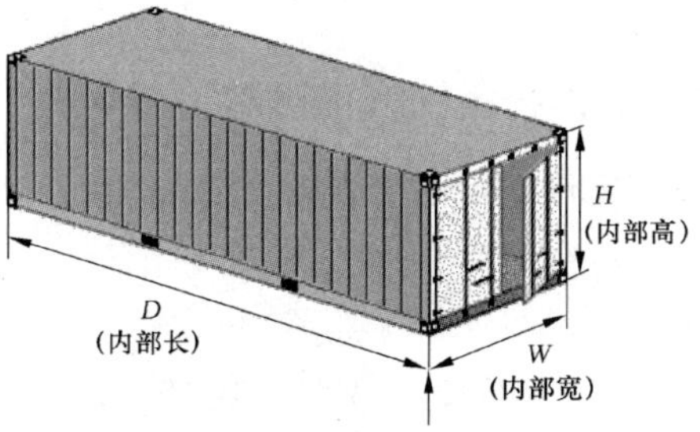


（b）集装箱

图 8-6 纸箱及集装箱各部分的示意

在前面的示例中，装箱方式（$A$）就是上述的装箱方式（1）；装箱方式（$B$）就是上述的装箱方式（4）；装箱方式（$C$）就是上述的装箱方式（1）和（4）的组合。该产品要求装箱时朝上放置，因此其他装箱方式不能用，否则会损坏产品。假如产品装箱没有朝向要求，纸箱的外部尺寸 $A = 18$ 英尺、$B = 12$ 英尺、$C = 12$ 英尺，40 英尺集装箱的内部尺寸 $D = 473.70$ 英尺、$W = 92.52$ 英尺、$H = 94.09$ 英尺，可以算出各装箱方式下一个 40 英尺×8 英尺 6 英寸标准集装箱所能装载的纸箱数，如表 8-5 所示。

表 8-5　不同装箱方式所能装载的纸箱数　　单位：个

| 装箱方式 | 纸箱倍数 | | | 能装载的纸箱数 | |
|---|---|---|---|---|---|
| （1） | $D$ | $\div A$ | $= 26$ | $26 \times 7 \times 7$ | $= 1274$ |
| | $W$ | $\div B$ | $= 7$ | | |
| | $H$ | $\div C$ | $= 7$ | | |
| （2） | $D$ | $\div A$ | $= 26$ | $26 \times 7 \times 7$ | $= 1274$ |
| | $H$ | $\div B$ | $= 7$ | | |
| | $W$ | $\div C$ | $= 7$ | | |
| （3） | $H$ | $\div A$ | $= 5$ | $5 \times 7 \times 39$ | $= 1365$ |
| | $W$ | $\div B$ | $= 7$ | | |
| | $D$ | $\div C$ | $= 39$ | | |
| （4） | $W$ | $\div A$ | $= 5$ | $5 \times 39 \times 7$ | $= 1365$ |
| | $D$ | $\div B$ | $= 39$ | | |
| | $H$ | $\div C$ | $= 7$ | | |
| （5） | $H$ | $\div A$ | $= 5$ | $5 \times 39 \times 7$ | $= 1365$ |
| | $D$ | $\div B$ | $= 39$ | | |
| | $W$ | $\div C$ | $= 7$ | | |
| （6） | $W$ | $\div A$ | $= 5$ | $5 \times 7 \times 39$ | $= 1365$ |
| | $H$ | $\div B$ | $= 7$ | | |
| | $D$ | $\div C$ | $= 39$ | | |

由表 8-5 可以看出，装箱方式（3）～（6）可装的箱数最多，因此是最佳装箱方式。

### 2．运输包装为托盘和大木筐时

托盘或大木筐的运输包装有如下装箱组合。

（1）$Y // D$　$Z // W$。

（2）$Y // W$　$Z // D$。

其中，“//”意为平行；“$Y$”代表托盘侧面边；“$Z$”代表托盘侧面的另一条边。

如果托运人想要使用如图 8-7 所示的 45 英寸×53 英寸托盘，将其装入 40 英尺×8 英尺 6 英寸标准集装箱，则从表 8-6 可以看出，装箱方式（2）（$Y$ 和 $W$ 平行），比装箱方式（1）（$Z$

和 $W$ 平行）更合理。但是，叉车司机要在集装箱内把托盘转 90° 以便使 $Y$ 和 $W$ 平行，显然要浪费不少时间，有违成组化快速装卸目的的初衷。另外，这样叉起 $Y$ 侧时使用的是托盘的基板（如托盘的底部），而不像叉起 $Z$ 侧时使用的是叉车叉口，有损坏集装箱和仓库地板的风险，同时也不便于在目的地掏箱。所以，图 8-7 中 45 英寸×53 英寸的托盘的叉车叉口位置不合理，叉车叉口应在 $Y$ 侧，而非 $Z$ 侧。

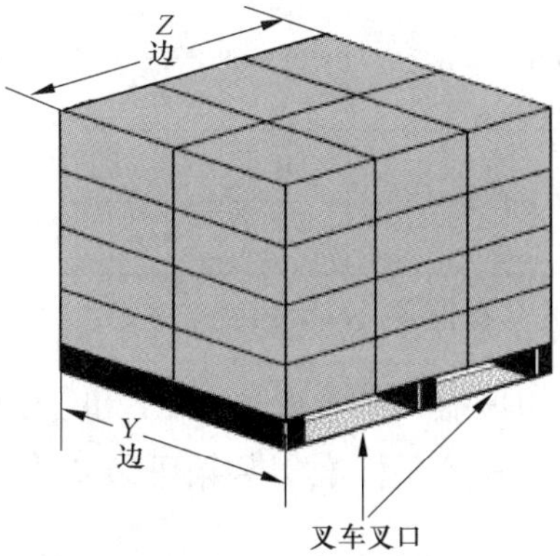


图 8-7　45 英寸×53 英寸的托盘

集装箱内托盘理货形态 $L$、$M$ 和 $N$ 的顶视图如图 8-8 所示。

（a）$L$ 形态　　（b）$M$ 形态　　（c）$N$ 形态

图 8-8　集装箱内各托盘理货形态的顶视图

假设托盘尺寸为 45 英寸×53 英寸和 45 英寸×45 英寸，装货后的每个托盘总高为 60 英寸，可以算出在不同装箱方式下一个 40 英尺×8 英尺 6 英寸标准集装箱能装载的托盘数，如表 8-6 所示。

**表 8-6　不同装箱方式所能装载的托盘数（$L$ 形态）**　　单位：个

<table>
<tr><th colspan="2">托盘尺寸</th><th rowspan="2">装箱方式</th><th rowspan="2" colspan="3">托盘倍数</th><th rowspan="2" colspan="2">托盘总数</th></tr>
<tr><th>Y 边</th><th>Z 边</th></tr>
<tr><td rowspan="2">45 英寸</td><td rowspan="2">53 英寸</td><td rowspan="2">（1）</td><td>D</td><td>÷Y</td><td>=10</td><td rowspan="2">10 × 1</td><td rowspan="2">=10</td></tr>
<tr><td>W</td><td>÷Z</td><td>= 1</td></tr>
</table>

续表

| 托盘尺寸 | | 装箱方式 | 托盘倍数 | | | 托盘总数 | |
|---|---|---|---|---|---|---|---|
| Y 边 | Z 边 | | | | | | |
| 45 英寸 | 53 英寸 | （2）● | $W$ | $\div Y$ | $=2$ | $2\times 8$ | =16 |
| | | | $D$ | $\div Z$ | $=8$ | | |
| 45 英寸 | 45 英寸 | （1）● | $D$ | $\div Y$ | $=10$ | $10\times 2$ | =20 |
| | | | $W$ | $\div Z$ | $=2$ | | |
| 45 英寸 | 45 英寸 | （2）● | $W$ | $\div Y$ | $=2$ | $2\times 10$ | = 20 |
| | | | $D$ | $\div Z$ | =10 | | |

注：●指按给定托盘尺寸计算的具有较多托盘数的装箱方式，这些是有效的装箱方式。

我们进一步引入更多尺寸的托盘，结合以上（1）和（2）装箱方式及 *L*、*M*、*N* 托盘理货形态，算出的一个 20 英尺和 40 英尺标准集装箱可装托盘数如表 8-7 和表 8-8 所示。

**表 8-7　20 英尺标准集装箱可装托盘数**　　单位：个

| 托盘理货形态 | | *L* | *L* | *M* | *N* |
|---|---|---|---|---|---|
| 托盘装箱方式 | | （A） | （B） | （A）（B）两种方式结合 | （A）（B）两种方式结合 |
| 托盘尺寸 | | 总托盘数 | 总托盘数 | 总托盘数 | 总托盘数 |
| Y 边 | Z 边 | | | | |
| 45 英寸 | 53 英寸 | 8 | 5 | □ | □ |
| 45 英寸 | 45 英寸 | 10 | 10 | □ | □ |
| 44 英寸 | 52 英寸 | 8 | 5 | □ | □ |
| 44 英寸 | 44 英寸 | 10 | 10 | □ | □ |
| 41 英寸 | 49 英寸 | 8 | 5 | 9 | 10 |
| 40 英寸 | 48 英寸 | 8 | 5 | 9 | 10 |
| 40 英寸 | 40 英寸 | 10 | 10 | □ | □ |
| 36 英寸 | 45 英寸 | 10 | 12 | 11 | 10 |
| 36 英寸 | 36 英寸 | 12 | 12 | □ | □ |
| 35 英寸 | 44 英寸 | 10 | 12 | 11 | 10 |
| 34 英寸 | 45 英寸 | 10 | 12 | 11 | 10 |
| 33 英寸 | 44 英寸 | 10 | 14 | 12 | 12 |

表 8-8　40 英尺集装箱可装托盘数　　单位：个

| 托盘理货形态 | | L | L | M | N |
|---|---|---|---|---|---|
| 托盘装箱方式 | | （A） | （B） | （A）（B）两种方式结合 | （A）（B）两种方式结合 |
| 托盘尺寸 | | 总托盘数 | 总托盘数 | 总托盘数 | 总托盘数 |
| Y 边 | Z 边 | | | | |
| 45 英寸 | 53 英寸 | 16 | 10 | □ | □ |
| 45 英寸 | 45 英寸 | 20 | 20 | □ | □ |
| 44 英寸 | 52 英寸 | 18 | 10 | □ | □ |
| 44 英寸 | 44 英寸 | 20 | 20 | □ | □ |
| 41 英寸 | 49 英寸 | 18 | 11 | 20 | 20 |
| 40 英寸 | 48 英寸 | 18 | 11 | 20 | 20 |
| 40 英寸 | 40 英寸 | 22 | 22 | □ | □ |
| 36 英寸 | 45 英寸 | 20 | 26 | 23 | 22 |
| 36 英寸 | 36 英寸 | 26 | 26 | □ | □ |
| 35 英寸 | 44 英寸 | 20 | 26 | 23 | 22 |
| 34 英寸 | 45 英寸 | 20 | 26 | 23 | 22 |
| 33 英寸 | 44 英寸 | 20 | 28 | 24 | 24 |

## 本章小结

本章对集装箱的相关知识进行了全面的介绍，从集装箱的定义和标准化开始，对集装箱的种类、标记和运输设备等展开了具体说明，同时对集装箱运输的信息流也进行了阐述。

## 推荐阅读

1．中国港口集装箱网 http://www.portcontainer.com。

2．长风网 http://cfnet.org.cn。

## 思考题

### 1．选择题

（1）假设某船务公司的某集装箱的箱主代码、顺序号为 APLU100001，则该集装箱的核对数为（　　）。

A．6　　B．4　　C．5　　D．7

（2）集装箱长、宽、高的外部尺寸分别是 40 英尺、8 英尺、9.6 英尺，这种集装箱的型号是（　　）。

A．IA　　B．IAAA　　C．IC　　D．IB

（3）国际货运代理企业承办集拼业务必须具备的条件有（　　）。

A．有装箱设施和装箱能力

B．与国外卸货港有拆箱分运能力的航运或货运企业有代理关系

C．经批准有权从事集拼业务

D．能签发自己的抬头提单

（4）在国际海上集装箱货物运输中，进行集装箱设备交接时，如集装箱发生损坏，应在集装箱设备交接单上进行相关记录。集装箱设备交接单上的记录代码 BR、DR 分别代表（　　）。

A．破损、污箱　　B．破损、凹损

C．凹损、污箱　　D．危标、污箱

（5）国际海运集装箱按用途可以分成不同类型的集装箱，其中“FR”代表（　　）。

A．通用集装箱　　B．超高集装箱　　C．挂衣集装箱　　D．框架集装箱

### 2．判断题

（1）每家航空公司都可以使用其他航空公司的同等型号的集装箱。（　　）

（2）SOC 代表由承运人提供的集装箱。（　　）

（3）集装箱既是一种运输设备，又是一种运输包装。（　　）

（4）40 英尺集装箱称为 TEU，又简称为标箱。（　　）

（5）集装箱是航空货运中唯一的集装设备。（　　）

### 3．简答题

（1）简述实践中检查集装箱的程序要求。

（2）简述拼箱货的业务流程。

（3）集装箱的信息是如何传递和流通的？

（4）集装箱如何装箱才能达到最优化？

（5）选择集装箱时应注意哪些事项？

# 第 9 章

# 国际危险货物运输

关键术语

危险货物运输规则；危险货物分类；危险货物标志；运输资质

**学 习 目 标**

- 熟悉危险货物的定义、分类和特征。
- 熟悉危险货物运输技术规范。
- 掌握国际危险化学品运输业务。

国际货物运输中大约 30%的货物为危险货物，海运中的危险货物比例更高达 60%。危险货物运输在为人们提供高质量生活的同时，也对人们的安全、健康及赖以生存的环境构成了威胁。一方面，由于危险货物所具有的特性，一旦操作或处理不当，极易发生事故；另一方面，由于人们认识的不足，对危险货物怀有惧怕心理，造成一部分生产生活急需的危险货物运输不畅。

## 9.1 危险货物的基础知识

### 9.1.1 危险货物的概念

《危险货物分类和品名编号》（GB 6944—2012）和《危险货物品名表》（GB 12268—2012）是根据联合国《关于危险货物运输的建议书规章范本》第 16 修订版进行修订的。两标准关系密切，前者是后者的基础和指南，后者则是前者的具体体现。两标准的修订都具有十分重要的意义。

危险货物，也称危险物品或危险品，是具有爆炸、易燃、毒害、腐蚀、放射性等性质，在运输、储存、生产、经营、使用和处置中，容易造成人身伤亡、财产损毁或环境污染而需要特别防护的货物。危险货物中除棉花、鱼粉等具有物理性（自热燃烧等）危险的货物外，绝大多数都是危险化学品。在概念上，危险货物包含的范围更大，其包含危险化学品。

危险化学品是指具有毒害、腐蚀、爆炸、易燃、放射性等性质，对人体、设施、环境具有危害，在运输、装卸和储存保管过程中易造成人身伤亡和财产损毁而需要特别防护的剧毒化学品和其他化学品。其特征如下。

（1）具有毒害、腐蚀、爆炸、易燃、放射性等性质。

（2）在运输、装卸和储存保管过程中，易造成人员伤亡和财产损毁。

（3）需要特别防护。

一般认为，只要同时满足了以上 3 个特征，即为危险货物。如果此类危险货物为化学品，那么它就是危险化学品。

危险化学品在不同的场合，称呼是不一样的。例如，在生产、经营、使用场所统称为化工产品，一般不称为危险化学品。在运输过程中，包括铁路运输、公路运输、水上运输、航空运输，则称为危险货物。在储存环节，一般称为危险物品或危险品。在国家的法律法规中，称呼也不一样，如在《中华人民共和国安全生产法》中称危险物品，在《危险化学品安全管理条例》中称危险化学品。

国家安全生产监督管理总局公布的《危险化学品登记管理办法》已于 2012 年 8 月 1 日起正式实施。办法规定：列入《危险化学品目录》的化学品需要进行登记。《危险化学品目录》由国务院安全生产监督管理部门会同国务院工业和信息化、公安、环境保护、卫生、质量监督检验检疫、交通运输、铁路、民用航空、农业主管部门，根据化学品危险特性的鉴别和分类标准确定、公布，并适时调整。

国家安全监管总局于 2013 年制定了《第二批重点监管的危险化学品名录》。根据《危险化学品安全管理条例》（国务院令第 591 号）第二十三条的规定，公安部编制了《易制爆危险化学品名录》（2011 年版）。公安部令第 77 号《剧毒化学品购买和公路运输许可证件管理办法》自 2005 年 8 月 1 日起施行。国家安全生产监督总局会同国务院公安、环保、卫生、质检、交通部门确定并公布了《剧毒化学品目录》，剧毒化学品是指具有剧烈急性毒性危害的化学品，包括人工合成的化学品及其混合物和天然毒素。

为加强对药品类易制毒化学品的管理，防止流入非法渠道，我国根据《易制毒化学品管理条例》，公布了《药品类易制毒化学品管理办法》。

### 9.1.2 危险货物运输规则

#### 1. 危险货物的装运规定

直到 19 世纪末，海运大国（如英国）都是禁运危险货物的。《海上人命安全公约》（1914）原则上禁运危险货物，但对哪些是危险货物，则明确可由缔约国政府决定，并要求缔约国政府对危险货物的相关事项制定必要的预防措施。这就意味着在一定的条件下，危险货物的运输是被允许的。1979 年 11 月，中国加入《国际海上人命安全公约》(1974)。国际海事组织制定的《国际海运危险货物规则》于 1965 年通过，我国于 1982 年宣布加入《国际海运危险货物规则》。此规则对危险货物进行了统一的分类，描述了各种危险货物的危险性，对不同危险货物的包装、运输、保管、标志等提出了相应的要求。

《铁路危险货物运输管理规则》(铁运〔2008〕174 号)、《水路危险货物运输规则》(交通部令 1996 年第 10 号)、《港口危险货物管理规定》(交通部令 2003 年第 9 号)、《道路危险货物运输管理规定》(交通部令 2005 年第 9 号)、《汽车运输、装卸危险货物作业规程(JT 618—2004)》和《中华人民共和国船舶载运危险货物安全监督管理规定》(交通部令 2003 年第 10 号）规定，装运《危险货物品名表》内已列载的约 4 000 种的危险化学品时，托运人应向铁路、公路、港务监督部门登记或申报，填写危险货物清单，包括一个航次或班次装运的危险货物信息，详细说明所托运的危险货物的学名或技术名称、联合国危险货物编号、海运污染物标记（Y=有污染，N=无污染)、危险货物等级、副危险货物等级、包装件数、重量及装载、危险货物页号、危险货物标签、危险货物闪点、航运危险货物应急措施号（EMS No.)、医疗急救指南号（MFAG No.）等。对《危险货物品名表》中未列的危险化学品，托运人必须在托运前向交通主管部门提交经省、市化工厅（局）审核的危险技术鉴定书，经交通主管部门审核批准后才能进行运输。《化学危险物品安全管理条例》还规定了载客火车、船舱、飞机机舱不得装运危险化学品，装运危险化学品的汽车应按公安部门指定的行车时间和路线通过市区。

### 2. 危险货物的装箱要求

使用集装箱装载危险货物时，应将危险货物运输规则所列的要求作为配载的依据，具体应做到以下几点。

（1）集装箱有正确的标记，并有集装箱装运危险货物的装箱证明书。

（2）集装箱清洁、干燥，适合装货。

（3）货物符合《国际海运危险货物规则》的包装要求，有正确的标记、标志，并经国家规定的有关部门检验认可。

（4）每票货物均应有危险货物申报单。

（5）不做拼箱，一般箱内不能放普通货物，确有需要与普通货物混装时，危险货物不得装在普通货物的下面，并应装于箱门附近。各种性能不同的危险货物或危险货物与其性质不相容的货物禁止同装一箱。

（6）不进行直接换装。

（7）包件装箱正确，衬垫、加固合理。

（8）装载后，应按《国际海运危险货物规则》要求在集装箱外部每侧都粘贴上危险货物类别标志。

### 3. 化学品的登记

CAS 号（CAS Registry Number，CAS Number）是美国化学会的下设组织美国化学文摘社（Chemical Abstracts Service，CAS）负责为每一种出现在文献中的化学物质分配的唯一编号，其目的是避免化学物质有多种名称的麻烦，使数据库的检索更为方便。如今几乎所有的化学数据库都允许用 CAS 号检索。该号是检索有多个名称的化学物质的重要工具，是某种化学物质（如化合物、高分子材料、混合物或合金及生物序列）的唯一数字识别号码。

格式：一个 CAS 号以连字符“-”为界分为三部分，第一部分有 2 到 7 位数字，第二部分有 2 位数字，第三部分有 1 位数字作为校验码。CAS 号以升序排列且没有任何内在含义。校验码的计算方法如下：CAS 号（第一部分、第二部分的数字）的最后一位乘 1，最后第二位乘 2，以此类推，然后把所有的乘积相加，再把和除以 10，其余数就是第三部分的校验码。举例来说，水（$H_2O$）的 CAS 号前两部分是 7732-18，$8\times1+1\times2+2\times3+3\times4+7\times5+7\times6=105$，则其校验码=mod（105，10）=5（mod 是求余运算符），所以水的 CAS 号是 7732-18-5。

异构体、酶和混合物的 CAS 号：不同的同分异构体分子有不同的 CAS 号，如右旋葡萄糖（D-glucose）的 CAS 号是 50-99-7，左旋葡萄糖（L-glucose）的 CAS 号是 921-60-8，α 右旋葡萄糖（α-D-glucose）的 CAS 号是 26655-34-5。偶尔也有一类分子用一个 CAS 号的情况，如一组乙醇脱氢酶（Alcohol Dehydrogenase）的 CAS 号都是 9031-72-5。混合物，如芥末油（Mustard Oil）的 CAS 号是 8007-40-7。

## 9.1.3 危险货物的分类和特性

《危险货物分类和品名编号》（GB 6944—2012）把危险货物按其具有的危险性或最主要的危险性分为 9 个类别，第 1 类至第 6 类再分成项别。类别和项别的号码顺序并不是危险程度的排序。

### 1. 第 1 类 爆炸品

爆炸品包括以下物质。

（1）爆炸性物质（物质本身不是爆炸品，但能形成气体、蒸气或粉尘爆炸环境者，不列入第 1 类）是指固体或液体物质（或物质混合物）自身能够通过化学反应产生气体，其温度、压力或速度高到能对周围造成破坏。烟火物质即使不放出气体，也包括在内。不包括那些太危险以致不能运输或其主要危险性符合其他类别的物质。

（2）爆炸性物品是指含有一种或几种爆炸性物质的物品。不包括下述物品：其中所含爆炸性物质的数量或特性，不会使其在运输过程中偶然或意外被点燃或引发后因迸射、发火、冒烟、发热或巨响而在装置外部产生任何影响。

（3）为产生爆炸或烟火实际效果而制造的上述 2 项中未提及的物质或物品。

### 2．第 2 类　气体

气体是满足下列条件之一的物质。

（1）在 50℃时，蒸气压力大于 300 kPa 的物质。

（2）20℃时在 101.3 kPa 标准压力下完全是气态的物质。

本类包括压缩气体、液化气体、溶解气体和冷冻液化气体、一种或多种气体与一种或多种其他类别物质的蒸气混合物、充有气体的物品和气雾剂。

### 3．第 3 类　易燃液体

本类是运输中较常见的危险货物，包括易燃液体和液态退敏爆炸品。易燃液体是指易燃的液体或液体混合物，或是在溶液或悬浮液中有固体的液体，其闭杯试验闪点不高于 60℃，或其开杯试验闪点不高于 65.6℃。

### 4．第 4 类　易燃固体、易于自燃的物质、遇水放出易燃气体的物质

本类包括易燃固体、易于自燃的物质和遇水放出易燃气体的物质，可分为 3 项。

（1）易燃固体、自反应物质和固态退敏爆炸品。

① 易燃固体：易于燃烧的固体或摩擦可能起火的固体。

② 自反应物质：即使没有氧气（空气）存在，也容易发生激烈放热分解的热不稳定物质。

③ 固态退敏爆炸品：为抑制爆炸性物质的爆炸性能，用水或酒精湿润爆炸性物质，或用其他物质稀释爆炸性物质后，而形成的均匀固体混合物。

（2）易于自燃的物质，本项包括发火物质和自热物质。

① 发火物质：即使只有少量与空气接触，也能在 5 分钟时间内燃烧的物质，包括混合物和溶液（液体或固体）。

② 自热物质：发火物质以外的与空气接触便能自己发热的物质。

（3）遇水放出易燃气体的物质，本项物质是指遇水放出易燃气体，且该气体与空气混合能够形成爆炸性混合物的物质。

### 5．第 5 类　氧化性物质和有机过氧化物

本类包括氧化性物质和有机过氧化物。

（1）氧化性物质是指本身未必燃烧，但通常因放出氧气可能引起或促使其他物质燃烧

的物质。

（2）有机过氧化物是指含有两价过氧基（-O-O-）结构的有机物质。

### 6．第 6 类 毒性物质和感染性物质

本类包括毒性物质和感染性物质。

（1）毒性物质是指经吞食、吸入或与皮肤接触后可能造成生物死亡或严重受伤或损害人类健康的物质。

（2）感染性物质是指已知或有理由认为含有病原体的物质。

### 7．第 7 类 放射性物质

放射性物质是指任何含有放射性核素并且其活度浓度和放射性总活度都超过《放射性物品安全运输规程》（GB 11806—2019）规定限值的物质。

### 8．第 8 类 腐蚀性物质

腐蚀性物质是指通过化学作用使生物组织接触时造成严重损伤，或在渗漏时会严重损害甚至毁坏其他货物或运载工具的物质。本类包括满足下列条件之一的物质。

（1）使完好皮肤组织在暴露超过 60 分钟、但不超过 4 小时之后开始的最多 14 天观察期内全厚度毁损的物质。

（2）被判定不引起完好皮肤组织全厚度毁损，但在 55℃试验温度下，对钢或铝的表面腐蚀率超过 6.25mm/a 的物质。

### 9．第 9 类 杂项危险物质和物品，包括危害环境物质

本类是指存在危险但不能满足其他类别定义的物质和物品，具体如下。

（1）以微细粉尘吸入可危害健康的物质，如 UN 2212、UN 2590。

（2）会放出易燃气体的物质，如 UN 2211、UN 3314。

（3）锂电池组，如 UN 3090、UN 3091、UN 3480、UN 3481。

（4）救生设备，如 UN 2990、UN 3072、UN 3268。

（5）一旦发生火灾可形成二噁英的物质和物品，如 UN 2315、UN 3432、UN 3151、UN 3152。

（6）在高温下运输或提交运输的物质，是指在液态温度达到或超过 100℃，或固态温度达到或超过 240℃条件下运输的物质，如 UN 3257、UN 3258。

（7）危害环境物质，包括污染水生环境的液体或固体物质，以及这类物质的混合物（如制剂和废物），如 UN 3077、UN 3082。

（8）不符合第 6 类第 1 项毒性物质或第 6 类第 2 项感染性物质定义的经基因修改的微生物和生物体，如 UN3245。

（9）其他物质，如 UN 1841、UN 1845、UN 1931、UN 1941、UN 1990、UN 2071、UN 2216、UN 2807、UN 2969、UN 3166、UN 3171、UN 3316、UN 3334、UN 3335、UN 3359、UN 3363 等。

## 9.2　危险货物运输技术规范

我国对危险货物运输的各个环节的规范极为重视，危险货物标准体系在不断完善中，尤其是危险货物的包装规则。危险货物运输技术规范主要涉及我国交通运输部参照国际标准牵头编写的 6 个强制性国家标准：《危险货物分类和品名编号》（GB 6944—2012）、《危险货物品名表》（GB 12268—2012）、《危险货物例外数量及包装要求》（GB 28644.1—2012）、《危险货物有限数量及包装要求》（GB 28644.2—2012）、《有机过氧化物分类及品名表》（GB 28644.3—2012）及《危险货物包装标志》（GB 190—2009）等有关内容。

以下我们来进行系统介绍。

### 9.2.1　危险货物运输包装

包装是指容器及其为形成盛装功能所必需的任何其他构件或材料。包装直接影响危险货物的安全运输，因此危险货物更需要严格的包装。而对危险货物包装的检验旨在保证装有危险货物的包件能够满足正常运输条件所需安全程度的要求。

#### 1．危险货物运输包装的作用与一般要求

**1）危险货物运输包装的作用**

（1）防止货物因接触雨雾、阳光、潮湿空气和海水等变质，或发生剧烈的化学变化而造成事故。

（2）可减少货物在运输过程中所受到的碰撞、震动、摩擦和挤压，使其在包装的保护下处于完整和稳定的状态，从而保证安全运输。

（3）防止货物因撒漏、挥发及与其性质相抵触的货物直接接触，而发生事故或污染运输设备及其他货物。

（4）保证货物装卸、搬运操作便利，并便于堆存、计数。

（5）有利于船舶舱容的充分利用。

**2）危险货物运输包装的一般要求**

（1）包装的材质和类型应与所装的危险货物相适应（危险货物包装的使用鉴定）。

（2）包装应有一定的强度，能经受住水路运输的一般风险（危险货物包装性能试验证明）。

（3）包装的封口应与所装的危险货物相适应。

（4）内外包装之间应有一定的衬垫（减震、填充和吸收材料）。

（5）包装应能承受一定范围内的温湿度变化。

（6）包装的重量、规格和形式应便于装卸、运输和储存。

试验合格的包装都应在明显部位标注清晰持久的包装试验合格标志。

### 2. 包装的类别

#### 1）常规包装

常规包装又称通用包装，即传统意义上的包装，一般净重在 400 千克以下，容积在 450 升以下，适用于第 3 类、第 4 类、第 5 类第 1 项、第 6 类第 1 项、第 8 类、第 9 类危险货物。

（1）包装类别。

包装类别按包装能够承受危险货物的危险程度，可分为以下几类。

Ⅰ类包装：适用于具有高度危险性的物质。

Ⅱ类包装：适用于具有中度危险性的物质。

Ⅲ类包装：适用于具有低度危险性的物质。

注意：第 2 类、第 6 类第 2 项、第 7 类危险货物除外。

第 1 类爆炸品、第 4 类第 1 项中的自反应物质和第 5 类第 2 项有机过氧化物应使用Ⅱ类包装。

（2）危险货物的包装标记。

① 联合国包装符号。本符号仅用于证明包装符合《国际海运危险货物规则》中的有关要求。对于模压金属包装，可用大写字母“UN”来替代联合国包装符号。

② 表示包装类别的指定代码，不适用于压力容器、含有放射性物质的包件、净重大于 400 千克的包件、容积超过 450 升的包件。

包装代码从左至右依次由下列符号组成。

- 一个表示包装种类，如圆桶、罐等的阿拉伯数字。

  1——圆桶。

  2——木制琵琶桶。

  3——罐。

  4——箱。

  5——袋。

  6——复合包装。

- 一个或多个用于表示材料种类，如钢、木材等的大写英文字母：

  A——钢（各种类型和表面处理）。

B——铝。

C——天然木材。

D——胶合板。

F——再生木。

G——纤维板。

H——塑料材料。

L——纺织品。

M——多层纸。

N——金属（不包括钢和铝）。

P——玻璃、陶瓷和粗陶瓷。

**2）中型散装容器**

中型散装容器是指刚性或柔性的可移动包装，须具有清晰耐久的标记，字母、数字、符号高度不小于 12 毫米。

（1）中型散装容器的代码。

中型散装容器的代码包括规定的两个阿拉伯数字，然后接一个或多个大写字母（当在具体小节中列明时，后接阿拉伯数字表明中型散装容器的类型）。

对于复合中型散装容器，应在代码的第二个位置上依次标上两个大写英文字母。第一个字母表示中型散装容器的内容器的材料，第二个字母表示中型散装容器的外包装的材料。

（2）中型散装容器的标记。

中型散装容器的标记表示该容器的设计类型已顺利通过试验并已满足有关要求。中型散装容器应具有通用的基本标记，标记应清晰、耐久，并应依次显示下列内容。

① 联合国包装符号。

② 表明中型散装容器类型的代码。

③ 适用的包装类代号。

④ 生产年、月（最后两位数字，先年后月）。

⑤ 批准国代号。

⑥ 生产厂符号及主管机关所规定的其他识别标记。

⑦ 以千克（kg）表示的堆码试验负荷，如不能堆码应写上数字“0”。

⑧ 所允许的最大总重，对于柔性中型散装容器，应标明以千克（kg）表示的最大允许负荷。

如图 9-1 所示，该中型散装容器的标记的含义：钢制金属中型散装容器，采用重力方式卸货，适用于Ⅱ类和Ⅲ类包装，于 1989 年 2 月制造，批准国为荷兰，生产厂是××（厂名），识别系列号为 007，堆码试验负荷为 5500 千克，最大允许总重为 1500 千克。

11A/Y/0289/NL/××
007/5500/1500

图 9-1　中型散装容器的标记

**3）大宗包装**

大宗包装是由装有物品或内包装的外包装组成的包装，设计上适合机械装卸，净重超过 400 千克或容量超过 450 升但不超过 3 立方米。每件大宗包装均应根据要求贴有永久性易于辨认的标记，标记符号具体如下。

（1）联合国包装符号。

对采用打印或模压方法进行标记的金属大宗包装，可以使用两个大写英文字母“UN”来替代联合国包装符号。

（2）代码“50”代表刚性大宗包装，“51”代表柔性大宗包装，其后接大宗包装的材料类型。

（3）该设计类型被批准适用的包装类别。

① X 表示Ⅰ、Ⅱ和Ⅲ类包装。

② Y 表示Ⅱ类包装或Ⅲ类包装。

③ Z 仅表示Ⅲ类包装。

如图 9-2 所示，该大宗包装的标记的含义：适用于堆码的钢制大宗包装，适用于Ⅰ、Ⅱ和Ⅲ类包装，于 1996 年 5 月生产，批准国为荷兰，堆码试验负荷为 2500 千克，最大允许总重为 1 000 千克。

50A/X/05 96/NL/PQRS/2500/1000

图 9-2　大宗包装的标记

**4）货物运输组件**

货物运输组件包括集装箱、公路货车、可移动罐柜、公路罐车、铁路罐车等。

可移动罐柜是指以金属制成的，容量在 450 升以上的，配备有减压、隔热、测量、通风、装卸等装置的，可整体装卸的容器。

（1）装运非气体危险货物可移动罐柜的标记。

在易于检查的明显的地方以永久的方式贴上防腐蚀的标牌，并标明如下内容。

① 生产国、批准国、批准编号。

② 生产商的名称和标记。

③ 生产商的系列编号。

④ 所有人的注册编号。

⑤ 生产的年份。

⑥ 最大允许工作压力。

⑦ 最近定期试验的日期和类型。

⑧ 最大允许总重。

⑨ 空载（皮）重。

（2）装运非冷冻液化气体可移动罐柜的标记。

在易于检查的明显的地方以永久的方式贴上防腐蚀的标牌，并标明如下内容。

① 生产国、批准国、批准编号。

② 生产商的名称和标记。

③ 生产商的系列编号。

④ 所有人的注册编号。

⑤ 生产的年份。

⑥ 最大允许工作压力。

⑦ 最近定期试验的日期和类型。

⑧ 最大允许总重。

⑨ 空载（皮）重。

⑩ 允许装运的非冷冻液化气体的名称。

⑪ 允许装运的非冷冻液化气体的最大允许负荷。

（3）装运冷冻液化气体可移动罐柜的标记。

在易于检查的明显的地方以永久的方式贴上防腐蚀的标牌，并标明如下内容。

① 生产国、批准国、批准编号。

② 生产商的名称和标记。

③ 生产商的系列编号。

④ 所有人的注册编号。

⑤ 生产的年份。

⑥ 最大允许工作压力。

⑦ 最近定期试验的日期和类型。

⑧ 最大允许总重。

⑨ 空载（皮）重。

⑩ 允许装运的冷冻液化气体的名称。

⑪ 允许装运的冷冻液化气体的标准维持时间。

### 3. 包装的管理

海运出口危险货物的包装容器应由经商检机构批准的生产厂按《国际海运危险货物规则》的要求组织生产，并由商检机构检验后出具海运出口危险货物包装容器性能鉴定证书。危险货物生产厂应凭商检机构出具的海运出口危险货物包装容器性能鉴定证书，按《国际海运危险货物规则》的要求使用包装容器，并由商检机构检验后出具海运出口危险货物包装容器使用鉴定证书。危险货物托运人应凭商检机构出具的海运出口危险货物包装容器性能鉴定证书和使用鉴定证书，到海事部门办理申报手续。

海运出口危险货物包装容器性能鉴定证书有效期按包装形式分为一年半、一年和半年。钢桶、复合桶、纤维（板）桶盛装固体货物的有效期一般为一年半，盛装液体货物的一般为一年；如盛装腐蚀性货物（第 8 类货物及带有腐蚀性标志的货物），从货物装罐之日起有效期不应超过半年；其他包装容器的有效期为 1 年。经检验合格的危险货物包装容器，应在证书有效期内装运出口完毕。若超出证书有效期，须请商检机构重新检验。

## 9.2.2 危险货物的标记、图案标志和标牌

危险货物的标志由标记、图案标志（标签）和标牌组成。标记是指标注在危险货物包装外表的简短文字或符号，包括危险货物的完整学名、联合国包装符号、海运污染物标记等。图案标志是指以危险货物运输规则中规定的色彩、图案和符号绘制成的菱形标志。标牌是指放大的图案标志，适用于集装箱等较大的运输单元。为了使危险货物运输过程中各环节的人员能快速准确识别危险货物，托运人应在托运前在危险货物的包件、运输组件上，根据其所装货物和危险性粘贴标志、图案标记和标牌。

### 1. 危险货物的标记

和包装本身的标记（包装的制造标记）不同，危险货物的标记是对所装货物做出的说明。

**1）标记的内容**

标记的内容应包括危险货物的正确名称和联合国包装符号；对非包装物品，应在物品上、支架上或操纵、储存、吊放装置上加以标记。救助包件应标有“救助（SALVAGE）”字样。

**2）标记的要求**

标记应满足以下要求。

（1）明显可见且易于识别。

（2）在海水浸泡至少 3 个月后内容仍然清晰可辨；在选择适当的标记方法时，应考虑所用的包装材料及包装表面的耐久性。

（3）与包装外表面的背景形成鲜明的颜色对比。

（4）不应与可能大大降低其效果的其他标记放在一起。

（5）容积超过 450 升的中型散装容器应在相对的两侧做同样的标记。

### 2．危险货物的图案标志

危险货物的图案标志，也称标签，包括安全标签、作业场所标签、消费品标签等，是指在危险货物包件上使用图案（见图 9-3）和相应的说明描述所装危险货物的危险性和危险程度，分为主标志和副标志。

为提高管理效益，促进贸易交流，降低费用支出，鼓励化学品的安全生产、运输和使用，由美国等发达国家发起，经 1992 年联合国环境和发展会议（UNCED）及政府间化学品安全论坛认可，根据联合国经社理事会 1999/65 号决议，2001 年 7 月，联合国危险货物运输专家委员会改组为联合国危险货物运输和全球化学品统一分类和标签制度（GHS-TDG）专家委员会。GHS-TDG 委员会下设两个分委员会，即全球化学品统一分类和标签制度（GHS）专家分委员会和危险货物运输（TDG）专家分委员会。我国是两个分委会的正式成员国。在 GHS 制度中，一个完整的图案标志至少含有 5 个部分：信号词、危险说明、象形图、防范说明、产品标识等。

中国国家标准化管理委员会于 2013 年 10 月 10 日公布了关于化学品分类与标签的新国标《化学品分类和标签规范》（第 2～29 部分）（GB 30000—2013），新国标于 2014 年 11 月 1 日起正式实施。其取代了《化学品分类和危险性公示通则》（GB 13690—2009）、《化学品分类、警示标签和警示性说明安全规范》（GB 20576—2006）中的 26 个系列标准和《化学品作业场所安全警示标志规范》（AQ 3047—2013）。

图 9-3　危险货物的图案标志

有毒物品（第 2 类和第 6 类第 1 项）

易燃气体（第 2 类）或易燃液体（第 3 类）

易燃固体（第 4 类）

氧化剂和有机过氧化物

感染性物品

三级放射性物品

腐蚀品

杂类

图 9-3　危险货物的图案标志（续）

### 3. 危险货物的标牌

危险货物的标牌（见图 9-4）在某种意义上讲就是放大了的标志，如果贴在危险货物包件上的标志从货物运输组件的外表面不能清楚可见，应将放大了的标志，即标牌粘贴在货物运输组件的外表面上，以警告人们运输组件内装有危险货物并存在危险。

图 9-4　危险货物的标牌

#### 4．我国水路运输中的标志使用

我国《水路运输违章处罚规定》规定，按其规定属于危险货物，但在国际运输时不属于危险货物者，出口时，在国内运输区段包件上可不贴危险货物标志，由托运人和作业委托人分别在水路货物运单和作业委托单特约事项栏内注明“外贸出口，免贴标志”；进口时，在国内运输区段按危险货物处理。

## 9.3 危险化学品运输业务

### 9.3.1 《危险化学品安全管理条例》

《危险化学品安全管理条例》（以下简称《条例》）于 2002 年 1 月 9 日国务院第 52 次常务会议通过，自 2002 年 3 月 15 日起施行。2011 年 2 月 16 日，国务院第 144 次常务会议修订通过，自 2011 年 12 月 1 日起施行。在中华人民共和国境内生产、经营、储存、运输、使用危险化学品和处置废弃危险化学品，必须遵守本条例和国家有关安全生产的法律、行政法规的规定。《条例》的主要内容如下。

#### 1．对公安机关和交通运输主管部门运输管理职责的规定

《条例》第六条第二款规定：公安机关负责危险化学品的公共安全管理，核发剧毒化学品购买许可证、剧毒化学品道路运输通行证，并负责危险化学品运输车辆的道路交通安全管理。

《条例》第六条第五款规定：交通运输主管部门负责危险化学品道路运输、水路运输的许可，以及运输工具的安全管理，对危险化学品水路运输安全实施监督，负责危险化学品道路运输企业、水路运输企业驾驶人员、船员、装卸管理人员、押运人员、申报人员、集装箱装箱现场检查员的资格认定。

#### 2．对道路运输、水路运输许可和从业资格的规定

《条例》第四十三条规定：从事危险化学品道路运输、水路运输的，应当分别依照有关道路运输、水路运输的法律、行政法规的规定，取得危险货物道路运输许可、危险货物水路运输许可，并向工商行政管理部门办理登记手续。危险化学品道路运输企业、水路运输企业应当配备专职安全管理人员。

《条例》第四十四条规定：危险化学品道路运输企业、水路运输企业的驾驶人员、船员、装卸管理人员、押运人员、申报人员、集装箱装箱现场检查员应当经交通运输主管部门考核合格，取得从业资格。具体办法由国务院交通运输主管部门制定。危险化学品的装卸作业应当遵守安全作业标准、规程和制度，并在装卸管理人员的现场指挥或者监控下进行。

水路运输危险化学品的集装箱装箱作业应当在集装箱装箱现场检查员的指挥或者监控下进行，并符合积载、隔离的规范和要求；装箱作业完毕后，集装箱装箱现场检查员应当签署装箱证明书。

### 3．危化条例对道路运输危险化学品的规定

《条例》第四十六条规定：通过道路运输危险化学品的，托运人应当委托依法取得危险货物道路运输许可的企业承运。

《条例》第四十七条规定：通过道路运输危险化学品的，应当按照运输车辆的核定载质量装载危险化学品，不得超载。危险化学品运输车辆应当符合国家标准要求的安全技术条件，并按照国家有关规定定期进行安全技术检验。危险化学品运输车辆应当悬挂或者喷涂符合国家标准要求的警示标志。

《条例》第四十八条规定：通过道路运输危险化学品的，应当配备押运人员，并保证所运输的危险化学品处于押运人员的监控之下。运输危险化学品途中因住宿或者发生影响正常运输的情况，需要较长时间停车的，驾驶人员、押运人员应当采取相应的安全防范措施；运输剧毒化学品或者易制爆危险化学品的，还应当向当地公安机关报告。

### 4．对沿海和内河运输危险化学品的规定

涉及沿海运输危险化学品的内容是《条例》第五十二条，具体规定：通过水路运输危险化学品的，应当遵守法律、行政法规，以及国务院交通运输主管部门关于危险货物水路运输安全的规定。

《条例》第五十四条至第六十二条是有关内河运输危险化学品的规定。

《条例》第五十四条规定：禁止通过内河封闭水域运输剧毒化学品，以及国家规定禁止通过内河运输的其他危险化学品。前款规定以外的内河水域，禁止运输国家规定禁止通过内河运输的剧毒化学品，以及其他危险化学品。禁止通过内河运输的剧毒化学品，以及其他危险化学品的范围，由国务院交通运输主管部门会同国务院环境保护主管部门、工业和信息化主管部门、安全生产监督管理部门，根据危险化学品的危险特性、危险化学品对人体和水环境的危害程度，以及消除危害后果的难易程度等因素规定并公布。

### 5．对内河运输其他危险化学品的规定

《条例》第五十五条规定：国务院交通运输主管部门应当根据危险化学品的危险特性，对通过内河运输《条例》第五十四条规定以外的危险化学品（以下简称通过内河运输危险化学品）实行分类管理，对各类危险化学品的运输方式、包装规范和安全防护措施等分别作出规定并监督实施。

《条例》第五十六条规定：通过内河运输危险化学品，应当由依法取得危险货物水路运

输许可的水路运输企业承运，其他单位和个人不得承运。托运人应当委托依法取得危险货物水路运输许可的水路运输企业承运，不得委托其他单位和个人承运。

《条例》第五十七条规定：通过内河运输危险化学品，应当使用依法取得危险货物适装证书的运输船舶。水路运输企业应当针对所运输的危险化学品的危险特性，制定运输船舶危险化学品事故应急救援预案，并为运输船舶配备充足、有效的应急救援器材和设备。

通过内河运输危险化学品的船舶，其所有人或者经营人应当取得船舶污染损害责任保险证书或者财务担保证明。船舶污染损害责任保险证书或者财务担保证明的副本应当随船携带。

#### 6．对危险化学品包装容器的规定

《条例》第四十五条规定：运输危险化学品，应当根据危险化学品的危险特性采取相应的安全防护措施，并配备必要的防护用品和应急救援器材。用于运输危险化学品的槽罐，以及其他容器应当封口严密，能够防止危险化学品在运输过程中因温度、湿度或者压力的变化发生渗漏、洒漏；槽罐及其他容器的溢流和泄压装置应当设置准确、起闭灵活。运输危险化学品的驾驶人员、船员、装卸管理人员、押运人员、申报人员、集装箱装箱现场检查员，应当了解所运输的危险化学品的危险特性及其包装物、容器的使用要求和出现危险情况时的应急处置方法。

《条例》第五十八条规定：通过内河运输危险化学品，危险化学品包装物的材质、型式、强度，以及包装方法应当符合水路运输危险化学品包装规范的要求。国务院交通运输主管部门对单船运输的危险化学品数量有限制性规定的，承运人应当按照规定安排运输数量。

### 9.3.2　化学品安全技术说明书

化学品安全技术说明书的正文应以简捷明了、通俗易懂的规范汉字表述。数字资料要准确可靠、系统全面。化学品安全技术说明书的内容，从该化学品的制作之日算起，每 5 年更新一次，若发现新的危害性，在有关信息发布后的半年内，生产企业必须对化学品安全技术说明书的内容进行修订。

#### 1．种类

化学品安全技术说明书采用“一个品种一张卡”的方式编写，同类物、同系物的化学品安全技术说明书不能互相替代；混合物要填写有害性组分及其含量范围。所填数据应是可靠和有依据的。一种化学品具有一种以上的危害性时，要综合表述其主次危害性及急救、防护措施。

### 2. 使用

化学品安全技术说明书由化学品的生产供应企业按照相关规则自行编写，是化学品生产或销售企业按法律要求向客户提供的有关化学品特征的一份综合性法律文件。为了保证其准确规范，化学品生产或销售企业可向专业机构申请编制，在交付化学品时提供给客户，作为为客户的一种服务随化学品在市场上流通。客户在接收、使用化学品时，要认真阅读化学品安全技术说明书，了解和掌握化学品的危险性，并根据使用的情形制定安全操作规程，选用合适的防护器具。

化学品安全技术说明书可以使客户明了化学品的有关危害，在使用时主动进行防护，起到减少职业危害和预防化学事故发生的作用。其目标是迅速、广泛地将关键性的化学品安全数据信息传递给客户，特别是面临紧急情况的客户，使他们免受化学品的潜在危害。

### 3. 资料的可靠性

化学品安全技术说明书的数值和资料要准确可靠，选用的参考资料要有权威性，必要时可咨询省级以上职业安全卫生机构。

## 本章小结

危险货物的运输应从一些基础知识开始认识，对国际通用的分类和运输技术规范一定要认识到位。本章对危险货物运输规则和运输技术规范进行了初步的介绍，要求国际货运代理从业人员对危险货物运输业务的规范要熟知，以避免发生事故。

## 推荐阅读

1. 危运网 http://www.weiyun5.com。
2. 中国危化品物流网 http://www.hcls.org.cn。
3. 中国化工物流网 http://www.cnchem56.com。

## 思考题

### 1. 选择题

（1）危险货物是航空货物运输中操作复杂、难度较大的一类货物，为方便仓储、运输等环节的操作，经常可以在货物的外包装上看到代码，了解这些代码的含义具有重要意义。易燃液体货物代码是（　　）。

A. RCL　　B. RCM　　C. RCX　　D. RFL

（2）装有危险货物的集装箱需（　　）。

A. 根据集装箱内所装危险货物包件上的危险货物图案标志，在集装箱外部的两个对面上粘贴相应的危险货物图案标志

B．在集装箱的一个侧面的明显处粘贴危险货物图案标志

C．在集装箱上拴挂一个两侧有红色平行斜线的识别挂签，相应危险性的类别或项别要标注在挂签上

D．标注 30 毫米高度的“DANGEROUS GOODS WITHIN”字样

（3）在国际海上货物运输中，除非《国际海运危险货物规则》中另有规定，否则一切装有危险货物的包件应以耐久的标志或图案标志明确表明该危险货物的特性，应做到使其在海水中至少浸泡（　　），其标志或图案标志仍清晰可辨。

A．4 个月　　B．3 个月　　C．2 个月　　D．1 个月

（4）根据《国际海运危险货物规则》的规定，油漆、清漆属于（　　）。

A．爆炸品　　B．气体　　C．易燃液体　　D．有毒物质

（5）在航空运输中，有些货物在名称上虽看不出是危险货物，但实际上是危险货物，如（　　）。

A．药品　　B．冷冻胚胎　　C．气压计　　D．轮椅

### 2．判断题

（1）液体危险货物的闪点越低，说明其危险性越大。（　　）

（2）ADR 是国际（欧洲）铁路运输危险货物的统一规则，该规则对铁路运输危险货物的分类、性质、包装规格、要求、检验及其他一系列问题做出了详细的规定。（　　）

（3）在国际海上集装箱运输中，运送危险货物时应使用限重危险货物证明。（　　）

（4）危险货物是指具有燃烧、毒害、腐蚀、污染等性质，在运输、装卸和储存过程中，容易造成人身伤亡和财产毁损而需要特别防护的货物。（　　）

（5）集装箱装载危险货物时，危险货物外包装表面必须贴上《国际海运危险货物规则》规定的危险货物标记和图案标志。（　　）

### 3．简答题

（1）冷藏货物和危险货物积载有哪些注意事项？

（2）简述国际海运中托运人托运危险货物的责任。

（3）简述我国水路运输中危险货物标记的使用要求。

（4）简述化学品安全技术说明书的主要内容。

（5）简述九类危险货物的特性。

## 实训

### 1．实训目的

掌握职业关键能力和职业专门能力。

### 2．实训要求

（1）邀请行业经理人来校做讲座；参观码头、集装箱货运站、国际货运代理企业的营业场所。

（2）拍摄现场作业的情况。

（3）提交一份 1500 字的认知实习报告。

### 3．实训操作规范

教师事先通知被邀请行业专家所在的公司和要去参观的公司名称，要求学生上网预先查找相关公司的资料，提出问题，并先从教材中找答案。

# 第 10 章

# 国际货运代理单证与运费核算

**关键术语**

海运提单；托运单；场站收据联单；运费；计费重量；包箱费率；航空运费

**学 习 目 标**

- 熟悉订舱单的作用及种类。
- 掌握海运提单、海运单、提货单、交货记录。
- 熟悉运费率和运费的概念及运费的计算。
- 掌握杂货班轮运费、集装箱班轮运费、航空运费和铁路运费的核算。

在国际货物运输中，单证流转速度和运费核算水平的高低不仅关系到国际货运代理企业的形象，还关系到这一票货物能否顺利通关、进出关境和交付，以及客户能否安全收汇。

## 10.1 国际货运代理单证

单证是指在国际货物运输中使用的单据或文件。纸质或电子单证是运输业务操作的证明，单证的流转环节反映了货物运输业务的相关操作行为和流程。因此，熟悉单证对于货运代理的相关人员而言至关重要。

### 10.1.1 订舱单

#### 1. 订舱单的作用

订舱单是国际货运代理在接受货主委托后，以纸质或电子形式在截单日前向承运人申请货物托运而缮制提交的一种单据。运输方式不同，订舱单也会有所不同，但是其作用基本相同。

（1）订舱单是托运人向承运人办理托运的凭证。

（2）订舱单是承运人接受订舱并安排舱位，调拨装货器材，组织装运、转运或联运工作的依据。

（3）订舱单是托运人与承运人之间运输契约的书面记录。

（4）订舱单是出口货物报关的必备货运单据之一。

（5）订舱单是承运人签发提单或运单的原始依据。

### 2. 订舱单的种类

#### 1）杂货班轮订舱单——装货联单

在杂货班轮运输的情况下，国际货运代理作为托运人在向船公司订舱时，根据货主的委托，填写装货联单作为订舱单送交给船公司。

（1）装货联单的联次。目前，我国各个港口使用的装货联单的组成部分不尽相同，但一般都包含托运单、装货单和收货单。

① 托运单。托运单是由托运人根据买卖合同和信用证的有关内容向承运人办理货物运输业务的书面凭证。

课程资源 50：托运单

② 装货单。装货单是接受了托运人装运申请的船公司签发给托运人的用以命令船长将承运的货物装船的单据。在船长将货物装船之前，托运人在向海关办理出口货物申报手续时，装货单是必备的单据之一，海关同意放行后会在装货单上盖放行章，所以装货单也被称为关单。对承运人而言，装货单是其授权集装箱场站或码头的接收职员从托运人处收取一定数量的货物，并通知该班次的运输工具负责人接受装运该批货物的指示文件，即命令船长将货物装船的单据。

课程资源 51：装货单

③ 收货单，俗称大副收据，是某一票货物装上船后，由船上大副签署给托运人，作为证明船公司已收到该票货物并已将其装上船的凭证。通常，船上大副应根据理货员在理货单上签注的日期、件数及舱位，并与装货单进行核对后，在收货单上签字，留下装货单，将收货单退回给理货员而后转交给托运人（国际货运代理）。托运人凭大副签署过的收货单，即可向承运人换取已装船提单。

课程资源 52：收货单

（2）装货联单的流转。托运人常用 9 联装货联单进行订舱。

① 第 1 联由货主留底。

② 第 2 联和第 3 联为运费通知联，其中一联由承运人留存，另一联随账单交托运人收托运费。

③ 第 4 联为装货单。

④ 第 5 联为收货单。

⑤ 第 6 联由配舱人留底。

⑥ 第 7 联和第 8 联为配舱回单，留作缮制提单用。

⑦ 第 9 联是交纳出口货物港务费的申请书，港区凭此向托运人收取港务费、港建费等杂费。

此外，再附空白格式的两联，留码头仓库存查用。杂货班轮订舱单（装货联单）各联的流转过程如图 10-1 所示。

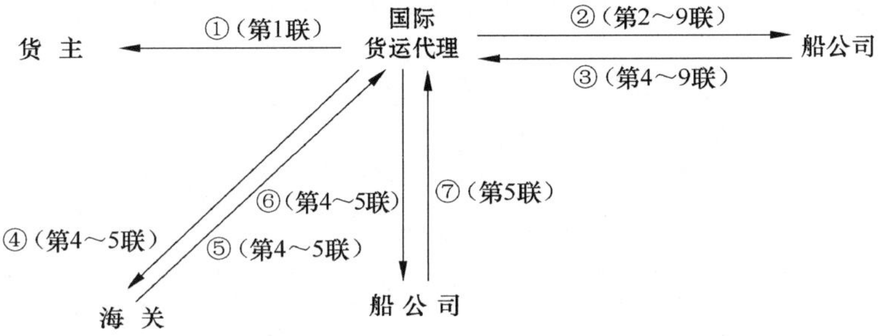


图 10-1　杂货班轮订舱单（装货联单）各联的流转过程

**2）集装箱班轮订舱单——场站收据**

目前，海上班轮运输基本上以集装箱班轮运输为主，杂货班轮运输所占的份额已越来越小。在实践中，集装箱班轮的订舱一般由国际货运代理缮制场站收据联单，然后送交船代或船公司进行订舱，因此场站收据成为集装箱班轮运输的订舱单。

1）场站收据的联次。场站收据是承运人委托集装箱堆场或集装箱货运站在收到货物后，签发给托运人的证明已收到托运货物并对货物开始负有责任的凭证。托运人据此向承运人换取收妥待运提单或已装船提单。它相当于将传统的托运单、装货单、收货单整合成集装箱班轮运输使用的一整套单据，一般共有 10 联（有的口岸只有 7 联，有的口岸则多达 12 联）。场站收据的格式繁多，但内容大致相同。一些场站收据可能具有“商品编码”一栏，实际上，商品编码可以填在场站收据“商品名称和包装”一栏中。以下是场站收据各联。

课程资源 53：场站收据

① 第 1 联：集装箱货物托运单（货主留底）。

② 第 2 联：集装箱货物托运单（船代留底）。

③ 第 3 联：运费通知 1。

④ 第 4 联：运费通知 2。

⑤ 第 5 联：场站收据（装货单[①]），也叫关单。

① 装货单加注了舱位信息可以作为订舱确认单、配舱回单等。

⑥ 第 5 联副本：缴纳出口货物港务费的申请书。

⑦ 第 6 联：大副联（场站收据副本）。

⑧ 第 7 联：场站收据。

⑨ 第 8 联：国际货运代理留底。

⑩ 第 9 联：配舱回单 1。

⑪ 第 10 联：配舱回单 2。

（2）集装箱班轮订舱单（场站收据）各联的流转过程如图 10-2 所示。

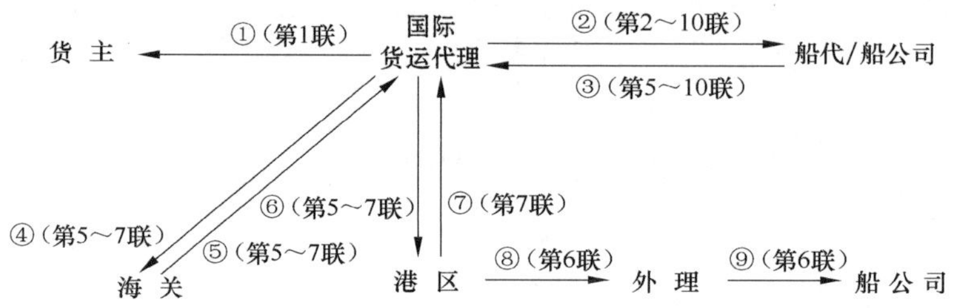


图 10-2　集装箱班轮订舱单（场站收据）各联的流转过程

**3）航空托运单**

在航空货物运输中使用的订舱单是航空托运单，它是国际货运代理根据货主填写的国际货物委托书的内容缮制的向航空公司办理订舱托运手续的单据。

课程资源 54：
航空托运单

**4）铁路托运单**

在铁路货物运输中使用的订舱单就是铁路托运单，通常就直接用铁路运单。

课程资源 55：
铁路托运单

### 10.1.2　货物交接单据

国际货运代理在接受货主委托，向承运人订舱后，需要根据订舱单安排货物的装运，这就产生了相应的货物交接单据。

相对于杂货班轮运输，集装箱班轮运输多了集装箱的提箱、装箱、还箱、进场和出场等环节，这些环节也会产生相应的货物交接单据。

#### 1．集装箱预配清单和载运清单

集装箱预配清单和载运清单是船公司为进行集装箱管理而设计的一种单据。该单据的格式和内容大致相同，一般包括提单号、船名、航次、货物名称和件数、目的港、装箱地点及集装箱的类型、尺寸和数量等。

货主在订舱时一批一单，或者数批列在一单，按订舱单内容缮制集装箱预配清单和载运清单后连同订舱单送交船公司，船公司据此配载后将其发给空箱堆存点，据以核发集装箱设备交接单及空箱之用。

### 2. 集装箱设备交接单

集装箱设备交接单简称设备交接单（Equipment Interchange Receipt，EIR），是进出港区、场站时，用箱人、运箱人与管箱人或其代理人之间交接集装箱的凭证，是拥有和管理集装箱的船公司与利用集装箱运输的承运人签订的有关设备交接的协议。

集装箱设备交接单是分清集装箱货物责任的凭证。在集装箱外表无异状且封条完好的情况下，它也是证明箱内货物交接无误的凭证。如发现集装箱外表有异状时，应把异状摘要记入集装箱设备交接单，由经办人双方签字后各执一份。集装箱设备交接单也用于集装箱的盘存管理和对集装箱的追踪管理，其包含的必要事项都要输入计算机中，以备查询。

课程资源 56：
集装箱设备交接单

集装箱设备交接单分出场（港）集装箱设备交接单和进场（港）集装箱设备交接单两种，各有三联，分别为管箱单位（船公司或其代理人）留底联、码头与堆场联、用箱人与运箱人联。

### 3. 集装箱装箱单

集装箱装箱单是详细记载每个集装箱内所装货物的名称、数量、尺码、重量、标志和箱内货物积载情况的单证，对于特殊货物还应加注特定要求。例如，对冷藏货物要注明其对箱内温度的要求等。集装箱装箱单是集装箱运输的辅助货物舱单，其用途很广，主要用途有以下几方面。

（1）集装箱装箱单是货主向承运人提供集装箱内所装货物明细的清单。

课程资源 57：
集装箱装箱单

（2）集装箱装箱单是在装箱地向海关申报货物出口的单据，也是集装箱船舶进出口报关时向海关提交的载货清单的补充资料。

（3）集装箱装箱单是货主、集装箱货运站与集装箱码头之间的货物交接单。

（4）集装箱装箱单是集装箱装船港、卸船港编制装船计划与卸船计划的依据。

（5）集装箱装箱单是计算船舶吃水和稳定性的基本数据来源。

（6）集装箱装箱单在卸箱地是办理集装箱保税运输手续和拆箱作业的重要单证。

（7）当发生货损时，集装箱装箱单是处理索赔事故的原始依据之一。

### 10.1.3　货物交付单据

#### 1．海运提单

**1）海运提单的定义**

海运提单（Ocean Bill of Lading）简称提单[①]，是指用以证明海上货物运输合同和货物已经由承运人接收或装船，以及承运人保证据以交付货物的单证。提单中载明的向记名人交付货物，或者按照指示人的指示交付货物，或者向提单持有人交付货物的条款，构成了承运人据以交付货物的保证。

**2）海运提单的作用**

（1）海运提单是证明承运人已接管货物或货物已装船的货物收据。

（2）海运提单是承运人保证据以交付货物的单证和可以转让的物权凭证。

（3）海运提单是海上货物运输合同成立的证明文件。

海运提单有正本提单和副本提单之分，通常所说的海运提单是指正本提单，副本提单只用于日常业务，不具有法律效力。正本提单应标注“Original”字样，标注“Copy”字样的是副本提单。按国际航运界惯例，通常签发正本提单一式二份或三份，每份正本提单的效力是同等的，凭其中一份提货后，其他各份立即失效。副本提单的份数可视托运人的需要而定。

**3）海运提单的流转**

海运提单的流转程序如图 10-3 所示。

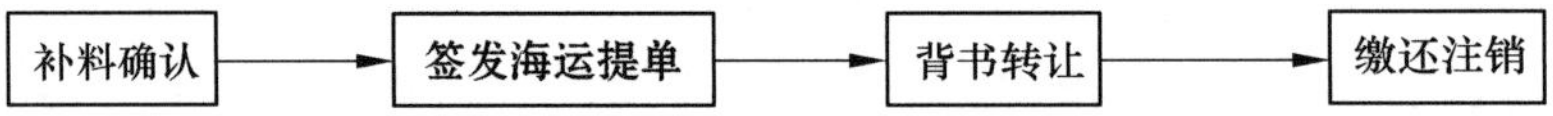


图 10-3　海运提单的流转程序

（1）补料确认：当货主需要海运提单时，承运人缮制提单样本传给货运代理；如货主不需要海运提单，则由货运代理直接缮制提单样本，货运代理将提单样本送交给货主同时要求货主补充之前缺失的资料，称为补料。货主将提单与相应合同或信用证条款核对后回传。如果货主没有修改的地方，就可以进行提单确认；如果货主有修改的地方，通常要交改单费，修改后就可以确认了。

（2）签发海运提单：当货主需要海运提单时，货运代理将提单传给承运人，承运人核对确认后回传并出正本提单。如货主不需要海运提单，则由货运代理出正本货运代理提单。

① 提单的定义引自《中华人民共和国海商法》（1993 年 7 月 1 日施行）第七十一条规定。

（3）背书转让：货主收到海运提单后，可以将海运提单进行背书转让。

（4）缴还注销：收货人必须凭海运提单提货，承运人交付货物时必须收回海运提单并在其上做“作废”的批注。

**4）海运提单的种类**

按不同的分类标准，海运提单可以划分为许多种类，如表 10-1 所示。

表 10-1　海运提单的种类

| 分类标准 | 提单种类 | 英文名称 |
|---|---|---|
| 按表现形式分类 | 纸质提单 | Paper Bill of Lading |
| | 电子报文提单 | Electronic Bill of Lading |
| 按货物是否已装船分类 | 已装船提单 | Shipped B/L，On Board B/L |
| | 收妥待运提单 | Received for Shipment B/L |
| 按货物外包装有无不良批注分类 | 清洁提单 | Clean B/L |
| | 不清洁提单 | Unclean B/L，Foul B/L |
| 按提单收货人，即抬头分类 | 记名提单 | Straight B/L |
| | 不记名提单 | Bearer B/L，Open B/L，Blank B/L |
| | 指示提单 | Order B/L |
| 按运输方式分类 | 直达提单 | Direct B/L |
| | 转船提单 | Transhipment B/L |
| | 多式联运提单 | Multimodal Transport B/L |
| 按提单签发人分类 | 船公司提单 | Master B/L |
| | 无船承运人提单 | NVOCC B/L |
| | 货运代理提单 | House B/L |
| 按提单签发时间分类 | 预借提单 | Advanced B/L |
| | 倒签提单 | Anti-dated B/L |
| | 顺签提单 | Postedated B/L |

## 2. 海运单

海运单又称海上运送单或海上货运单。它是承运人向货主表明货物已收妥待装的单据，是一种不可转让的单据，即无须在目的港出示该单据，无须待单据寄到，船公司或其代理人可凭收货人收到的到货通知书和身份证明或单凭身份证明而向其交货。

## 3. 提货单

提货单也称小提单，是指在件杂货运输中，收货人凭正本提单或副本提单随同有效的担保向承运人或其代理人换取的，可向港口装卸部门提取货物的凭证。

提货单的性质与提单不同，它只是船公司指令港口装卸部门向收货人交付货物的凭证，不具有流通及其他作用，提货单上一般记有“Non-negotiable”字样。

#### 4．交货记录

交货记录是在集装箱运输中，船公司或其代理人向收货人或其代理人交货时，双方共同签署的，证明双方间已进行货物交接和载明其交接状态的单据。

作为船公司代理人的集装箱堆场或集装箱货运站的经营人在向收货人或其代理人交货时，要检查货物的件数和外表状态，如有损坏或灭失等情况，应把具体情况记载在摘要栏内。收货人在交货记录上签收，由集装箱堆场或集装箱货运站留存。

在集装箱运输中，船公司的责任是从接收货物开始到交付货物为止。因此，场站收据是证明船公司责任开始的单据，而交货记录是证明其责任终了的单据。

对承运人来说，交货记录的签发就表明向集装箱堆场或集装箱货运站下达同意交货的指令；对收货人来说，得到交货记录就表明已具备向集装箱堆场或集装箱货运站提货的条件。交货记录的签发是承运人责任终止、收货人责任开始的标志。

#### 5．空运交付单据

航空货物入境时，与货物有关的单据（航空货运单、发票、装箱单等）也随之到达，航空公司的地面代理需将单据及与之相关的货物交给该航空货运代理公司，交接的单据有国际货物交接清单、总运单和随机文件。

航空货运单是由承运人或其代理人出具的，由托运人或以托运人的名义填制的，证明托运人和承运人之间签订了在承运人的航线上运输货物的契约。航空货运单不同于海运提单，它并不代表所托运货物的所有权，不可以转让。

## 10.2　货运代理服务费用核算

### 10.2.1　货运代理服务费用核算的基本概念

国际货运代理企业应在提供服务前告知客户服务费用包含的范围、内容、计收方式和标准。具体如下：国际货运代理企业有权选择以价值或重量或体积来计收服务费用；有关服务费用包含的范围、内容和计收方式的详细情况；报价经客户接受后，如遇外汇、运费、保险、额外费用等的国家政策发生变化，可与客户协商修改报价或收费；行业中组织公布的收费标准。

### 1. 成本费用分析

国际货运代理服务费用包含货运代理的代理费和运费，其中运费占比最高。运费是托运人为运输一票货物而支付给承运人的费用。

#### 1）多式联运成本费用分析

（1）运输线路、运输方式、实际承运人的选择，包括运费高低、运输时间的长短、运输的次数（频率）、运输能力的大小、运输货物的安全性、运输货物的准确性、运输货物的适用性、能适合多种运输需要的伸缩性、与其他方式衔接的灵活性、提供货物所在位置信息的可能性。

（2）运输线路区段划分，包括与货主、各派出机构、代理人、实际承运人之间的信息、单证传递费用，通信费用，单证成本和制单手续费，以及各派出机构的管理费。

（3）将货物分派或分配到各备选的运输方式的选择，包括集疏运费、港区场站服务费、集装箱租赁费、保险费、在途库存成本、始发地库存成本、终到地库存成本等。

（4）预期取得毛利润，包括市场竞争情况和竞争需要。

#### 2）集装箱运输费用分析

（1）起运港的费用，包括货物提前进站的仓储费用和海关监管费、提运空箱和重箱进场的拖运费和码头费用、货物的装箱费和理货费等。

（2）海运运费及船舶代理办理有关订舱业务收取的手续费等。

（3）目的港费用，包括提运重箱和还空箱的拖运费和码头费用、拆箱费和理货费、分拨费和相关的代理手续费、拼箱货的仓储费用、其他特殊费用等。

（4）拼箱货混拼运费分析，包括中转港再拼箱及理货的费用、集装箱的拖运费和仓储费、中转港代理人的费用、其他相关的服务费用。

#### 3）内陆运费分析

内陆运费包括运费、关税及清关费用，公路、铁路及内河运输的装箱时间及延滞费，额外服务及附加费。货物的包装费用和无效运输及更改运输线路与方向带来的费用增加也是分析的一部分。

#### 4）航空运费分析

（1）货物的适用运价与货物的计费重量。

（2）体积重量和实际重量的不同。

（3）航空区域、货物种类不同，所适用的最低运价、普通货物运价、等级货物运价、指定商品运价也不同。

（4）航空货物运价的“递远递减”原则，即货物运送距离越远优惠越多。

（5）飞机载运能力受飞机最大起飞全重和货舱本身的体积限制。

（6）提供地面运输、仓储、制单、国际货物的清关等服务的部门所收取的费用。

（7）航空货物运价、运费的货币进整。

**5）国际铁路联运运费分析**

国际铁路联运运费分析包括发送路运送费用分析、到达路运送费用分析和过境路运送费用分析。

### 2．运费率

运费率（Freight Rate）是每运费吨或每件货物的运输价格。依据运输方式和运输单元的不同，运费率可以是每运费吨的价格，也可以是每集装箱的价格，还可以是整车或整船、整机等的价格，即每一计费单位的价格。通常，重量货物和轻泡货物的运费率是不同的。

### 3．计费标准

运量（Freight Quantity）是托运人委托承运人运输的某一票货物的数量或重量。

计费重量（Chargeable Weight）是指计算运费时使用的运输数量，也称为计费标准。运输方式不同，国别不同，运费的计算标准也不尽相同。

**1）杂货运费计费标准**

（1）一般重量货物按毛重计算运费，海运称为重量吨，在运价表内列明“W”，也就是“Weight”的缩写。水路运输以吨为计费单位，陆路和空路运输以千克为计费单位。

（2）一般轻泡货物按体积计算运费，海运称为体积吨或尺码吨，在运价表内列明“M”，也就是“Measurement”的缩写，一般以 1 立方米或 40 立方英尺为 1 尺码吨。空路运输一般按体积计算运费（Volume Weight 或 Dimensional Weight）。

（3）按货物的毛重和体积计算运费，取较高者，在运价表内列为“W/M”。以此标准报价时，因为不确定是按毛重还是体积计费，所以计费单位通常用运费吨（Freight Ton，FT）或计费吨（Revenue Ton，RT）来表示。

（4）按货物价值的一定百分比计收运费，这种运费被称为从价运费。在运价表内列明“Ad. Val.”。

（5）按混合标准计收，即按重量吨或尺码吨再加从价运费计收。

如不同种类的货物混装在一个包装内（集装箱除外），则全部货物按其中收费高的货物计收运费。同一种货物因包装不同，计费标准也不同。

此外，还有一些货物是按票、件或头计收的，如车辆、活牲畜等。对于大宗货物，如粮食、矿石、煤炭等，因运量较大、货价较低、容易装卸，国际货运代理为了争取货源，可以与货主另行商定运价。

**2）集装箱班轮运费计费标准**

（1）拼箱货运费的计费标准与杂货运费的计费标准一样。当散货拼箱按立方米来计算时，头程为中国港口到美国西岸港口（1 立方米=1 吨），二程为美国港口到内陆点或东岸目的港（1 立方米=363 千克）；头程为中国港口到北欧港口或加拿大西岸港口（1 立方米=1 吨），二程为北欧港口或加拿大西岸港口到内陆点或目的港（1 立方米=333 千克）。

（2）整箱货按照每个集装箱计收运费，同时根据集装箱的箱型、尺寸的不同规定不同的包箱费率。

**3）航空运费计费标准**

航空运费计费标准是指用以计算航空货物运费的重量。在实践中，一般对货物的毛重与体积重量进行比较，取二者的较高者。所以，对于高密度货物（High Density Cargo），也就是重量货物，一般选择其毛重作为计费重量；由于货舱空间的限制，对于低密度货物（Low Density Cargo），即轻货或轻泡货物，一般选择其体积重量作为计费重量；但当货物按较高重量分界点的较低运价计算的航空运费较低时，则此较高重量分界点的货物起始重量就为货物的计费重量。

体积重量是指按照国际航协规定，将货物的体积按一定的比例折合成的重量。在计算体积时，无论货物是否为规则的长方体或正方体，都应以最长、最宽、最高的 3 边的长度计算其体积。长、宽、高的小数部分按四舍五入取整，体积重量的换算标准为每 6000 立方厘米折合为 1 千克，即航空运输中轻重货临界点的货物密度为 1 千克/6000 立方厘米。

在集中托运的情况下，同一运单项下会有多件货物，其中有重量货物也有轻泡货物，此时货物的计费重量就按照该批货物的总毛重或总体积重量中较高的一个计算。首先，计算这一整批货物的总毛重；然后计算该批货物的总体积，并求出体积重量；最后比较两个数值，取较高者作为该批货物的计费重量。

**特别提示**

计算航空运费时，如果货物的毛重以千克表示，则计费重量的最小单位是 0.5 千克。当重量不足 0.5 千克时，按 0.5 千克计算；超过 0.5 千克不足 1 千克时按 1 千克计算。如果货物的毛重以磅表示，则当货物的重量不足 1 磅时，按 1 磅计算。

运费与运费率的关系：运费等于运费率乘运量，公式如下：

$$F=R\times Q$$

式中，$F$ 表示运费；$R$ 表示运费率；$Q$ 表示运量。

### 4．装卸费用

装卸费用是指将货物从岸边（或驳船）装入船舱内和将货物从船舱内卸至岸边（或驳船）的费用。

## 10.2.2 杂货班轮运费核算

### 1．班轮运价表

班轮运费是根据班轮公司指定的运价表进行计算的。班轮运价表（Liner Freight Tariff）又称运价本或费率本，是班轮公司因承运货物向托运人收取运费的运价的汇总。班轮运价表主要由条款与规定、商品分类和费率 3 部分组成。

### 2．运费结构

班轮运费由基本运费和附加费两部分组成。

**1）基本运费**

基本运费（Basic Freight）也称为主运费，是对运输每批货物所应收取的基本运费，是运输一批货物收取运费的主要部分。它是根据基本费率（Basic Rate）和运费吨计算得来的。基本费率是指每计费单位（如 1 运费吨）货物收取的基本运费，也可表示成基本运价（Freight Unit Price），即某条航线内基本港之间对每种货物规定必须收取的基本运费，也是收取附加费的计算基础。基本费率有等级费率、货种费率、从价费率、特殊费率和均一费率之分。

**2）附加费**

附加费（Surcharges）是为了在一定时期内保持基本费率的稳定，同时反映各港口的各种货物的航运成本的差异，班轮公司在基本运费之外，为了弥补损失又规定的各种额外加收的费用。海运附加费的种类和名称可谓五花八门，不同地区、不同季节、不同班轮公司收取的附加费各不相同。

主要航线上常用的海运附加费如表 10-2 所示。

表 10-2　主要航线上常用的海运附加费

| 缩　写 | 英文全称 | 中文名称 | 说　明 |
|---|---|---|---|
| AMS | Automatic Manifest System | 美国自动舱单系统录入费 | 用于美加航线 |
| ACS | Alameda Corridor User Surcharge | 南加州（洛杉矶/长滩）铁路转运附加费 | 用于美国航线 |
| BAF | Bunker Adjustment Factor | 燃油附加费 | 大多数航线都有 |
| CUC | Classis Usage Charge | 底盘费，车船直接换装、吊装费 | 在包含美国港口的航线上使用 |

续表

| 缩　写 | 英文全称 | 中文名称 | 说　　明 |
|---|---|---|---|
| CSC | Container Service Charge | 货柜服务费 | |
| CAF | Currency Adjustment Factor | 货币贬值附加费系数 | |
| CAS | Currency Adjustment Surcharge | 货币贬值附加费 | |
| CISF | China Import Service Fee | 中国进口服务费 | 中国产品出口到欧洲的一笔附加费用，是货运代理在目的港代理所收的费用 |
| DDC | Destination Delivery Charge | 目的港交货费 | |
| DVT | Deviation Surcharge | 绕航附加费 | |
| DID/DDL | Direct Additional | 直航附加费 | 美加航线使用 |
| EBA | Emergency Bunker Additional | 紧急燃油附加费 | 非、中南美 |
| EBS | Emergency Bunker Surcharge | | 日线和澳新线使用 |
| EPS | Equipment Position Surcharges | 设备位置附加费 | |
| FAF | Fuel Adjustment Factor | 燃料附加费 | 波斯湾、红海、南美、日线使用 |
| GRI | General Rate Increase | 综合费率上涨附加费 | 一般是南美航线、美国航线使用 |
| GRR | General Rate Restoration | 费率恢复费 | 阳明海运旺季收取 |
| IFA | Interim Fuel Additional | 临时燃油附加费 | 某些航线临时使用 |
| ISPS | International Ship and Port Facility Security | 港口安全设施费，或者称港口安保费 | 欧洲地中海航线 |
| ORC | Original Receiving Charge | 本地收货费用 | 和 SPS 类似，一般在华南地区使用 |
| PCS | Port Congestion Surcharge | 港口拥挤附加费 | 通常在以色列、印度某些港口及中南美航线使用 |
| PCTF | Panama Canal Transit Fee | 巴拿马运河附加费 | 美国航线、中南美航线使用 |
| PTF | Panama Transit Fee | | |
| PSS | Peak Season Surcharges | 旺季附加费 | 大多数航线在运输旺季时可能临时使用 |

续表

| 缩　写 | 英文全称 | 中文名称 | 说　明 |
|---|---|---|---|
| SPS | Shanghai Port Surcharge | 上海港口附加费 | 船挂上海港九区、十区 |
| SCS | Suez Canal Surcharge | 苏伊士运河附加费 | |
| TAR | Temporary Additional Risks | 临时风险附加费 | 本义为“临时风险附加费”，实指战争附加费 |
| THC | Terminal Handling Charges | 码头操作费 | |
| WRS | War Risks Surcharge | 战争险附加费 | |
| YAS | Yard Surcharges | 码头附加费 | |
| YAS | Yen Adjustment Surcharge | 日元贬值费 | 日本航线专用 |

### 3．运费计算

运费计算分为以下几个步骤。

（1）选择相关的班轮运价表。

（2）根据货物名称，在货物分级表中查到运费计算标准和货物等级。

（3）在等级费率表的基本费率部分，找到相应的航线、起运港、目的港，按货物等级查到基本费率。

（4）在附加费部分查出所有应收（付）的附加费项目和数额（百分比）及货币种类。

（5）根据基本费率和附加费率算出实际运费率。

（6）运费=实际运费率×运量。

**示　例**

2019 年 4 月，广州 A 公司委托货运代理 B 出口某商品 100 吨，装了 4000 箱，每箱毛重 25 千克，体积 20 厘米×30 厘米×40 厘米，单价 CFR 马赛每箱 55 美元，查运价表得知该货物等级为 8 级，计费标准为 W／M，每运费吨运费为 80 美元，另按基本费率征收转船附加费 20%，燃油附加费 10%。请计算 B 应收多少运费？（用人民币表示，假设当时外汇牌价：100 美元=671 元人民币）

解：

每箱体积为 0.2 米×0.3 米×0.4 米＝0.024（立方米）

每箱毛重为 25 千克，即 0.025 吨

因为计费标准为 W／M，而每箱毛重>每箱体积，所以应按毛重计收运费。

$$F = R \times Q$$
$$= 80\times(1+20\%+10\%)\times 0.025\times 4000$$
$$= 10400 （美元）$$

按当时外汇牌价 100 美元=671 元人民币

10400 美元=10400×6.71=69784（元）

答：B 应收运费 69784 元人民币。

### 10.2.3　集装箱班轮运费核算

目前，集装箱货物海上运价体系较内陆运价体系成熟。集装箱班轮运费基本分为以下两个大类。

#### 1．拼箱货的运费核算

沿用杂货班轮运费的计算方法，即以每运费吨为计费单位（俗称散货价），采用基本费率加附加费率的方式计算。

**1）基本费率**

以运费吨为计费单位，多数航线上采用等级费率。

**2）附加费**

除传统杂货所收的常规附加费外，还要加收一些与集装箱货物运输有关的附加费。

表 10-3 列出了主要航线的运费构成。

表 10-3　主要航线的运费构成

| 航　　线 | 运费组成 | 说　　明 |
|---|---|---|
| 欧洲、地中海 | OFT+ORC+BAF+CAF+DOC | 海运费+本地收货费用+燃油附加费+货币贬值附加费系数+文件附加费 |
| 美国东岸 | OFT+ORC+AMS+DOC+BUC+IFA+PNC+CAS+PSS | 海运费+本地收货费用+美国自动舱单系统录入费+文件附加费+燃油附加费+临时燃油附加费+巴拿马运河附加费+货币贬值附加费+旺季附加费 |
| 美国西岸 | OFT+ORC+AMS+DOC+BUC+IFA+ACS+CAS+PSS | 海运费+本地收货费用+美国自动舱单系统录入费+文件附加费+燃油附加费+临时燃油附加费+南加州（洛杉矶/长滩）铁路转运附加费+货币贬值附加费+旺季附加费 |
| 南非 | OFT+THC（ORC）+DOC | 海运费+码头操作费（本地收货费用）+文件附加费 |
| 南美洲 | OFT+THC（ORC）+DOC | 海运费+码头操作费（本地收货费用）+文件附加费 |
| 澳大利亚 | OFT+THC+DOC | 海运费+码头操作费+文件附加费 |
| 新西兰 | OFT+THC+DOC | 海运费+码头操作费+文件附加费 |

**3）亏舱费**

亏舱费是指在海运拼箱出口过程中，在截单日前一工作日的中午 11：00 以后，因订舱人造成货物无法及时出运，导致拼箱公司舱位空置，拼箱公司因此向订舱人收取的弥补该损失的费用。亏舱费计算以空置舱位的成本为标准，具体计算公式如下：

亏舱费=订舱计费立方数×（整箱海运运费+整箱起运港费用）/标准立方数

注：标准立方数以集装箱的有效容积计算，20 英尺集装箱、40 英尺集装箱的有效容积分别为 25、55 立方米。

亏舱费的常见原因和预防措施如下。

（1）货主的货物来不及进仓或货主临时取消出货，订舱人却没有及时取消订舱。

预防措施：货运代理业务员要在截关日前与货主保持一定的沟通频率，及时反馈信息，并告知货主如果货不出运，则其有责任通知，否则要收取亏舱费。

（2）出现较大比例的超方、缩方、超重等。

预防措施：货运代理业务员应要求货主实际货物与订舱单尽可能保持一致，如有变动应及时通知。

（3）货物进仓后发现货物因本身特性或规格问题导致无法承运，如液体、危险货物、超大超重件等。

预防措施：货运代理业务员应告知货主船公司不承接货物的范围，超大超重件必须事先确认。

（4）海关查验导致无法及时出运。

预防措施：货运代理业务员应要求货主报关时做到单单一致、单证一致、单货一致，及时清晰地答复海关的疑问，尽可能配合海关的要求，以保证货物及时出运。

### 2．整箱货的运费核算

整箱货的运费用包箱费率来核算。包箱费率以每个集装箱为计费单位，常用于 CFS-CY 或 CY-CY 条款。现在，大多数集装箱班轮公司对整箱货一般采用均一包箱费率（Freight for All Kinds，FAK），是指对通用集装箱的货物，不细分箱内货物的类别、等级，不计货量（在重量限额以内），只按箱型统一规定的费率计费。

采用这种费率计算运费时，货物仅分普通货物、半危险货物、危险货物和冷藏货物 4 类。不同类别、不同尺寸的集装箱，费率不同。

集装箱班轮公司的班轮运价表通常是按集装箱类别（通用集装箱、冷冻集装箱、危险品集装箱）对 20 英尺通用集装箱、40 英尺通用集装箱、40 英尺冷藏集装箱、45 英尺冷藏集装箱分别标出每类集装箱基本费率。除基本费率外，还会规定每类集装箱的附加费。

### 示　例

中远海运集装箱运输上海有限公司的南非航线运价表如表 10-4 所示。

**中远海运集装箱运输上海有限公司**

编号：NF20200727

表 10-4　南非航线运价表

| Destination /目的港 | 进港代码 | 20'GP | 40'GP |
|---|---|---|---|
| Durban/德班 | ZADUR | 1400 | 2800 |
| 以上为海运运费，另加 BAF：USD105/TEU。预付按协议退佣，到付退佣 2.5%。上海港停靠外二区。约翰内斯堡在德班运价基础上另加铁路转运费，标准如下 | | | |
| 20'GP 货重≤12.999 吨，加收转运费 USD310/20'GP<br>20'GP 货重>12.999 吨，且≤21.999 吨（但总重不得超过 24 吨），加收转运费 USD540/20'GP<br>20'GP 货重>21.999 吨或总重超过 24 吨，加收转运费 USD1025/20'GP | | | |
| 40'GP&HQ 货重≤25.999 吨，加收转运费 USD610/40'GP&HQ<br>40'GP&HQ 货重>25.999 吨，且≤29.399 吨（但总重不得超过 30.48 吨），加收转运费 USD 1070/40'GP&HQ<br>40'GP&HQ 货重>29.399 吨或总重超过 30.48 吨，加收转运费 USD2040/40'GP&HQ | | | |

注：20'GP 为 20 英尺通用集装箱；40'GP 为 40 英尺通用集装箱；HQ 为冷藏集装箱。

资料来源：集装箱运输资讯网　https://www.cscline.com。

## 3．运费计算示例

### 示例 1

出口商 A 公司委托货运代理 B 公司将一批杂货——人造纤维从广州黄埔港运往欧洲某港口，该票货物体积为 20 立方米、毛重为 17.4 吨，A 公司要求选择卸货港为鹿特丹或汉堡，汉堡和鹿特丹都是基本港口，其基本费率为 USD80/FT，3 个以内选卸港的附加费率为每运费吨加收 USD3，计费标准为 W/M。

（1）该货运代理 B 公司应向 A 公司收取多少运费（以美元计）？

（2）如果改用集装箱运输，海运运费的基本费率为 USD1100/TEU，货币附加费为 10%，燃油附加费为 10%，则 A 公司应支付多少运费（以美元计）？

（3）若不计杂货运输和集装箱运输两种运输方式的其他费用，A 公司从节省海运运费的角度考虑，是否应改用集装箱运输？

解：（1）

① $R$

基本费率 $R_1$=USD80/FT

附加费率 $R_2$=USD3/FT

实际运费率 $R=R_1+R_2$=USD（80+3）=USD83/FT

② $Q$

W=17.4MT

M=20CBM

计费标准为 W/M

W/M=17.4/20<1 MT/CBM，可以得出该货为轻泡货物

$Q$=20CBM=20 FT

③ $F=R\times Q$= USD83/FT × 20 FT

= USD1660

答：货运代理 B 公司应收运费 1660 美元。

（2）

① $R$

基本费率 $R_1$=USD1100/FT

附加费率 $R_2=R_1\times(10\%+10\%)$

实际运费率 $R=R_1+R_2=R_1\times(1+10\%+10\%)$=USD1320/TEU

② $Q$

W=17.4 MT

M=20 CBM

一个 TEU 载重和容积：

欧洲航线限重为 18 MT

箱容利用率按 85%计算，则有效容积为 33.126 × 85%=28.157 CBM

17.4 MT<18 MT 20 CBM< 28.157 CBM

$Q$=1 TEU

③ $F=R\times Q$= USD1320/TEU × 1 TEU= USD1320.0

答：A 公司应该支付 1320 美元。

（3）答：因为 USD1660 大于 USD1320，即（1）大于（2），所以建议改用集装箱运输。

**示例 2**

有一批铜丝件需要从广州运到芝加哥，重量为 4 吨，体积为 10 立方米。先通过海运将该批铜丝件从广州运到长滩，再从长滩用内陆拖车运到芝加哥；交接方式为 CY-CY。已知：从广州到长滩的运费率是 USD15/CBM；中转费率是 USD27/CBM；拼箱美国西海岸目的港交货费率是 USD28.1/CBM。求该票货物的总运费。

解：本题涉及美国内陆点多式联运（IPI）

（1）广州到长滩，远洋海运费为 $F_1$

① $R$

$R_1$=USD15/CBM　$R_2$=USD28.1/CBM

② $Q$

计费标准为 W/M

W/M =4/10<1MT/CBM，是轻泡货物，使用体积计费。

$Q$=10 CBM。

③ $F_1=R\times Q$=USD（15+28.1）×10=USD 431

（2）长滩到芝加哥，使用内陆拖车，费用为 $F_2$

① $R$=USD27/CBM

② $Q$

计费标准为 W/M

W/M =4/10>0.363MT/CBM，是重量货物，又由于承运人是按体积报价的，需要将毛重换算成体积后计费。

$Q$=4/0.363= 11.0193 CBM

③ $F_2=R\times Q$=USD27×11.0193=USD297.52

（3）总运费

$F=F_1+F_2$=USD431+USD297.52=USD728.52

答：从广州到芝加哥要支付的总运费为 728.52 美元。

注：在多式联运中，揽货员通常通过报低主海运路段的费率来吸引客户，如报 LB USD13/CBM。表面上，主海运路段因超低价亏损，实际上货运代理的盈利点来自其他费用的提高，如将芝加哥的中转费率提高为 USD32/CBM。

### 10.2.4　航空运费核算

#### 1．航空运费的定义

货物的航空运费是指航空公司将一票货物自始发地机场运至目的地机场应收取的航空

运输费用。该费用根据每票货物所适用的运价和货物的计费重量计算而得，不包括其他与航空运输有关的费用。

### 2. 国际航协制定运价的原则

**1）重量分段对应运价**

在每个重量范围内设置一个运价。

**2）运量折扣原则**

托运人委托的运量越大，承运人给予的折扣越大，运价越低。

**3）运距的因素**

运输的距离越长，运价越高。

**4）根据货物的性质分类**

国际航协根据货物的性质分为在普通货物运价的基础上运价附加或运价附减。例如，对活动物、骨灰、鲜活易腐货物、贵重物品、急件等采取运价附加的形式；对书报杂志、作为货物运输的行李采取运价附减的形式。

### 3. 航空运费的具体计算

国际航空货物运价可分为公布的直达运价和非公布的直达运价，在这只介绍按公布的直达运价计算航空运费。公布的直达运价是指航空公司在运价本上直接注明承运人对由甲地运至乙地的货物收取的一定金额。

**1）航空货物运价的种类**

（1）普通货物运价（General Cargo Rates，GCR）。普通货物运价是使用比较广泛的一种运价，是指除指定货物运价和等级货物运价以外的适用于普通货物的运价。

通常，各航空公司针对所承运货物的重量不同规定了几个计费重量等级分界点。较为常见的是 45 千克分界点，将货物分为 45 千克以下的货物（该种运价又被称为标准普通货物运价，即 Normal General Cargo Rates，简称 N）和 45 千克以上（含 45 千克）的货物。另外，根据航线货物流量的不同，还可以规定 100 千克、300 千克分界点，甚至更多。

计算步骤的术语解释如下所述。

- Volume：体积。
- Volume Weight：体积重量。
- Chargeable Weight：计费重量。
- Applicable Rate：适用运价。
- Weight Charge：航空运费。

## 示　例

航线：中国北京到日本东京

货物：样品

毛重：25.2 克

尺寸：82 厘米 × 48 厘米 × 32 厘米

航空运价表如表 10-5 所示。

表 10-5　航空运价表

| | | |
|---|---|---|
| BEIJING | CN | BJS |
| Y.RENMINBI | CNY | KGS |
| TOKYO JP | M | 230 |
| | N | 37.51 |
| | 45 | 28.13 |

请计算该票货物的航空运费。

解：

1. *Q*

Volume：82×48×32 =125 952cm$^3$

Volume Weight：125 952/6 000≈20.99kg→21kg

Gross Weight：25.2kg

Chargeable Weight：25.5kg

2. *R*

25.5kg<45kg

Applicable Rate：GCR N 37.51 CNY/KG

3. *F*

Weight Charge：25.5×37.51 = CNY 956.51

Higher Weight Dividing Point Charge：45×28.13 = CNY 1265.85

Minimum Charge：CNY 230

1265.85>956.51>230

答：本票货航空运费为 CNY 956.51

（2）指定货物运价（Specific Commodity Rates，SCR）。指定货物运价通常是承运人根据在某一航线上经常运输某一种类货物的托运人的请求或为促进某地区某一种类货物的运输，经国际航协同意所提供的优惠运价。

国际航协公布特种货物运价时将货物划分为以下类型。

① 0001～0999 食用动物和植物产品。

② 1000～1999 活动物和非食用动物及植物产品。

③ 2000～2999 纺织品、纤维及其制品。

④ 3000～3999 金属及其制品，但不包括机械、车辆和电器设备。

⑤ 4000～4999 机械、车辆和电器设备。

⑥ 5000～5999 非金属矿物质及其制品。

⑦ 6000～6999 化工品及相关产品。

⑧ 7000～7999 纸张、芦苇、橡胶和木材制品。

⑨ 8000～8999 科学、精密仪器、器械及配件。

⑩ 9000～9999 其他货物。

其中，每种类型又细分为 10 个小组，每个小组再细分，这样几乎所有的货物都有一个对应的组号，公布指定货物运价时只要指出本运价适用于哪组货物就可以了。

因为承运人制定该运价的初衷主要是使运价更具竞争力，吸引更多客户，使航空公司的运力得到更充分的利用，所以指定货物运价比普通货物运价要低。适用该运价的货物除满足航线和货物种类的要求外，还必须达到承运人所规定的起码运量（如 100 千克）。如果运量不足，而托运人又希望使用该运价，那么货物的计费重量就要以所规定的最低运量（100 千克）为准，该批货物的运费就是计费重量（在此是最低运量）与所适用的指定货物运价的乘积。

（3）等级货物运价（Commodity Classification Rates，CCR）。等级货物运价是指在规定地区范围内，在普通货物运价的基础上附加或附减一定百分比作为某些特定货物的运价。只有当某种货物没有指定货物运价可适用时，方可选择适合的等级货物运价，其起码质量规定为 5 千克。

适用等级货物运价的货物通常包括以下几种。

① 活动物、活动物的集装箱和笼子。

② 贵重物品。

③ 报纸、杂志、书籍、商品目录、盲人和聋哑人专用设备及书籍等出版物。

④ 作为货物托运的行李。

其中，前两项通常在普通货物运价基础上增加一定的百分比；后两项通常在普通货物运价的基础上减少一定的百分比。

（4）起码运费（Minimum Charges）。起码运费是航空公司运输一批货物所能接受的最低运费，是航空公司在考虑即使运输很小的一批货物也会产生固定的费用后制定的，是一票货物自始发地机场至目的地机场航空运费的最低限额。

如果航空公司收取的运费低于起码运费，就不能弥补运送成本。因此，航空公司规定无论所运送的货物适用哪一种航空运价，所计算出来的运费总额都不得低于起码运费。若计算出的运费总额低于起码运费，则以起码运费计收，另有规定的除外。

航空货物运输中除以上介绍的 4 种公布的直达运价外，还有一种特殊的运价，即集装货物运价，适用于托盘或集装箱货物。

航空货物运价的种类如表 10-6 所示。

**表 10-6　航空货物运价的种类**

<table>
<tr><td rowspan="6">IATA 运价体系</td><td rowspan="4">公布的直达运价（Published Through Rates）</td><td>普通货物（一般货物）运价 GCR：<br>M 起码运费，N−45（<45）、Q−45（45≤Q<100）、Q−100（≥100、200、250、300、500、1000）</td></tr>
<tr><td>指定货物（指定商品）运价 SCR：C</td></tr>
<tr><td>等级货物运价 CCR：（SM A%：A>100，R B%：B<100，S C%：C≥100），如贵重货物、动物、危险货物</td></tr>
<tr><td>集装货物运价（Unit Load Device Rate）：U，E，X，Y</td></tr>
<tr><td rowspan="2">非公布的直达运价（Un-Published Through Rates）</td><td>比例运价（Construction Rate）</td></tr>
<tr><td>分段相加运价（Combination of Rates and Charges）</td></tr>
</table>

**2）公布的直达运价的使用**

除起码运费外，公布的直达运价都以千克或磅为单位。

计算航空运费时，应首先考虑指定货物运价，其次为等级货物运价，最后是普通货物运价。如按指定货物运价、等级货物运价或普通货物运价计算的运费总额低于所规定的起码运费时，则按起码运费计收。

承运货物的计费重量可以是货物的毛量或体积重量，以较高的为准；如果某一运价要求有最低运量，而无论货物的毛量或体积重量都不能达到要求时，则以最低运量为计费重量。

公布的直达运价是一个机场至另一个机场的运价，而且只适用于单一方向。

公布的直达运价仅指基本运费，不包含仓储费等附加费。原则上，公布的直达运价与飞机航线无关，但可能因承运人选择的航线不同而有所不同。

公布的直达运价的货币单位一般以起运地当地的货币单位为准，费率以承运人或其授权代理人签发空运单时的费率为准。

### 10.2.5 铁路运费核算

#### 1. 铁路货物运价

铁路货物运价是铁路单位运输产品价值的货币表现，一般是由国家规定的。铁路公司及货运代理按照这个价格来“销售”自己的运输产品，凭此计算货物运费，取得运输收入来补偿生产时所消耗的社会劳动量。

#### 2. 计算铁路运费的基本规定

计算货物的铁路运费的主要依据是《国际铁路货物联运协定》《国际铁路货物联运统一过境运价规程》《国际客协和国际货协清算规则》《铁路货物运价规则》。国际铁路联运与对香港铁路联运运费计算依据如表 10-7 所示。

表 10-7 国际铁路联运与对香港铁路联运运费计算依据

| 路段 | 适用的规章 | 运价里程 | 计费重量 | 货物运价号 | 运价率及加成率 | 杂费 |
| --- | --- | --- | --- | --- | --- | --- |
| 内地段 | 《铁路货物运价规则》 | 《货物运价里程表》 | 《整车货物规定计费重量表》《零担货物规定计费重量表》 | 《铁路货物运输品名分类与代码表》《铁路货物运输品名及检查表》 | 《铁路货物运价率表》 | 《铁路货运营运杂费费率表》 |
| 过境段 | 《统一货价》 | 《过境铁路里程表》 | 《货物品名分等表》 | 《货物品名分等表》 | 《货物运费计算表》《铁路装载限界》附件 1 号 | 《过境运送费用及杂费计算》 |
| 港段 | 《货主自负毁损责任之货物运费率》（九广铁路货运通告） |  | 车皮重量 | 《港段铁路货物分类表》 | 《货物运费率》《集装箱费率》《牲口费率表》 |  |

#### 3. 国内段铁路运费的计算

计算铁路运费的一般程序如下。

（1）按《货物运价里程表》算出始发站至终点站的运价里程。

（2）根据货物运单上填写的货物名称，查找《铁路货物运输品名分类与代码表》和《铁路货物运输品名及检查表》，确定适用的运价号，如规定特定运价时，按特定运价处理。

（3）整车货物和零担货物根据货物运价号，集装箱货物根据箱型，冷藏车货物根据车种，在《铁路货物运价率表》中查出适用的基价 1 和基价 2。

（4）按《铁路货物运价规则》确定计费重量（集装箱为箱数）。

（5）货物适用的基价 1 与计费重量（集装箱为箱数）相乘计算出发到运费，基价 2 与货物的运价里程相乘之积再与计费重量（集装箱为箱数）相乘计算出运行运费。

（6）按《铁路货物运价规则》的规定计算杂费，货物运费、杂费的和即铁路运费。

综上得出铁路运费的计算公式：

铁路运费=（基价 1+基价 2×运价里程）×（1+加减成率）×计费重量

**1）整车货物铁路运费的计算**

整车货物一般按货车标记载重量（简称标重，以下同。标重尾数不足 1 吨时四舍五入）计费。货物重量超过标重时，按货物重量计费。

**2）零担货物铁路运费的计算**

（1）零担货物以 10 千克为基本单位，不足 10 千克时进为 10 千克。

（2）零担货物选择货物重量或货物体积折合重量中的较高者计算运费，即每立方米重量不足 500 千克的轻泡货物按每立方米折合重量 500 千克计算，但下列货物除外：《铁路货物运价规则》有规定计费重量的货物（指裸装货物）按规定计费重量计费；《铁路货物运输品名分类与代码表》中“童车”“室内健身车”“209 其他鲜活货物”“9914 搬家货物、行李”“9960 特定集装化运输用具”等裸装运输时按货物重量计费。

（3）零担货物的起码运费为每批 2 元。

**3）集装箱货物铁路运费的计算**

集装箱货物的铁路运费按照使用的箱数和《铁路货物运价率表》中规定的集装箱运价率计算，公式如下：

集装箱货物的铁路运费=（基价 1+基价 2）×运价里程

### 4. 过境运费的计算

（1）整车慢运货物过境运费计算公式：

运费=货物运价率×计费重量（或实际重量）×过境里程

（2）快运货物和随旅客列车挂运的整车货物、零担货物的过境运费计算公式：

运费=货物运价率×计费重量（或实际重量）×加成率

## 本章小结

本章详细介绍了国际货运代理单证的种类及作用，各种国际货运代理单证的流转和国际货运代理的成本费用分析，特别是各种运输方式运费的计算。

## 推荐阅读

1. 中国远洋海运集团有限公司网站 http://www.coscoshipping.com。
2. 中华航运网 http://www.chineseshipping.com.cn。
3. 联邦快递网站 http://www.fedex.com。

## 思考题

### 1. 选择题

（1）下列单证在海上货物运输实践中被称为“下货纸”的是（　　）。

A. 提单　　B. 装货单　　C. 收货单　　D. 提货单

（2）海运提单的抬头是指提单的（　　）。

A. Shipper　　B. Consignee　　C. Notify Party　　D. Voyage No.

（3）在国际海上货物运输中，场站收据的作用包括（　　）。

A. 是出口货物报关的凭证之一

B. 是承运人已收到托运货物并开始对其负责的证明

C. 是换取海运提单或联运提单的凭证

D. 是船公司、港口组织装卸、理货和配载的凭证

（4）从上海运往大阪的一票航空货物，品名是报纸，计费重量是 65 千克，则选择的适用运价是（　　）。

A. Normal GCR　　B. 50% of the Normal GCR

C. 45 千克的运价　　D. 100 千克的运价

（5）集装箱的使用超出了免费使用期时，承运人应向集装箱使用者收取（　　）。

A. 滞期费　　B. 储存费　　C. 保管费　　D. 无须收费

### 2. 判断题

（1）海运单虽然是一种不可转让的单证，但也必须由发货人转让给收货人，以便收货人以此为凭证要求承运人交付货物。（　　）

（2）航空货运单的发货人栏和收货人栏列明的是真正的托运人和收货人。（　　）

（3）填制航空货运单必须用英文大写字母。（　　）

（4）对于在航空货运单上所填货物的项目和声明的正确性，承运人应负责任。（　　）

（5）交货记录是集装箱出口货运所特有的单证。（　　）

### 3．简答题

（1）简述集装箱装箱单的主要作用。

（2）简述航空货运单的用途。

（3）倒签提单与预借提单有什么不同？已装船提单记载的日期应该是货物装船完毕的日期，还是船舶开航的日期？为什么？

（4）在航空运输中使用指定货物运价时，所运输的货物应满足哪些条件，使始发地和目的地可以直接使用指定货物运价？

（5）简述提单背书的概念。

### 4．计算题

（1）某进出口公司委托某国际货运代理企业将一小桶货物以海运方式出口国外。货物的重量为 0.5 吨，小桶（圆柱形）的直径为 0.7 米，桶高为 1 米。国际货运代理企业最后为货主找到一个杂货班轮公司实际承运该货物。国际货运代理企业查了船公司的运价本，运价本中对该货物运输航线、港口、运价等的规定如下：基本运价是 USD100/FT；燃油附加费按基本运费增收 10%（BAF10%）；货币贬值附加费按基本运费增收 10%（CAF10%）；计费标准是 W/M；起码运费为 USD 100。假如你是货运代理人，请计算该批货物的运费并告诉货主以下内容：

① 货物的计费吨（运费吨）是多少？

② 该批货物的基本运费是多少？

③ 该批货物的附加费是多少？总运费是多少？

（2）航空运费计算。

航线：中国北京到日本东京

货物：月饼

毛重：1 件，5.8 千克

尺寸：1 件（42 厘米×35 厘米×15 厘米）

航空运价表如表 10-8 所示。

表 10-8 航空运价表

| | | |
|---|---|---|
| BEIJING | CN | BJS |
| Y.RENMINBI | CNY | KGS |
| TOKYO　　JP | M | 230 |
| | N | 37.51 |
| | 45 | 28.13 |

请计算该票货物的航空运费。

## 实训

### 1．实训目的

掌握运输单据制作的方法。

### 2．实训要求

根据以下资料缮制提单。

### 3．实训操作规范

信用证相关条款说明如下。

Original clean shipped on board marine bill of lading issued to the order of issuing bank and endorsed in blank，marked freight prepaid and notify the applicant.

信用证有效期：July 16，2016

最后装运期限：June 30，2016

受益人：GREAT WALL TRADING CO.，LTD.

ROOM 202，HUASHENG BUILDING，NINGBO，P.R.CHINA.

电话：0574-28704015

传真：0574-24591529

开证人：AL.BALOUSHI TRADING EST JEDDAH

起运港：NINGBO

目的港：JEDDAH

币种：USD

贸易术语：CFR JEDDAH

合同号：07AR236030

发票号码：AC06AR030

是否允许分批装运：ALLOWED

是否允许转船：ALLOWED

信用证开证日期：May 20，2016

开证行：SUN BANK

议付银行：BANK OF CHINA，NINGBO BRANCH

正本提单份数：3

唛头：ROYAL

07AR236030

JEDDAH

C/N：1-460

船名、航次：Huang He，V809

数量、包装：

P. P INJECTION CASES 14＂/22＂/27＂/31＂230SET@USD42/SET　USD9 660

P. P INJECTION CASES 14＂/19＂/27＂/31＂230SET@USD41/SET　USD9 430

装箱资料如表 10-9 所示。

表 10-9　装箱资料

| 箱　号 | 货　号 | 包装 | 件　数 | 毛重（千克） | 净重（千克） | 体积（立方米） |
|---|---|---|---|---|---|---|
| 1-230 | ZL0322+BC05 | CTNS | 230 | 18.5/4 255 | 16.5/3 795 | 34 |
| 231-460 | ZL0319+BC01 | CTNS | 230 | 18.5/4 255 | 16.5/3 795 | 34 |

### 4. 实训硬件设备准备

建议学校实训室安装外贸制单软件，实训老师可以把相关要求先输入软件，请学生在生成的格式提单中填制并提交。

# 参考文献


[1] 中国国际货运代理协会. 国际货运代理理论与实务[M]. 北京：中国商务出版社，2012.

[2] 肖旭. 跨境电商实务[M]. 2版. 北京：中国人民大学出版社，2018.

[3] 杨占林. 国际货运代理实务精讲[M]. 2版. 北京：中国海关出版社，2016.

[4] 杨鹏强. 跨境供应链人才培养模式创新研究[J]. 物流技术，2015（10）：195-200.

[5] 杨鹏强. 跨境技术性贸易壁垒应对机制探析[J]. 物流技术，2015（1）：220-222.

[6] 杨鹏强. 国际贸易操作与实务[M]. 北京：中国商务出版社，2015.

[7] 金正昆. 礼仪金说：商务礼仪[M]. 北京：北京联合出版公司，2019.

[8] 张远昌. 供应链管理实务[M]. 北京：中国海关出版社，2015.

[9] 杨鹏强. 政企合作便利小微企业外贸供应链电商平台机制探讨[J]. 中国商贸，2014（1）：138-141.

[10] Porter M.E. Competitive Strategy[M]. New York: Free Press，2004.

[11] 王剑东. 国际物流导论应试指南[M]. 北京：电子工业出版社，2008.3